ACADEMIA MEXICANA DE LA HISTORIA

HISTORIA DE MÉXICO

HISTORIA DE MÉXICO

Coordinación
Gisela von Wobeser

Primera edición, 2010

Historia de México / coord. de Gisela von Wobeser. — México : FCE, SEP, Academia
Mexicana de Historia, 2010
288 p. ; 21 × 14 cm
ISBN 978-607-16-0173-5

1. Historia — México I. Wobeser, Gisela von, coord. II. t.

LC F1232   Dewey 972

Distribución mundial

Portada: *Valle de México desde el cerro de Santa Isabel* (1875),
óleo sobre tela de José María Velasco
Fotografía de Ernesto Peñaloza,
con autorización del Museo Nacional de Arte del INBA

Esta publicación forma parte de las actividades que el Gobierno Federal organiza
en conmemoración del Bicentenario del inicio del movimiento de Independencia
Nacional y del Centenario del inicio de la Revolución Mexicana.

Diseño de portada: Laura Esponda Aguilar
Diseño de interiores: Ernesto Ramírez Morales

D. R. © 2010, Secretaría de Educación Pública, 2009
Argentina 28, Centro, 06020, México, D. F.

D. R. © 2010, Academia Mexicana de la Historia, correspondiente de la Real de Madrid
Plaza Carlos Pacheco, 21; 0607 México, D. F.
informes@acadmexhistoria.org.mx
Tel. (55) 5518-2708 Fax (55) 5521-9653

D. R. © 2010, Fondo de Cultura Económica
Carretera Picacho-Ajusco, 227; 14738 México, D. F.
Empresa certificada ISO 9001: 2000

Comentarios: editorial@fondodeculturaeconomica.com
www.fondodeculturaeconomica.com
Tel. (55) 5227-4672 Fax (55) 5227-4694

ISBN 978-607-16-0173-5

Impreso en México • *Printed in Mexico*

Presentación

Mexicanas y mexicanos,
amigas y amigos lectores:

La conmemoración de las principales gestas históricas del país es una oportunidad única para reflexionar sobre nuestro pasado, pero también sobre nuestro presente y nuestro futuro. Seguramente México es uno de los pocos países que celebran, en un mismo año, sus principales acontecimientos históricos. En 2010 conmemoramos el Bicentenario del inicio de la guerra por la Independencia y el Centenario del inicio de la Revolución.

Conmemoraremos estas fechas fundacionales de manera festiva, pues nuestra historia de lucha es motivo de orgullo para los mexicanos, pero sobre todo de manera reflexiva, pues debemos hacer un balance entre los logros alcanzados y los retos por cumplir. Como lógica consecuencia de la pluralidad cultural e ideológica que venturosamente caracteriza a México, las reflexiones serán variadas, incluso algunas encontradas; qué bueno que así sea.

Sin duda se publicarán diferentes interpretaciones de los personajes y hechos históricos que conformaron la Independencia Nacional y la Revolución Mexicana. Este libro no es la excepción, contiene varias interpretaciones, ya que fue redactado por un grupo de trece historiadores, miembros de la Academia Mexicana de la Historia, nuestra máxima institución en su disciplina. De hecho, en 2009, al cumplir 90 años de vida —fue creada en 1919, en condiciones especialmente difíciles— los miembros de la Academia acordaron escribir entre todos este libro de historia del país, desde una perspectiva sintética, para así participar en las conmemoraciones del 2010. Estoy seguro de que su amor a México y su conocimiento de nuestra historia serán de enorme valor para todos los lectores.

Son muchas las preguntas que podemos formularnos en el Año de la Patria: ¿De dónde venimos y hacia dónde vamos? ¿Cuál ha sido el proceso mediante el cual hemos construido nuestra Nación? ¿Cuáles han sido los mayores esfuerzos históricos de los mexicanos? ¿Cuáles han sido sus principales logros? ¿Cuáles son los retos que aún debemos cumplir? Sobre todo, ¿cuáles son las responsabilidades de los mexicanos de hoy, cuyo cumplimiento nos haga merecedores de ser un elemento positivo de nuestra historia? Los principales propósitos de los procesos históricos que conmemoramos fueron independencia, por un lado, y democracia y justicia social por el otro. Las conmemoraciones del 2010 deben servir para ratificar esos compromisos.

Los mexicanos de hoy, que somos la generación del bicentenario, estamos obligados a trabajar juntos para avanzar en el cumplimiento de esos retos, para hacer de México un país cada vez más fuerte y soberano.

Basados en la lucha por la justicia de nuestras gestas revolucionarias, debemos hacer de México una nación más justa, sin las lacerantes condiciones de miseria en las que todavía viven millones de compatriotas, un México con oportunidades iguales de superación, lo que implica abrir las puertas de la educación, salud y servicios públicos de calidad para todos los mexicanos.

Debemos hacer de nuestro país un México próspero, que haya encontrado el camino al crecimiento económico con justicia, lo que implica que sea capaz de competir y de ganar en una economía global como la del siglo XXI. Debemos también construir un México más seguro, que sea espacio de convivencia ordenada, pacífica y fructífera entre nosotros; un México donde impere el Estado de derecho.

Estamos obligados a hacer de nuestro México una patria más libre, que ensanche la libertad conquistada en la independencia y se exprese en mayores posibilidades de vida digna y democrática; un México donde la pluralidad, gracias a la cual este libro es posible y sin la cual no puede entenderse la libertad ni la dignidad humana, sea la constante en cada rincón del país, y donde la política sea no sólo sufragio efectivo, sino también democracia efectiva, que responda adecuadamente a las necesidades y anhelos de los ciudadanos; un México con una presencia sólida en el mundo, acorde con nuestra historia y fortalezas.

Debemos trabajar también por un México que sea más limpio y se desarrolle de manera armónica con el medio ambiente; un México que nos dure para siempre.

Que la conmemoración de tan singulares eventos y el conocimiento de la historia engarzada en ellos nos permitan colocarnos en esa ruta del desarrollo humano sustentable al que aspiramos. Y que México viva y perdure por muchos siglos más. Que su historia futura sea también de gloria y de orgullo, a partir de lo que hagamos los mexicanos de ahora, los mexicanos del Bicentenario y del Centenario, quienes hemos tenido el privilegio de vivir el 2010, el año de la Patria; quienes tenemos el honor de celebrar 200 años de ser orgullosamente mexicanos.

Lic. FELIPE CALDERÓN HINOJOSA
Presidente de los Estados Unidos Mexicanos

Índice

Introducción

Gisela von Wobeser

La *Historia de México* que el lector tiene en sus manos está dirigida a todos los mexicanos. Pretende ser un medio para acercarnos a nuestro pasado, así como contribuir a entender el presente y a construir un mejor futuro. Asimismo tiene la finalidad de ayudar a fortalecer nuestra identidad y unidad nacionales.

Los autores del libro son historiadores reconocidos por su destacada trayectoria profesional, pertenecientes a diferentes instituciones de investigación y enseñanza del país. Todos ellos son miembros de la Academia Mexicana de la Historia, una asociación independiente, creada en 1919 con el fin de estudiar y difundir la historia de México.

Si bien es una obra de divulgación, cada capítulo está escrito con rigor profesional. Los hechos históricos a los que se refiere y su análisis están basados en estudios académicos, realizados por los propios autores y por otros especialistas. Se trata de una síntesis de la historia de México y ello explica la ausencia de muchos temas. No obstante, las bibliografías localizadas al final de cada capítulo pretenden ser un estímulo para los lectores interesados en ampliar sus lecturas sobre nuestra historia.

La obra comprende 13 capítulos. En "El espacio mexicano", Manuel Ceballos Ramírez describe el espacio geográfico de México, identificando tres grandes regiones: Norte, Centro y Sur, que divide a su vez en subregiones con una identidad más específica. Detalla cada una y subraya sus particularidades geográficas e históricas, así como la importancia económica y cultural que han tenido en el contexto regional y nacional, sin dejar de lado el significado histórico que guardan muchos de los toponímicos de ciudades, pueblos y accidentes geográficos.

En el segundo capítulo, "Orígenes y desarrollo de Mesoamérica", Miguel León-Portilla relata la historia antigua de México desde el pasado remoto hasta el momento previo a la llegada de los españoles. Destaca el papel preponderante de Mesoamérica como una de las civilizaciones originarias del planeta. Asimismo aborda la situación política, social y económica de los principales pueblos prehispánicos, entre ellos los olmecas, teotihuacanos, toltecas, mayas, zapotecos, mixtecos y mexicas, y destaca sus logros en el campo de las ciencias y las artes.

En el capítulo tercero, "La conquista de México", a cargo de José María Muriá, se habla del encuentro entre indígenas y españoles en 1519, de la toma de México Tenochtitlan en 1521 y de las subsecuentes expediciones de conquista que, llevadas a cabo entre 1521 y 1540, permitieron la incorporación de distintos señoríos mesoamericanos a la Corona española. El autor relata algunas de las batallas y menciona las estrategias militares y diplomáticas de los españoles, así como las medidas defensivas de los índigenas. También alude a los primeros gobiernos españoles y al arribo de 12 frailes franciscanos que iniciarían la evangelización de los indígenas.

Los tres siglos durante los cuales México perteneció al Imperio español, como virreinato de Nueva España, son abordados en los siguientes tres capítulos. En el capítulo cuarto, "El virreinato de Nueva España en el siglo XVI", Gisela von Wobeser toca los cambios que experimentó el territorio y la población a raíz de la colonización española, los cuales incidieron en la demografía, la ecología, la política, la economía, la religión y las costumbres. Se fija en la creación del virreinato novohispano y en el mestizaje cultural y étnico, así como en el proceso de evangelización.

Jorge Alberto Manrique aborda en el capítulo quinto la situación virreinal durante el siglo XVII: la estabilidad política y la expansión de las actividades económicas en manos de españoles; los avances en el terreno de la evangelización; el creciente poder de la Iglesia; el fortalecimiento de la vida conventual; la expansión de la educación y el florecimiento de las ciencias y las artes, entre ellas la literatura, la arquitectura, la pintura, la escultura y la música.

El sexto capítulo, "El virreinato de Nueva España en el siglo XVIII", a cargo del recordado maestro Ernesto de la Torre Villar († 2009), menciona las desiguladades sociales y las condiciones miserables de los estratos bajos de la población. Habla de los virreyes que gobernaron durante el siglo y da cuenta de los hechos más importantes sucedidos durante sus gobiernos. Estudia las reformas borbónicas, que permitieron un mayor control político por parte de la Corona y más captación de recursos económicos, así como el impacto que tuvo la Ilustración en la cultura y el arte, especialmente en el terreno de las ideas.

En el capítulo séptimo, dedicado a la lucha por la Independencia, Virginia Guedea detalla el descontento de la población novohispana frente a la situación política y económica existente a finales del régimen virreinal, el surgimiento del movimiento insurgente en 1810, las contiendas militares con sus avances y retrocesos y el pacto establecido entre la insurgencia y las fuerzas realistas, que culminó con el fin de la lucha armada y la firma del acta de Independencia, el 28 de septiembre de 1821.

En el octavo capítulo, "El establecimiento del México independiente (1821-1848)", Josefina Zoraida Vázquez narra las dificultades que la nación tuvo durante los primeros años de su independencia para lograr estabilidad política y económica y para encontrar una forma de gobierno viable. Se refiere al Imperio de Agustín de Iturbide, la Primera República federal y los efímeros gobiernos centralistas, así como la guerra con Estados Unidos y sus consecuencias. También alude a las ominosas diferencias sociales que existían.

Andrés Lira se ocupa del periodo entre 1853 y 1887. Señala que durante dicho tiempo se consolidó la nación mexicana, pese a que atravesaba situaciones difíciles como levantamientos indígenas, enfrentamientos entre liberales y conservadores, la guerra civil conocida como de Reforma y la ocupación de territorio por parte del ejército francés. Asimismo se refiere al Segundo Imperio bajo Maximiliano de Habsburgo y a la restauración de la República, con Benito Juárez.

En el décimo capítulo Javier Garciadiego trata de los 33 años del Porfiriato, de la estabilidad política y el progreso económico que caracterizaron al país bajo dicho régimen, así como la modernización en cuanto a infraestructura, comunicaciones, educación y salud. En la parte final del capítulo habla de la crisis del gobierno porfirista, del surgimiento de grupos antagónicos, como el antirreeleccionista, y de la caída del régimen en 1910.

Álvaro Mutute se dedica en el decimoprimer capítulo, "Los años revolucionarios (1910-1934)", a los sucesos acontecidos durante el periodo conocido como Revolución mexicana. Inicia con el levantamiento de Francisco I. Madero en contra del régimen de Porfirio Díaz, su ascenso a la presidencia de la República y su muerte durante la

Decena Trágica. Describe las distintas facciones revolucionarias, como el constitucionalismo, el villismo, el zapatismo, el obregonismo y el callismo; sus proyectos políticos; las pugnas entre ellas y las contiendas militares. Asimismo estudia los gobiernos revolucionarios de Madero, Carranza, Obregón, Calles y los del llamado Maximato.

Jean Meyer se refiere en el capítulo décimosegundo a las acciones revolucionarias pacíficas llevadas a cabo por Lázaro Cárdenas (1934-1940), entre ellas el reparto agrario y la expropiación petrolera. Describe los principales sucesos acontecidos durante los sexenios de Manuel Ávila Camacho, Miguel Alemán, Adolfo Ruiz Cortines, Adolfo López Mateos y Gustavo Díaz Ordaz. Finalmente señala el frágil crecimiento entre 1970 y1982 y la severa crisis económica que se suscitó a partir de 1982.

En el último capítulo Enrique Krauze aborda 10 aspectos relevantes del México contemporáneo. En el terreno político habla de la transición a la democracia lograda en años recientes y, en el económico, de las consecuencias que para México trajo el Tratado de Libre Comercio con Estados Unidos y Canadá, entre otros acuerdos semejantes. Las difíciles condiciones en las que viven muchos mexicanos son descritas a la luz de dos fenómenos: la rebelión zapatista y la migración a Estados Unidos en busca de trabajo. Señala el narcotráfico y el deterioro ambiental como los mayores problemas que hoy día enfrenta el país. Finalmente, resalta las figuras de dos mexicanos que han destacado a nivel mundial: el poeta Octavio Paz y el científico Mario Molina.

Para la Academia Mexicana de la Historia resulta altamente satisfactorio colaborar con la Secretaría de Educación Pública en esta empresa de escribir una *Historia de México*, y contribuir así a las celebraciones del bicentenario del inicio del movimiento de Independencia y del centenario del inicio de la Revolución mexicana.

GISELA VON WOBESER
Directora de la Academia Mexicana de la Historia
Ciudad de México, 1° de enero de 2010

I. El espacio mexicano

Manuel Ceballos Ramírez

Tres elementos son fundamentales para la comprensión de los hechos históricos: las acciones humanas, los periodos en que se desarrollan y los espacios en que se sitúan. Por ello, todo libro sobre el pasado debe iniciar con la reflexión de las cuestiones comunes entre la historia de los hombres y su entorno geográfico. Ahora bien, esta relación entre geografía e historia comprende diversos aspectos: las regiones, las divisiones políticas, la orografía y la hidrografía, la conformación de las ciudades, el desplazamiento demográfico, las pérdidas territoriales, las fundaciones, la desaparición de asentamientos, etc. Implica, además, la constante movilidad de los acontecimientos y procesos considerados.

Los estudios clásicos sobre estas cuestiones en México nos remiten a los autores que han destacado en el análisis de las diferentes etapas y que han sido especialmente sensibles a la espacialidad mexicana: Alexander von Humboldt, Manuel Payno, Antonio García Cubas, Ángel Bassols Batalla, Claude Bataillon y Bernardo García Martínez, por mencionar sólo algunos.

Por otra parte, si los autores anteriores nos han puesto en contacto con la versión académica del espacio y el pasado mexicanos, existe también una versión popular, consagrada en las múltiples canciones, que dan cuenta de la conciencia de los mexicanos de su entorno geográfico: *México lindo y querido, Guadalajara, Qué chula es Puebla, Tehuantepec; Monterrey, tierra querida; Chulas fronteras, Yo soy del mero Chihuahua, Canción mixteca, Me he de comer esa tuna, Esos Altos de Jalisco, Sonora querida, Veracruz, Caminante del Mayab, Chapala y Juan Colorado* o *El Cuerudo*, que hacen referencia a lugares de Michoacán o de Tamaulipas, o las que con sólo la

19

melodía son inolvidables y famosas, como la *Marcha de Zacatecas.* Y, desde luego, *El ferrocarril,* de Ángel Rabanal, canción sobre un conductor que recorre el país entero nombrando las diversas poblaciones por las que transita; sin olvidar los corridos que evocan el tiempo, el espacio y el quehacer humano: "Año de 1900 [...], en un barrio de Saltillo, Rosita Alvárez murió".

En consecuencia, resulta necesario tener en cuenta que los nombres de poblaciones, montañas, valles, ríos y regiones remiten tanto al pasado indígena o español como a los hechos históricos y políticos del pasado y el presente. Muestra de ello son nombres como Popocatépetl, Sisoguichi o Hunucmá, que son términos aborígenes; nombres trasladados de la toponimia ibérica, como Guadalajara, Altamira, Linares, Zamora o Mérida, y desde luego nombres híbridos como San Andrés Chalchicomula, San Agustín Atzompa o Motozintla de Mendoza. En cuanto a los hechos históricos y políticos, citaremos como ejemplo algunas poblaciones precedidas por el título de Ciudad, como Sahagún, Juárez, Constitución, Insurgentes, Victoria, Hidalgo, Madero, Obregón, etcétera.

Ahora bien, entre la diversidad de nombres que se han ido asentando en la geografía del país a lo largo del tiempo hay uno que lo preside y lo domina todo: México. De muchas maneras lo encontramos repetido en diversas latitudes y sentidos: Ciudad de México, Golfo de México, Imperio mexicano, República mexicana, Estados Unidos Mexicanos, Nuevo México, Valle de México, Mexicali, Estado de México. Es el nombre que ha prevalecido sobre los demás y con el que de alguna manera se ha reconocido al actual territorio mexicano en los diversos documentos y momentos históricos: Nueva España, Anáhuac, América Septentrional.

También hay que considerar que el actual territorio ha cambiado su extensión a través de la historia. En efecto, al día de hoy lo limitan, al norte, el Río Bravo y la línea divisoria que va de Ciudad Juárez a Tijuana; al sur, los ríos Suchiate, Usumacinta y Hondo, y las colindancias con Guatemala y Belice; al este, el Golfo de México y el Mar Caribe, y al oeste, el Océano Pacífico. Sin olvidar, desde luego, las numerosas islas que pertenecen a México en los diversos espacios marítimos citados.

La superficie actual del país es cercana a los dos millones de kilómetros cuadrados. Al iniciarse la guerra de Independencia, en 1810, el territorio comprendía el doble de esa cifra, y al consumarse aquélla, en 1821, se le añadieron los territorios actuales de América Central, excepto Panamá. Sin embargo, al derrumbarse el Imperio de Iturbide, en 1823, las provincias de América Central se separaron de México, y 25 años después el país perdió a manos de Estados Unidos los territorios del llamado Septentrión novohispano, que comprendía grandes extensiones de terreno. Para entonces el estado de Texas ya se había separado del resto de México, pero de alguna manera se contabilizaba dentro de la gran pérdida territorial de lo que nuestro país había heredado de Nueva España. Aparte de Texas, la pérdida de Nuevo México y de la franja del Nueces, que pertenecía a Tamaulipas, fue especialmente sentida por los mexicanos en el siglo XIX, debido al gran número de paisanos que habitaban allí y que quedaron a merced de los estadunidenses.

De este modo, la geografía de México se ha ido modificando paralelamente a su historia, aunque en otra dimensión, lo cual nos obliga a considerar con especial atención en qué consiste propiamente una geografía "nacional". Desde luego, se trata de una construcción elaborada por factores políticos que en el transcurso de los hechos históricos van decidiendo los límites de un Estado y de su sociedad, si bien en sentido estricto son puramente imaginarios. Es decir, desde el punto de vista físico no se modifica el entorno porque se haya convenido el trazo de una frontera. El Río Bravo, que se interna hacia el sureste dividiendo México de Estados Unidos, es el mismo que cruza los estados de Colorado y Nuevo México (y lo mismo puede decirse de los ríos fronterizos del sur). La llanura nororiental mexicana es la misma en Texas y en el noreste de México. En estos asuntos han sido los grupos ecologistas los que más han impulsado políticas de protección de las fronteras frente a determinaciones como, por ejemplo, el intento de construir un muro que detenga a los migrantes que van de México a Estados Unidos. Con un muro así, la flora y la fauna se verían afectadas de diversas formas.

Es más, si en términos físicos o ecológicos no existen fronteras, también desde el punto de vista de la geografía humana éstas son meros accidentes que tienen que ver con cuestiones de control político, migratorio, consular, sanitario o fiscal. Tanto la frontera con Guatemala o Belice como la que nos separa de Estados Unidos prueban la extremada permeabilidad e interdependencia que existe en los territorios contiguos. El idioma es uno de los elementos que comprueban esta situación: el español se habla indistintamente en la región fronteriza mexicana o estadunidense, como se habla el maya de igual manera en ambos lados de la frontera entre Guatemala y México. Además, sus habitantes comparten los espacios fronterizos como propios, y en ellos desarrollan las diversas actividades humanas: laborales, comerciales, familiares, culturales, deportivas.

Hay un refrán sobre la frontera norte que da a entender la extremada inconsistencia de insistir en una división territorial como si fuera absoluta: "Yo no crucé la frontera, la frontera me cruzó", que muestra cómo los cambios de soberanía de los países no alteran el pasado; es decir, no cambian lo establecido de antemano por la historia y la geografía. Esto nos lleva a tomar también en cuenta la importancia de las fronteras marítimas, pues al país lo bañan las aguas del Océano Pacífico, del Golfo de México y del Mar Caribe.

1. Las regiones de México

La versión popular admite la existencia de tres grandes regiones en México: el Norte, el Centro y el Sur, subdivididas a su vez en zonas con identidad más específica. Los estudios académicos no desmienten del todo esta versión, pero le dan mayor complejidad, racionalidad y coherencia. Existen, no obstante, diferencias importantes que es necesario aclarar. La más pertinente es la que popularmente tiende a tomar como fundamento de la regionalización la preexistencia de las entidades federativas basándose en la división política. Sin embargo, hay criterios mucho más definitorios para establecer los elementos de una región que los derivados de la división política estatal o de sus contenidos tributarios, judiciales o electorales, como son los que se basan en cuestiones económicas, comerciales, familiares, culturales, laborales o sanitarias. Por ello, para los estudios más recientes, la división política de los estados cuenta, pero no resulta el principal factor para explicarla. Así lo sustentan Claude Bataillon y, sobre todo, las aportaciones de Bernardo García Martínez. Siguiendo la regionalización de este último, que consideramos la más actual y apropiada, dividiremos el país en los siguientes territorios: el México Central, que es, por decirlo así, el núcleo principal de población y el que le da nombre al conjunto; las tres vertientes que, unidas a este centro, conforman otros tantos espacios: la Vertiente del Golfo, la del Pacífico y la del Norte, ésta dividida a su vez en cuatro regiones: Noreste, Norte Central, Noroeste y la península de Baja California; por último, lo que anteriormente se denominaba como Pacífico Sur y Sureste, pero que reconsideramos con los nombres que les asigna García Martínez y que estima más apropiados: la Cadena Centroamericana y la Cadena Caribeña.

2. El México Central

Sin duda, este espacio es el más emblemático de la historia y la geografía del país. Lo constituye un eje que tiene como centro la Ciudad de México y que, a partir de ella, se prolonga hasta Oaxaca por un lado y Guadalajara por el otro. En él se hallan los grandes valles de la historia mexicana: el de Puebla, el de Oaxaca, el de México, el de Toluca y el del Mezquital. También se sitúan ahí los grandes volcanes y las elevaciones orográficas más significativas: el Popocatépetl, el Iztaccíhuatl, el Paricutín, el Nevado de Toluca, el Nevado de Colima, el Pico de Orizaba (Citlaltépetl), el Cofre de Perote y el cerro del Ajusco. Entre los valles de Puebla y Oaxaca se sitúa la Mixteca Alta, de gran significación en el pasado nacional, y entre el Valle de México y el de Atemajac, donde se sitúa Guadalajara, se encuentra el Bajío, fuertemente integrado con poblaciones importantes, como León, Querétaro y Salamanca, y que, con su complemento michoacano, fue la región donde se registraron importantes acontecimientos durante la guerra de Independencia. Contigua a éste, hacia el occidente, se encuentra la Ciénega de Chapala. En estos espacios se ubican los lagos más famosos de la geografía mexicana: el de Chapala, el de Pátzcuaro, el de Zirahuén, el de Yuriria y el de Cuitzeo. Asimismo, esta región central está surcada desde el valle de Toluca hasta la región de las Barrancas cercanas a Guadalajara por el sistema fluvial Lerma-Santiago, con sus afluentes: los ríos Verde, Juchipila y Bolaños. Al norte de Guadalajara y de los Altos de Jalisco se integra la ciudad de Aguascalientes y su entorno, límite a su vez entre el México central y el del norte del país.

En esta región se ubican además las grandes urbes coloniales, que hasta el día de hoy conservan una importancia singular y que no han perdido sus sucesivas centralidades. La primera de ellas es la Ciudad de México, que de ser primero una población lacustre vino a ser con el tiempo una ciudad terrestre gracias al empleo de diversas técnicas. Es la sede de los poderes nacionales, el lugar de mayor concentración poblacional en el mundo y núcleo de una intensa actividad económica, turística y académica. La Ciudad de México, como el centro de una rueda de bicicleta, da a todo el país una estructura radial, que se ha reproducido a través de la historia en lo que se refiere a los movimientos migratorios y a las rutas seguidas por ferrocarriles, carreteras y vías aéreas. La conurbación que ha experimentado, especialmente con las poblaciones del Estado de México, le ha dado una fisonomía muy peculiar, cuyas dimensiones aumentan, y si a esto añadimos la cercanía con poblaciones que a su vez tienen centralidades particulares en sus propios espacios de influencia, podremos observar que la dimensión de la Ciudad de México se ha transformado notoriamente. Estas poblaciones son Puebla y Toluca. Otras ciudades con características semejantes, por ser también centros regionales y tener un origen colonial, son Morelia, Guanajuato y Guadalajara.

Esta región central, que en muchos sentidos puede ser considerada definitoria de la identidad mexicana, conforma un rico mosaico de identidades particulares en cuanto a costumbres, tradiciones, comidas y orígenes prehispánicos. Michoacán, Oaxaca y el valle de México, con gran influencia hasta el presente de su pasado indígena, son ejemplo de este sincretismo. Los propios nombres de muchas poblaciones recuerdan justamente esa historia: Puruándiro, Uriangato, Purépero, Zaachila, Telixtlahuaca, Huixquilucan, Chimalhuacán, etc. Pero al mismo tiempo la región central contiene espacios de concentración mestiza y criolla, como el Bajío, los Altos de Jalisco, Aguascalientes y Guadalajara.

3. La Vertiente del Golfo

Colindante al oeste con la región central encontramos una rica, antigua y abigarrada región que parte al norte por Tampico, en el estado de Tamaulipas, desviándose hacia la Huasteca, la sierra de Hidalgo (Ciudad Valles y Tamazunchale) y la sierra norte de Puebla, y que luego se adentra hacia el sur y se extiende a todo lo largo del Golfo de México hasta poco antes de Coatzacoalcos. Una serie de ciudades grandes y medianas reflejan la fisonomía propia de esta región. Las más emblemáticas son Orizaba, Córdoba, Veracruz y, en alguna medida, también Jalapa. Cada una de estas poblaciones tiene una personalidad propia: Orizaba, como la bisagra que une el México del Alti-

MAPA 1. *Conjuntos regionales de México*

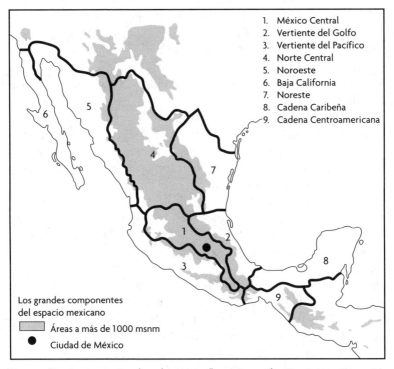

1. México Central
2. Vertiente del Golfo
3. Vertiente del Pacífico
4. Norte Central
5. Noroeste
6. Baja California
7. Noreste
8. Cadena Caribeña
9. Cadena Centroamericana

Los grandes componentes
del espacio mexicano

▢ Áreas a más de 1000 msnm
● Ciudad de México

FUENTE: "Conjuntos regionales de México", en Bernardo García Martínez, *Las regiones de México. Breviario geográfico e histórico*, El Colegio de México, México, 2008, p. 21.

plano con el México del Golfo desde que se instauró la Villa de la Vera Cruz como el único puerto de comercio con el Atlántico en tiempos coloniales. Esta característica se consolidó al tenderse las primeras vías del ferrocarril en la segunda mitad del siglo XIX (que justamente uniría a la Ciudad de México con Veracruz pasando por Orizaba), que contribuyeron al aumento de la importancia de sus instalaciones industriales: textiles, cerveceras y papeleras. Hermanada con ella se encuentra la cercana Córdoba, a la que favoreció también el ferrocarril decimonónico, pero que desarrolló más bien actividades rurales ligadas al cultivo del café y la ganadería. El punto natural de llegada hacia el oriente es el puerto de Veracruz, que funciona con una indudable centralidad sobre su entorno, constituido por medianas y pequeñas poblaciones. Veracruz es el paradigma mexicano de puerto marítimo desde principios de la conquista española, a pesar de las condiciones sanitarias adversas, que propiciaron la expansión de enfermedades prácticamente incurables en esos tiempos e incluso para los siglos posteriores. Hoy en día su fisonomía conserva dicho aspecto gracias a la intensa actividad del comercio marítimo; pero también a la vida propia que le dan sus habitantes, los "jarochos", activos en torno al turismo y el comercio. Más al noroeste de Veracruz y al norte de Orizaba y Córdoba se encuentra Jalapa, que, a pesar de no seguir los esquemas de industrialización, comunicación y comercio de las anteriores, tiene por un lado una categoría política indudable, al ser la capital del estado de Veracruz, y por el otro el haberse convertido en un centro universitario y levítico de primer orden.

Aunque distintas estructuralmente, las áreas fronterizas que comunican la Vertiente del Golfo con el México del Altiplano son muy importantes. Se puede decir que se encuentran desdobladas tanto hacia un punto como hacia el otro. Hasta en el nombre llevan esta característica, como la sierra de Puebla, cuyo nombre remite al México Central, pero su estructura la vincula también al Golfo; recordemos tan sólo dos poblaciones: Teziutlán y Chignahuapan. Más al norte encontramos tres puntos fronterizos entre el México Central y el del Golfo, aunque de caracteres menos intensos que los de la sierra de Puebla: la sierra de Hidalgo, la sierra Gorda y, en menor medida, la Huasteca. En esta última coexisten historias de grupos prehispánicos diferentes, como los totonacas, nahuas, otomíes y huastecos. Hoy su territorio ocupa jurisdicciones políticas pertenecientes a los estados de Hidalgo, Veracruz, San Luis Potosí y Tamaulipas.

Un punto de confluencia de la Huasteca hacia el Golfo lo constituye el puerto de Tampico, que, aunque en Tamaulipas, tiene su *hinterland* (entorno interior regional de expansión y de influencia) tanto hacia la propia Huasteca como hacia el norte costero de Veracruz. Las poblaciones cercanas, como Ciudad Madero, Altamira, Miramar y Pueblo Viejo, forman un área metropolitana que tiene lazos antiguos y consistentes con San Luis Potosí y Monterrey. La centralidad de Tampico en la región ha sido tan manifiesta que existió el proyecto de instaurar una entidad que uniera la Huasteca con otros espacios aledaños y así establecer el llamado estado de Iturbide. Pero una característica más importante que su orientación hacia la Huasteca o hacia el norte de Veracruz es que Tampico constituye el linde de esta región con el Noreste mexicano.

Ahora bien, la Vertiente del Golfo tiene otras áreas importantes, como son las ligadas al puerto de Tuxpan, a la ciudad petrolera de Poza Rica y al área ganadera y citrícola de Álamo, Cerro Azul y Naranjos. Cercana a Poza Rica hay que destacar Papantla como centro de la antigua cultura totonaca. Siguiendo hacia el sur también encontraremos los espacios serranos de las culturas mazateca y zapoteca, para posteriormente llegar a la región de Sotavento, donde se localiza el río Papaloapan y las poblaciones que cruza: Tuxtepec, Cosamaloapan, Tlacotalpan y Alvarado. Se trata de una región bien integrada en torno a sus actividades económicas y a sus medios de comunicación, que hasta mediados del siglo xx eran predominantemente de carácter fluvial, y donde hoy son importantes el ferrocarril y las carreteras. Son de resaltar también la presa Miguel Alemán, río arriba, y los espacios de los Tuxtlas, ya en el límite de la vertiente, integrados a la cuenca del Papaloapan.

4. La Vertiente del Norte

Como anotábamos, esta vertiente, al ser tan extensa y abarcar del Golfo de México al Océano Pacífico, amerita una subdivisión en cuatro regiones, por razones históricas y geográficas. La primera región que hemos de considerar es la Norte Central, a la que podemos acceder por Aguascalientes para de ahí abarcar unos amplios espacios internos de la región hacia el noreste, el norte y el oeste. Lo que aglutina este espacio es el altiplano bordeado por las sierras Madre Oriental y Madre Occidental. Nos adentramos en las antiguas rutas del llamado Camino de Tierra Adentro, que llevó a los colonizadores españoles hasta Nuevo México cruzando el Río Bravo por el antiguo Paso del Norte. En el último tercio del siglo xix el Ferrocarril Central Mexicano estableció una ruta que reprodujo, de alguna manera, aquel antiguo camino. En el siglo xx fue la construcción de la carretera 45, y sus variables posteriores (como la 40 o la 49), la que unió la Vertiente del Norte con el centro del país e interconectó sus poblaciones a través de innumerables caminos adyacentes. Además, es necesario recordar la confluencia de la historia con la geografía en la Vertiente del Norte. Si el México Central fue el espacio donde preferentemente se desarrolló la guerra de Independencia, en esta Vertiente Septentrional fue donde una centuria después se originaron las principales demandas de la Revolución mexicana, donde surgieron algunos de sus principales protagonistas y en la que se desarrollaron importantes acciones bélicas y políticas.

Para apreciar la región central de la Vertiente del Norte, debemos decir que a partir de Aguascalientes se abre un abanico que abarca Zacatecas, San Luis Potosí, Saltillo, La Laguna, Durango y el norte de esa otra población limítrofe que es Tepic. Con excepción quizá de esta última porción conformada por la Sierra de los Huicholes, las otras poblaciones nombradas forman una especie de región con intensos lazos de interdependencia y comunicación. Desde tiempos coloniales las actividades mineras llevaron a españoles, portugueses y vascos a estas tierras. En los siglos xix y xx la minería siguió siendo un factor importante (aunque en algunos casos sólo como herencia), pero también lo fueron la ganadería, los ferrocarriles, el cultivo del algodón, la explotación maderera y el desarrollo agrícola e industrial. Otras poblaciones de esta región son también emblemáticas, aunque algunas hayan perdido su pasado brillo: Parras, Fresnillo, Guadalupe, Jerez, Cuencamé, Santiago Papasquiaro, Río Verde, Matehuala, Mazapil, Real de Catorce, Concepción del Oro, Ramos Arizpe, Torreón, Lerdo, Gómez Palacio y San Pedro de las Colonias, entre otras.

Conectada con esta subregión se encuentra íntimamente ligada la parte más septentrional del Norte Central, conformada por las poblaciones que centralizan sus respectivas comarcas y les dan nombre: Chihuahua, Parral, la Sierra Tarahumara, el Bolsón de Mapimí y los espacios binacionales formados por Ciudad Juárez y las poblaciones estadounidenses de El Paso-Las Cruces, ya en Texas y Nuevo México. Otros nombres igual de emblemáticos que debemos citar junto con los anteriores del Norte Central mexicano son Ciudad Cuauhtémoc, Nuevo Casas Grandes, Madera, Delicias, Jiménez, Camargo y ese otro espacio binacional formado por Ojinaga y Presidio.

Las subregiones de esta inmensa región central de la Vertiente del Norte tienen una serie de características que las diferencian entre sí. Hay inmensos espacios vacíos y desérticos, como los del Bolsón de Mapimí y los médanos de Samalayuca, al sur de Ciudad Juárez; bosques de coníferas y regiones madereras a lo largo de la Sierra Madre en ambos rumbos (oriental y occidental), o bien la mezcla de desierto, montañas, bosques, con abundante fauna (osos, venados, codornices y otras especies) como la que se da al noreste del Bolsón de Mapimí en la Provincia Natural del Carmen con sus respectivos cañones (Santa Elena, Mariscal y Boquillas), en el estado de Coahuila, y su contraparte estadounidense en el Big Bend. Por otra parte, al occidente de la región han subsistido algunos grupos indígenas como los huicholes, los tepehuanes y los tarahumaras. En la región de Saltillo y Parras los tlaxcaltecas ejercieron una verdadera labor colonizadora desde finales del siglo XVI, y a partir de estas poblaciones se expandieron hacia el noreste formando núcleos de población en Bustamante, Candela, Monterrey y otros lugares.

En la intersección de la parte este de la Vertiente del Norte con la llanura nororiental, que surge de las estribaciones de la Sierra Madre, emerge el Noreste mexicano conformado por territorios pertenecientes a los estados de Coahuila, Nuevo León, Tamaulipas y la franja del Río Nueces, ya en Texas. Es necesario considerar el curso del Río Bravo a través de los límites de estos territorios con Estados Unidos y la formación de dos presas importantes: la de la Amistad y la Falcón. Además, existen otras presas que, pese a no estar en el curso del Bravo, pertenecen a la región, como la de El Cuchillo, la Marte R. Gómez y la Vicente Guerrero. La reciente explotación de hidrocarburos en la llamada Cuenca de Burgos hará sin duda que el Noreste presente una nueva fisonomía.

En el noreste coahuilense se distinguen las áreas de Monclova y Piedras Negras, muy unidas entre sí por la semejanza del entorno físico, pero diferentes en origen, desarrollo y actividades económicas. Monclova es una fundación colonial que conoció poblamientos y despoblamientos con diferentes nombres, y es el origen histórico del estado de Coahuila, aunque luego se trasladó ese nombre a las áreas de influencia de la Nueva Vizcaya, hoy Durango, como fueron Saltillo y Parras. Las actividades de Monclova tienen que ver con la minería y el asentamiento industrial de la compañía Altos Hornos; se encuentra rodeada por antiguos asentamientos mineros como Múzquiz, Sabinas, Palau, Nueva Rosita y otros más pequeños; también por poblaciones más orientadas a la agricultura y la ganadería como San Buenaventura y Cuatrociénegas.

La segunda área que hay que considerar en el noreste coahuilense es la formada por las poblaciones fronterizas de Piedras Negras y Ciudad Acuña, ambas surgidas durante la segunda mitad del siglo XIX y que se orientaron al comercio exterior, particularmente la primera, al tenderse por ella las vías del Ferrocarril Internacional Mexicano. Las dos tienen su población gemela del otro lado de la frontera: Piedras Negras a Eagle Pass y Ciudad Acuña a Del Río. Estas poblaciones de los antiguos territorios coahuiltexanos tienen la ventaja de encontrarse muy cerca de San Antonio de Béjar, si bien distantes de la contraparte mexicana de éste: Monterrey. Ciertamente, Monclova y Piedras Negras centralizan gran parte de la actividad industrial, minera y comercial del norte de Coahuila, pero se encuentran con la competencia del área vecina del Noreste.

Obviamente, nos tenemos que referir al área de atracción e influencia de la que se puede considerar la capital del Noreste: Monterrey, conocida por ello también como la Sultana del Norte. A partir de Monterrey, al norte y al nororiente se asientan diversas poblaciones cuya interdependencia es manifiesta. Hay que considerar en primer lugar las que forman el área metropolitana de Monterrey: Escobedo, San Nicolás, Apodaca, San Pedro, Guadalupe y Santa Catarina, y después las no tan cercanas pero prácticamente integradas a ella: Villa de García, Santiago, Juárez, Cadereyta y Allende. En estas poblaciones vive más de 95% de los habitantes de Nuevo León. También hay que tener en cuenta las que se extienden hacia el norte del estado, como Sabinas Hidalgo, Cerralvo, Bustamante, Villaldama, Lampazos e incluso Candela, en Coahuila, y desde luego Nuevo Laredo, la que, aunque en Tamaulipas, ha quedado desde el siglo XIX en la órbita de Monterrey, lo mismo que el Laredo texano. El momento de cambio vino cuando se decidió, a principios de la década de 1880, que tanto el ferrocarril de Corpus Christi (Tex-Mex RR) como el de Kansas City (la ruta del Great Northern RR) pasaran hacia México por ambos Laredos. Al establecerse así la ruta del llamado Ferrocarril Nacional Mexicano, se varió considerablemente la centralidad de la región. Después de la segunda Guerra Mundial se acentuó aún más la importancia de esta ruta, a la que asimismo se sumó la del transporte automotor por la carretera Panamericana. Tras la apertura comercial de finales del siglo XX, la ruta ferrocarrilera procedente del Pacífico se ha conectado a los dos Laredos desde el puerto de Lázaro Cárdenas, en Michoacán, hasta los diversos destinos mexicanos, estadounidenses y atlánticos. Sin embargo, no es sólo el comercio internacional el que fortalece a esta región de Monterrey, sino su gran desarrollo industrial en metalurgia, cerveza, cartón y vidrio. Fuera de este gran centro industrial se ha desarrollado la citricultura y la ganadería. Además, en Monterrey se ha instaurado un considerable número de escuelas profesionales que la han convertido también en una ciudad estudiantil. En este esquema norestense vale la pena mencionar la función de Saltillo, ya que, cercana a Monterrey, se inclina también hacia la región central del norte, que es donde la hemos ubicado. Las opiniones de los especialistas sobre su posición en el contexto regional difieren, pues su cercanía y sus intercambios no son suficientes para incluirla en la región del Noreste (García Martínez), si bien su desarrollo histórico la sitúa como el principal centro de colonización del área (Cuello). De cualquier manera, Saltillo ha ocupado una posición que se inflexiona en varios rumbos: hacia Parras, Durango y Torreón; hacia Monterrey y el Noreste; hacia San Luis Potosí, y aun, atendiendo a cuestiones históricas, también hacia Monclova. Aunque su nombre derive de uno de los títulos nobiliarios de Felipe II, no podría haber sido más atinado, y la pertenencia en el pasado a diversas y cambiantes jurisdicciones políticas, civiles o eclesiásticas ha sido parte de su peculiar posición.

Ahora bien, existe otra región que, aunque más lejana, también está en la órbita de Monterrey. Se trata de la cuenca del bajo Bravo y de sus ciudades pares más importantes: Matamoros-Brownsville y Reynosa-McAllen. Además, cuenta con otros pares de poblaciones más pequeñas que le dan a la región un aspecto binacional y biterritorial muy pronunciado: Camargo-Río Grande, Miguel Alemán-Roma, Guerrero-Zapata. Junto con los dos Laredos, estas poblaciones del llamado Valle del Río Grande manifiestan una serie constante de relaciones que la vuelven única en el concierto nacional. Sus actividades económicas van desde el desarrollo de los hidrocarburos en Reynosa (la ciudad de más crecimiento poblacional en México) hasta la actividad aduanera, la agroindustria y el trabajo en las maquiladoras.

Al sur del bajo Bravo se encuentra otra región importante perteneciente a la llanura nororiental mexicana, la que bordea un área muy fecunda del Golfo de México, desde la Laguna Madre hasta poco antes de llegar al puerto de Tampico, que incluye las poblaciones de Soto la Marina y San Fernando. El centro de esta región norestense es Ciudad Victoria, que, como capital del estado de Tamaulipas, ocupa un lugar destacado por su actividad administrativa tanto gubernamental como universitaria, además de cierta actividad comercial. La rodean poblaciones dedicadas a las actividades agrícolas (especialmente citrícolas) y ganaderas, así como a la pesca y a la caza deportiva. En esto último también se distinguen los ranchos del norte de Coahuila, Nuevo León y Tamaulipas, en especial en lo que se refiere a la caza del venado cola blanca. Al sur, en la cuenca del Río Guayalejo, sobresale Ciudad Mante y su actividad azucarera. Desde tiempo atrás, por esta parte sur de Tamaulipas corre el ferrocarril que va de Monterrey a Tampico. Aunque tamaulipeca, esta población se orienta, como ya lo hemos expuesto, hacia la Vertiente del Golfo; pero, al igual que otras, se inflexiona en varias direcciones: hacia el Noreste, hacia Veracruz y hacia San Luis Potosí.

En el lado contrario, teniendo como litorales el Océano Pacífico y el Golfo de California, se localiza la región Noroeste de la Vertiente Septentrional. Esta región inicia en el parteaguas territorial de Tepic, en el estado de Nayarit; abarca varias de sus poblaciones, como Acaponeta y Tecuala, y se orienta hacia la población que centraliza esta región: Mazatlán. Relativamente cercanas a esta ciudad se encuentran Escuinapa, Rosario y Villa Unión, donde se han establecido empresas agropecuarias. En Mazatlán han predominado las actividades industriales, pesqueras y turísticas. Además, ha sido punto de comunicación con la Vertiente del Norte hacia Durango (por la famosa ruta del Espinazo del Diablo), con el México Central y con la Vertiente del Pacífico; pero también con la península de Baja California, especialmente Cabo San Lucas y La Paz, por vía marítima. Otra población centralizadora de su entorno es la antigua población de Culiacán, hoy capital del estado de Sinaloa y lugar de referencia histórica de muchas actividades del pasado, pues era punto de enlace hacia el norte (Sonora) y el oriente (Durango). La actividad principal de Culiacán y de todas las poblaciones que centraliza es la agroindustria. Para ello son importantes las presas y los distritos de riego en los que se trabaja aprovechando las aportaciones de la tecnología. Del mismo modo se puede referir el éxito agroindustrial establecido más al norte, en el Valle del Fuerte, que hacia mediados del siglo xx tuvo un gran despegue. La población que creció al amparo de tal desarrollo fue Los Mochis, que centralizó las actividades de las antiguas poblaciones vecinas, como Guasave y Guamúchil, y de otras de más nuevo asentamiento. Es de destacar que en esta región, de la que Los Mochis es el centro de atracción, se han construido modernos sistemas de irrigación con sus respectivas presas.

Cercano a Los Mochis se encuentra el puerto de Topolobampo,

que, como Mazatlán, tiene su línea de comunicación con la península de Baja California y también desarrolla actividades pesqueras. Además, Los Mochis es el destino del único ferrocarril de pasajeros que aún subsiste en México, el famoso *Chepe*, que partiendo de Chihuahua llega al Pacífico después de atravesar la Sierra Tarahumara y la también famosa Barranca del Cobre.

Y si las zonas sinaloenses que hemos descrito son amplios campos de cultivo con sus distritos de riego y su alta tecnología, los valles del Río Mayo y del Río Yaqui, en Sonora, los superan. La población que centraliza el Valle del Mayo es Navojoa, y la que lo hace con el Valle del Yaqui es Ciudad Obregón. Aunque son asentamientos antiguos, estos valles han tenido un manifiesto proceso de modernización por la intensa actividad agroindustrial desarrollada. Dos presas son importantes: la Adolfo Ruiz Cortines en el Mayo y la Álvaro Obregón en el Yaqui. Sus cultivos son múltiples, en los que sobresalen el maíz, el trigo y el garbanzo. Desde luego, no se puede olvidar a los grupos aborígenes que poblaron la región y aún subsisten en ella, los mayos y los yaquis, con sus ancestrales tradiciones, su pasado trágico durante el Porfiriato, su contribución a la Revolución mexicana y su muy defendida identidad.

A partir de Ciudad Obregón, la región Noroeste de la Vertiente del Norte se empata con la región central —específicamente, en el estado de Chihuahua—. El punto principal de ese extenso espacio es la capital de Sonora, Hermosillo. En torno a esta ciudad se entrelazan, de sur a norte, el puerto de Guaymas (con su vecina Empalme) y los puertos fronterizos de Nogales y Agua Prieta. En los puntos intermedios están las emblemáticas poblaciones de Magdalena de Kino, Caborca, Sahuaripa, Cananea, Nacozari, Arizpe y Ures. Estas dos últimas fungieron como sedes de los poderes estatales durante algún tiempo; pero toda la región recuerda a los antiguos pobladores pimas, ópatas o seris y, desde luego, a los evangelizadores jesuitas. Las actividades económicas son variadas: industria automotriz, pesca, comercio internacional, ganadería, turismo y minería, en especial de cobre.

Al noroeste de esta región se localiza el desierto de Altar, prácticamente deshabitado. Sólo hay dos asentamientos antes de llegar a él, uno en la frontera con Arizona, Sonoyta, y otro al sur, Puerto Peñasco, donde destacan las actividades pesqueras y turísticas. En realidad la última población más grande de Sonora, antes de acercarse al gran espacio desértico, es Caborca, porque la más occidental, San Luis

Río Colorado, se encuentra ya en la órbita del Valle de Mexicali. Frente a éste, ya del lado norteamericano, se encuentra su contraparte, el llamado Valle Imperial. Ambos interactúan formando un área agrícola binacional, regada por las aguas de los ríos Gila y Colorado. Para alimentar los sistemas de riego son importantes las presas que se encuentran río arriba: la Coolidge, en el Gila, y la Parker, la Hoover y la Davis, en el Colorado. La centralidad de esta dinámica región la ejercen desde principios del siglo xx dos ciudades gemelas formadas con ese fin, las que incluso comparten el mismo nombre, aunque invertido: Mexicali (México-California) en el lado mexicano y Caléxico (California-México) en el estadounidense. Un poco más al norte se encuentra la población de El Centro, en California, y al oriente Yuma, en Arizona. Contigua a esta última se encuentra la ya citada ciudad sonorense de San Luis Río Colorado. Llaman la atención los nombres de los asentamientos entre esta última y Mexicali, pues muchos de ellos hacen referencia a poblaciones mexicanas, dando cuenta del fenómeno migratorio que ha caracterizado a la región. Así encontramos comunidades con los nombres de Jiquilpan, Monterrey, Jalapa, Nuevo León, Puebla, Sinaloa, Jalisco y Querétaro.

Otro aspecto que es menester destacar de esta región es la casi desaparición no sólo de los límites políticos internacionales sino de los mismos límites estatales. En efecto, se trata de una región donde confluyen los dos países, pero también los estados de Arizona, Sonora, California y Baja California. (Hay otro punto semejante en el noreste en torno a las pequeñas poblaciones que definen la centralidad de los dos Laredos, y donde a su vez confluyen los estados de Coahuila, Texas, Nuevo León y Tamaulipas.) Por otra parte, regresando a Mexicali, hay que tener en cuenta que se trata de la capital del estado de Baja California, la única capital de los estados fronterizos localizada justamente en la frontera. Siguiendo hacia el sur, Mexicali se conecta con el puerto de San Felipe, único puerto bajacaliforniano de cierta importancia localizado en el Golfo de California y dedicado a la pesca y el turismo.

Siguiendo la línea fronteriza entre México y Estados Unidos se llega, luego de cruzar la serranía de La Rumorosa, a la gran urbe que es Tijuana. Ésta es el polo de atracción de poblaciones vecinas, como Tecate y Rosarito, y de la un tanto más alejada Ensenada. Tijuana tuvo un acelerado crecimiento a lo largo del siglo xx, pues de ser una pequeña ranchería se convirtió en gran centro de población. Junto con su contraparte, San Diego, y las poblaciones aledañas (como Chulavista o National City), conforma un área de intensa interacción en muchos sentidos y constituye un gran centro regional, aunque las diferencias entre los dos países saltan a la vista. Se trata, asimismo, del área que registra el mayor número de cruces migratorios entre los dos países, sin mencionar que contiene varios de los lugares de paso preferidos por los migrantes que carecen de documentos, como el emblemático Cañón Zapata. La atracción que ejerce California para estos migrantes se debe a la gran necesidad que el estado tiene de mano de obra para las actividades agrícolas y para la prestación de servicios, pues constituye la entidad con mayor potencial económico de Estados Unidos. En contrapartida, la parte mexicana de esta región tiene una intensa e importante actividad industrial, maquiladora, comercial, turística, pesquera y vitivinícola. Si los mexicanos de todo el país van a California en busca de trabajo, los estadounidenses vienen a Baja California para establecer sus residencias o para ejercer actividades de esparcimiento o turismo.

En torno a Ensenada se desarrolla una intensa actividad pesquera y en los valles aledaños el clima mediterráneo favorece el cultivo de la vid y del olivo. A lo largo de la denominada Carretera Escénica, que corre paralela al litoral del Pacífico, se ha establecido una serie de desarrollos turísticos, hoteles y restaurantes. Es de destacar la composición variada de la población de la región, ya que se ha formado con oleadas de migrantes de todas partes de México, pero también de los Estados Unidos, de Rusia y de países del Pacífico, en especial de Japón y China. A tal grado ha crecido la presencia de los habitantes de este último país que los restaurantes de comida china están presentes en cualquier parte.

De la Bahía de Todos los Santos, donde se encuentra el puerto de Ensenada, hacia el sur de la península se adentra a un territorio habitado por pequeñas poblaciones sobre una larga carretera transpeninsular de más de 1 600 kilómetros medidos desde Tijuana. Ésta bordea la costa del Pacífico para luego dirigirse al centro y después tomar el litoral contrario. En su prolongado curso se unen a esta vía principal pequeñas poblaciones por caminos secundarios, y se destacan en el trayecto los faros y las bahías como San Quintín, Santa María, El Rosario y Sebastián Vizcaíno, del lado del Pacífico, y San Luis Gonzaga, Guadalupe, Los Ángeles, Las Ánimas, San Rafael, San Juan Bautista, San Carlos, Santa Inés y La Concepción, del lado del Golfo de California. Estas bahías han servido de refugio para el nacimiento y la reproducción de las ballenas, y sus áreas se encuentran protegidas, como también las serranías cercanas donde habita el borrego cimarrón, emblema regional. En el centro de la península se localiza el desierto central de California. La carretera une a las pocas y alejadas poblaciones de esta área, que deben su permanencia a las actividades económicas que desarrollan: Guerrero Negro, a la industria de la sal; Santa Rosalía, a la minería, y Loreto, al turismo. Como se ha podido observar, la toponimia revela el santoral y las devociones de los jesuitas, que fueron los principales evangelizadores de la región, como la toponimia de la Alta California manifiesta el santoral franciscano.

En la región más al sur de la muy larga península se encuentra la capital del estado de Baja California Sur, La Paz, situada en la bahía del mismo nombre. Sus actividades son principalmente la pesca, las administrativas y el turismo, aunque este último tiene aun mayor relevancia en la zona de Los Cabos, denominada así por el complejo turístico que va de San José del Cabo a Cabo San Lucas.

5. La Vertiente del Pacífico

La descripción de esta vertiente se puede iniciar en la ya citada ciudad divisoria de Tepic para de ahí realizar un recorrido a todo lo largo de la costa del Océano Pacífico, que es justamente el que le da nombre. Pero también tiene otra característica importante, aducida por García Martínez: la integración del altiplano y de espacios serranos a sus litorales marítimos. En torno a Tepic se ubican, al sur, las poblaciones de Compostela, Xalisco e Ixtlán del Río, y al norte, Santiago Ixcuintla y Tuxpan. Sus actividades son principalmente agrícolas y ganaderas, aunque durante algún tiempo sobresalió el cultivo del tabaco. Cercano también a Tepic encontramos el puerto de San Blas, cuya historia estuvo ligada, desde luego, a esa población, pero también a Guadalajara y su entorno, por haber sido el punto de partida hacia las Californias y lugar de intercambio comercial. Otra población de esta región es Puerto Vallarta, la cual, aunque se localiza en Jalisco, ha guardado una estrecha relación con Tepic. Durante mucho tiempo, para poder llegar a Puerto Vallarta había que pasar primero por Tepic para luego dirigirse al sur nuevamente. Este puerto, ubicado en la ancha Bahía de Banderas, ha sido centro de atracción de las pequeñas poblaciones cercanas y polo de desarrollo de empresas turísticas y hoteleras, como lo muestra Nuevo Vallarta, ya en el estado de Nayarit pero contiguo a Puerto Vallarta. Tanto al sur como al norte de ambos Vallartas se han ido estableciendo residencias particulares, pequeños hoteles y negocios que contribuyen a activar la economía de la región. Entre otros sitios importantes de este recorrido costero encontramos Bucerías, Punta Mita, Rincón de Guayabitos y Las Varas.

Transitando la carretera costera, de construcción relativamente reciente, se llega a una zona de pequeños y medianos asentamientos en la región sur de Jalisco cuya centralidad pertenece a la población de Autlán, situada a poco más de 100 kilómetros del litoral. En torno a ella se encuentran pequeños pueblos que actúan como sus tributarios: El Grullo, Unión de Tula, El Limón, Casimiro Castillo, El Chante, Purificación y La Huerta, entre otros. Las actividades económicas de todos ellos giran en torno a la ganadería y en mayor medida a la agricultura, de la que sobresale el cultivo de la caña de azúcar. Menos dependientes de Autlán se encuentran las poblaciones de Tomatlán y Mascota, y ya en el litoral se encuentran las bahías de Tenacatita y de Navidad, y sus poblaciones: Cihuatlán, Melaque y Barra de Navidad. Aunque tradicionalmente los habitantes y las familias de Guadalajara y su región habían tenido tanto en las bahías como en las poblaciones sus destinos turísticos y vacacionales, se han asentado en éstas establecimientos turísticos de nueva creación. Muy unida a esta zona del sur de Jalisco se encuentra otra centralizada por Colima y Ciudad Guzmán: el antiguo Zapotlán el Grande, y cercano a éste, el volcán de Colima. Ciudad Guzmán también es una población que se inflexiona tanto hacia Colima como hacia Guadalajara, por lo cual la podríamos catalogar en la categoría de ciudades divisorias, si bien no con la misma intensidad que otras. A diferencia del sur de Jalisco, cuyo entorno se encuentra disperso, el de Colima tiene mayor densidad de población, más actividad y una centralidad muy definida. Entre los principales asentamientos orientados hacia Colima encontramos Tecomán, Villa de Álvarez, Armería, Cuyutlán, Tuxpan, Tamazula y, desde luego, el puerto de Manzanillo. Fundado en la primera mitad del siglo XIX, este puerto adquirió mucha importancia durante el Porfiriato y los primeros años del siglo XX como punto de embarque hacia Mazatlán y la península de Baja California. Además, cuenta con ferrocarril a Colima y Guadalajara.

De Manzanillo, siguiendo de nuevo la carretera costera, se recorre todo el estado de Michoacán hasta arribar al puerto de Lázaro Cárdenas, situado en los límites con el estado de Guerrero, a cuya definición contribuyen el impresionante Río Balsas y la Presa del Infiernillo. Dos regiones podemos encontrar en este recorrido: la que centraliza justamente este último puerto y que comprende partes de los dos estados nombrados, y otra que, encontrándose en territorios más al oeste, está relativamente deshabitada, excepto por pequeñas poblaciones como Coalcomán, Arteaga y Aguililla.

Al norte de estas poblaciones michoacanas podemos localizar una abigarrada y seriada sucesión de regiones intermedias entre la Vertiente del Pacífico y el México Central. Se trata en primer lugar de la así llamada Tierra Caliente, tanto en su versión michoacana como en la parte correspondiente al Río Balsas, más al oriente. En ambas debemos considerar sus respectivas sierras por el rumbo donde se juntan con la región del México Central. En este punto hay que ubicar a Uruapan, un importante centro comercial que destaca por diversas actividades agrícolas, principalmente por el cultivo del aguacate. En el área de influencia de Uruapan podemos contabilizar también otras poblaciones menores, como Cotija, Los Reyes, Ario y Tacámbaro. Otro centro de esta misma región es Apatzingán, que junto con Tepalcatepec y Nueva Italia constituye una zona agrícola de gran importancia. Muy unida a ésta se encuentra otra región agrícola y ganadera cuyo centro es Ciudad Altamirano, ya en las márgenes del Balsas. Al septentrión encontramos la Sierra del Sur, importante por sus actividades mineras desde la época colonial, y que hoy desarrolla actividades relacionadas con la explotación forestal, la producción de energía eléctrica y el turismo, particularmente en Ixtapan de la Sal y Valle de Bravo.

Más al norte se encuentran las dos poblaciones de mayor número de habitantes, Zitácuaro y Ciudad Hidalgo. En el extremo contrario encontramos otra región que, al igual que la anterior, establece relaciones con el México Central y es lugar de muy intenso intercambio: Cuernavaca y toda su área de influencia. Conviene distinguir, en primer lugar, las poblaciones que se conurban con Cuernavaca: Jiutepec, Temixco, Emiliano Zapata y Tepoztlán. Además, las que están un poco más alejadas pero se centralizan con ella, como Cuautla, Iguala, Zacatepec, Taxco y muchas otras. Al igual que las poblaciones de la Sierra del Sur, éstas, por encontrarse más cerca de la Ciudad de México, han tenido un gran desarrollo turístico y carretero.

En contraste, al lado oriente de la región de influencia de Cuernavaca y la gran cantidad de poblaciones que centraliza se encuentra la región de la Mixteca Baja, cuya ciudad más importante es Huajuapan de
León. Aunque la cruza la carretera Panamericana en dirección a Oaxaca, el uso de esta vía disminuyó al construirse la nueva carretera entre
Oaxaca y México. Por ello, la Mixteca Baja es una región que ha quedado aislada y cuyo desarrollo se ha frenado. Al lado poniente de ella y
en dirección de norte a sur con Cuernavaca se encuentra la región que
centraliza Chilpancingo, en la Sierra Madre del Sur, en la zona monta-
ñosa de Guerrero, y que comprende una cadena de poblaciones que
hay que destacar, como Tlapa, Chilapa, Zumpango del Río y Tixtla.

Han quedado pendientes en la reflexión y descripción de la Vertiente del Pacífico las cuatro regiones que son la continuación del litoral
que se prolonga del puerto de Lázaro Cárdenas hacia el sur: la Costa
Grande, la Costa Chica, la Mixteca de la Costa y la Sierra de Miahuatlán. El punto de partida es Lázaro Cárdenas, donde las actividades
de importación y exportación son cada vez más importantes y cuyo
ferrocarril —el Kansas City Southern de México— forma parte de la
red comercial de México y Estados Unidos con los países de Asia.
Siguiendo por la costa avanzamos hacia otro importante puerto en la
historia nacional, el centro de la Costa Grande de Guerrero: Acapulco. Las poblaciones que tienen como centro a esta última y que se
encuentran a lo largo del litoral son Petatlán, Tecpan, Atoyac y Coyu-
ca de Benítez, dedicadas a actividades agrícolas, ganaderas y pesqueras, aunque parte de su población también se ocupa en prestar servicios turísticos, particularmente en Zihuatanejo y Acapulco.

A partir de este último punto, se adentra en la Costa Chica hacia
una serie de poblaciones que se unen a las de la Mixteca de la Costa,
en el estado de Oaxaca. Los lugares más importantes, por sus actividades turísticas, son Pinotepa Nacional y Puerto Escondido. Otros
dos puntos turísticos en la siguiente región, sobre la costa, son Puerto Ángel y, principalmente, Huatulco. Éstos pertenecen ya a la región de la vertiente que está dominada por la Sierra de Miahuatlán y
cuya población del mismo nombre centraliza las actividades de sus
habitantes.

6. La Cadena Centroamericana

Nos adentramos ahora a la Cadena Centroamericana; es decir, a la continuación de la Vertiente del Pacífico que, aunque con características similares a la anterior y debido a que está conformada por costa y montaña, no colinda con el México Central. La primera región es la centralizada por las poblaciones de Tehuantepec y Juchitán. Cuenta, además, con el puerto de Salina Cruz y la presa Benito Juárez. Siguiendo por la llanura costera se llega a la emblemática región del Soconusco, cuya historia la acerca tanto a Guatemala como a México, quedando finalmente dentro de los límites de este último. Es un largo corredor que tiene sus poblaciones principales al inicio y al final de sus espacios, primero las poblaciones de Arriaga y Tonalá, muy ligadas a Tehuantepec, y ya en la frontera con Guatemala, a Ciudad Hidalgo y Tapachula, la que es sin duda el principal centro regional y puerto fronterizo hacia América Central. Las actividades principales están relacionadas con el cultivo del café, como antes lo estuvieron con el del cacao y con el comercio internacional con Guatemala.

Enseguida se pasa hacia la región de los Valles Centrales de Chiapas, dominada por la capital estatal: Tuxtla Gutiérrez, rodeada a su vez por las poblaciones de Chiapa de Corzo, Comitán, Cintalapa y Villa Flores. El desarrollo de la región se encuentra ligado a la actividad ganadera y el cultivo de la caña de azúcar, el comercio y la prestación de servicios. Importante para estas actividades es la presa de la Angostura, llamada también Belisario Domínguez. A continuación pasamos a otra región emblemática: los Altos de Chiapas, dominados por la presencia de la población que los centraliza: la antigua Ciudad Real, hoy San Cristóbal de las Casas. Los asentamientos más importantes son Ocosingo, Yajalón, Bochil y Simojovel. Muy importante es la presencia indígena y los reacomodos que ha experimentado después de los acontecimientos políticos de 1994, cuando se reorganizó el territorio provocando reclamos que cuestionaron la soberanía nacional sobre la región. Por último, pasamos a los espacios de la Selva Lacandona, alguna vez caracterizados por las actividades chicleras y madereras, pues se trataba de una selva rica en maderas preciosas, particularmente la caoba. Hoy se ha trazado una carretera que bordea la región siguiendo los límites internacionales con Guatemala y comunicándola con dos pequeñas poblaciones: Benemérito de las Américas y Frontera Corozal.

7. La Cadena Caribeña

En esta parte del país existen espacios privilegiados por las riquezas históricas, culturales y naturales. Entre estas últimas hay que considerar las terrestres y las marítimas, y entre las primeras, las aportadas por las culturas prehispánicas, además de los desarrollos industriales (ligados al petróleo) y desde luego los turísticos. Durante varios siglos fue una región comunicada con el resto del país, internamente o por vía marítima o fluvial, pero la situación cambió de manera radical durante la segunda mitad del siglo xx, al construirse el Ferrocarril del Sureste. La intersección del Golfo de México y el Mar Caribe en el norte de la región y la supremacía del Caribe —y de sus aguas inigualables— sobre los demás litorales hacen de ella un espacio muy destacado en la geografía nacional.

La Cadena Caribeña inicia con la vecindad de la Vertiente del Golfo ligada a los ríos Coatzacoalcos, Grijalva y Usumacinta, pero también a poblaciones que centralizan las actividades de las regiones, como el puerto fluvial de Coatzacoalcos y las ciudades de Villahermosa y Frontera, ya en Tabasco. Es en Villahermosa donde se centraliza la actividad de uno de los más significativos centros petroleros mexicanos: la Sonda de Campeche. Vecina a esta rica región se ubica Ciudad del Carmen, en el estado de Campeche, situada en la Isla del Carmen, en la entrada de la Laguna de Términos, importante por ser un considerable centro poblacional con actividad pesquera. Si durante gran parte de su pasado estuvo mal comunicada —pues se ingresaba a ella sobre chalanas—, hoy cuenta con puentes, accesos carreteros y aeropuerto. Vecinas y un tanto lejanas a Ciudad del Carmen se encuentran tres poblaciones: Escárcega, Champotón y la ciudad y puerto de Campeche, capital del estado, ya en pleno espacio de la gran península de Yucatán.

Antiguamente, los territorios que hoy ocupan los estados de Campeche, Yucatán y Quintana Roo formaban una sola jurisdicción política y eclesiástica, pues compartían rasgos comunes derivados de aspectos étnicos, lingüísticos, comerciales y culturales. Pero como parte de estos mismos rasgos surgieron también ciertas rivalidades que finalmente separaron políticamente a Campeche de Yucatán en la segunda mitad del siglo xix, y a Quintana Roo en el siglo siguiente. Es de resaltar que la ciudad de Campeche es una población amurallada y de gran actividad pesquera, como lo muestra el cercano puerto de Champotón.

A partir de Campeche, al norte y al noreste se sitúa la gran bajiplanicie de Yucatán, de suelo calcáreo, sin ríos en la superficie, pero con corrientes subterráneas que afloran a lo largo del territorio al romperse la roca calcárea, formando bellos yacimientos de agua: los legendarios cenotes. En los espacios yucatecos se encuentran las poblaciones que por siglos han hecho famosa a esta región. En primer lugar está su capital, Mérida, que sintetiza la historia y es el indudable y emblemático centro de Yucatán. Las poblaciones cercanas, aunque no del todo conurbadas, potencian su importancia: Kasín, Umán y Progreso. Esta última, que en el siglo xix fue el gran puerto exportador del henequén, ha perdido ya esa atribución y es más bien un lugar turístico y de esparcimiento. Hay también una serie de poblaciones satélites de Mérida muy ligadas con su pasado: Hunucmá, Motul e Izamal. Más lejanas, pero con mayor población, encontramos a Valladolid y Tizimín. Los estados de Yucatán y de Nuevo León, y quizá algún otro, dependiendo del punto de vista que se adopte, son los que concentran en las áreas metropolitanas de sus respectivas capitales a la mayoría de los habitantes, y en ellos no existen prácticamente ciudades medianas. Una cuestión que no debemos pasar por alto es la supervivencia de la lengua nativa maya en el habla de Yucatán, además de la gran cantidad de palabras mayas que se integran al español y el rasgo distintivo identitario que para los yucatecos tiene este hecho.

Al oriente de la península se localizan dos ciudades que centralizan sus respectivos espacios, Cancún y Chetumal, en el estado de Quintana Roo. La primera es más grande y cuenta con poblaciones tributarias muy ligadas entre sí, como Isla Mujeres, Playa del Carmen y Cozumel; entre las cuatro se acercan al millón de habitantes, sin contar la continua presencia de población flotante a causa del activo turismo. Cancún y sus tres poblaciones satélites han venido a ser importantes tanto por la construcción de espacios hoteleros y vacacionales considerables desde hace cuatro décadas como por la existencia de ruinas mayas relevantes, como Tulum, y de espacios extraordinariamente bellos, como Xel-Há e Xcaret. Al contrario del panorama anterior, las actividades de Chetumal, aunque con orígenes más antiguos, no han sido tan exitosas. Hasta mediados del siglo xx se abrieron algunos caminos que más tarde se convirtieron en carreteras y enlazaron la región de Chetumal con Tabasco y Yucatán. Hoy las actividades administrativas como capital del estado le han dado a esta ciudad tal dinamismo que, aunado al incremento de población y a una mayor extensión de sus vías de comunicación, le van forjando paulatinamente la categoría de centro regional. Pese a la vecindad de Chetumal con Belice, no han conformado un área binacional, pues su comercio internacional es poco significativo. Ese espacio fronterizo se asemeja a algunas áreas de la frontera norte en el siglo XIX, en aspectos como su escaso poblamiento y su poca actividad.

8. Conclusión

Los recorridos que hemos hecho a través del territorio nacional han mostrado que, en muchos aspectos, han sido la historia y la geografía las que han definido la estructura de las regiones de México. También han mostrado que se trata de temas amplios, complejos y sobre todo diversos. Esta diversidad le da a México una gran riqueza cultural. Así como cada región tiene sus peculiaridades geográficas, demográficas y productivas, podemos hablar también de otros temas afines. Por ejemplo, cada una ha desarrollado una serie de construcciones arquitectónicas según sus espacios y los materiales que encuentra a la mano; cada una tiene su comida, sus herencias y tradiciones; cada una ha implantado su modo de hablar, su entonación, el empleo de palabras derivadas de la lengua indígena donde se encuentra o la utilización de arcaísmos, y cada una ha establecido una práctica devocional religiosa según las tradiciones evangelizadoras de que ha sido deudora. En fin, hablamos de toda una serie de diferencias que, sin embargo, enriquecen los nuevos entornos y le dan fuerza a los valores de la regionalidad, que, al parecer, está de regreso. Esta regionalidad, unida a la inteligencia ordenadora del desarrollo, puede tener en la historia y la geografía los fundamentos básicos de nuevos proyectos para el futuro de la sociedad mexicana.

Bibliografía

Bataillon, Claude, *Espacios mexicanos contemporáneos*, FCE, México, 1997.

Castañón, Adolfo, *Viaje a México*, Iberoamericana/Vervuert, Madrid/ Fráncfort del Meno, 2008.

García Martínez, Bernardo, *El desarrollo regional, siglos XVI al XX*, UNAM/Océano, México, 2004.

———, *Las regiones de México. Breviario geográfico e histórico*, El Colegio de México, México, 2008.

O'Gorman, Edmundo, *Historia de las divisiones territoriales de México*, Porrúa, México, 1979.

Pompa y Pompa, Antonio, *Espejo de provincia: geografía del paisaje mexicano*, Porrúa, México, 1975.

II. Orígenes y desarrollo de Mesoamérica

Miguel León-Portilla

Los primeros pobladores de lo que hoy es México llegaron hace aproximadamente 25 000 años. Desde entonces hasta hace cerca de 7 000 años cambiaron muy poco su forma de vida. Durante los miles de años anteriores al inicio de tales cambios esos hombres y mujeres vivieron en cuevas, abrigos rocosos y enramadas. Se mantenían de frutos silvestres que recogían y de la pesca y la cacería. Sus armas y utensilios eran de piedra, madera y hueso. La cacería les proporcionaba las pieles con que se cubrían. Todo ese tiempo fue el de la Prehistoria.

Un primer cambio, de enorme importancia, ocurrió cuando algunos de esos antiguos pobladores se dieron cuenta de que, si depositaban en la tierra algunas de las semillas que recogían, éstas crecían y podían convertirse en su alimento. Largo y difícil fue el proceso de lo que se ha llamado la domesticación de las plantas. Poco a poco fue surgiendo así la agricultura en algunos lugares. Entre ellos estuvieron la región de Tehuacán en Puebla y también la sierra en Tamaulipas.

El cultivo de plantas como la calabaza, el chile, el frijol y el maíz exigió largas observaciones e intentos para lograrlo. Llegar al cultivo del maíz fue particularmente difícil y requirió muchos años.

La práctica de la agricultura propició que esos pobladores empezaran a establecerse en lugares fijos, cercanos a donde cultivaban sus plantas. Así fueron apareciendo las primeras aldeas. A medida que éstas tuvieron mayor número de habitantes, fueron produciéndose otros cambios.

Un nuevo logro consistió en la producción de vasijas y otros recipientes hechos de barro cocido, es decir, la cerámica. Antes, para guardar y transportar las semillas y otras cosas, se valían de vejigas de animales y de redes de diversos tamaños, unas de tejido más cerrado que otras. Por ese mismo tiempo la agricultura abarcaba ya otras semillas como el algodón y el amaranto.

El crecimiento de las aldeas, el cultivo de plantas y la posesión de utensilios de piedra, barro, madera y hueso, así como de telas hechas de algodón tejido, requirió nuevas formas de organización. Los antiguos jefes tribales propiciaron que en las aldeas más grandes sus habitantes se dedicaran a diversas actividades. Unos cultivaban la tierra, otros edificaban las habitaciones. Había quienes ejercían como guerreros, primero para proteger a la gente y luego para someter a otros pueblos. Lugar muy importante tuvieron los artesanos y más grande aún los que se dedicaban a la adoración de los dioses y a la enseñanza de los niños y jóvenes.

1. El desarrollo de una civilización originaria

Mientras en muchos lugares de México las transformaciones culturales que se han descrito fueron consolidándose, en otros fueron más lentas o no se produjeron. Ello ocurrió en el norte del territorio mexicano. Un caso extremo lo ofrecen los antiguos pobladores de Baja California, que continuaron alimentándose de los productos de la caza, la pesca y la recolección de frutos. En otras regiones norteñas, por influencia de los pueblos del centro y del sur, se practicaron formas limitadas de agricultura.

Ahora bien, muy grandes fueron los cambios que se dejaron sentir en la que se conoce como región habitada por los olmecas. Esa región se halla en los límites de los actuales estados de Veracruz y Tabasco. Allí, las aldeas comenzaron a transformarse en centros protourbanos. De ello dan testimonio los restos arqueológicos en sitios como La Venta, San Lorenzo, Tres Zapotes y otros.

Este desarrollo comenzó a producirse hacia 1500 a.C. En esos centros se erigieron las más antiguas edificaciones religiosas. También hubo creaciones artísticas muy notables, como las colosales cabezas humanas en basalto, los altares y las representaciones de dioses. De igual manera se iniciaron el calendario y la escritura.

Los olmecas irradiaron su influencia en diversos lugares de lo que hoy se conoce como Mesoamérica; es decir, el área geográfica donde se desarrolló una civilización originaria. Entendemos por ésta la que surgió sin influencia de otros pueblos. A lo largo de la historia universal

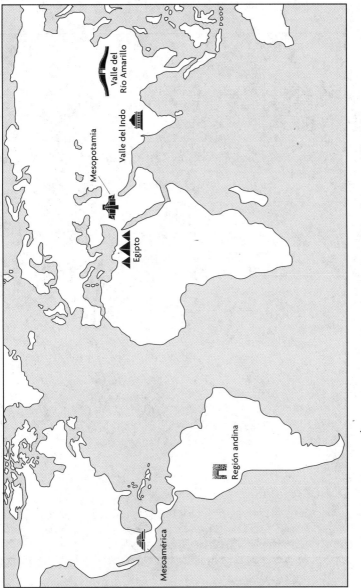

MAPA 2. *Ámbito de florecimiento de las civilizaciones originarias*

MAPA 3. *Irradiación del foco inicial de la civilización originaria mesoamericana*

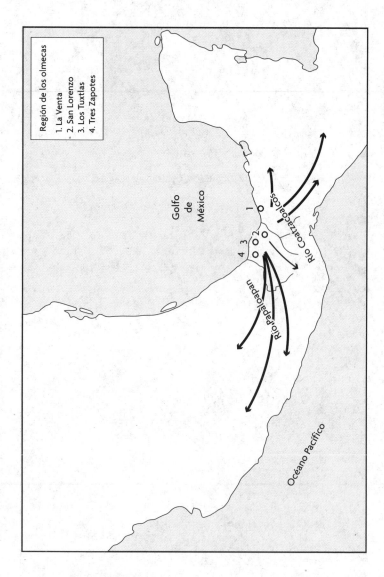

Región de los olmecas

1. La Venta
2. San Lorenzo
3. Los Tuxtlas
4. Tres Zapotes

Golfo
de
México

Río Coatzacoalcos

Río Papaloapan

Océano Pacífico

han sido pocas las civilizaciones originarias. Desarrollaron formas complejas de organización social, política, religiosa y económica. También se consolidó allí la vida urbana, hubo creaciones monumentales y diversas formas de cómputos calendáricos y escritura.

Civilizaciones originarias han sido las de Egipto, Mesopotamia, el valle del Río Indo y el de la cuenca del Amarillo en China. Fuera del Viejo Mundo sólo en Mesoamérica y en la región de los Andes centrales en Sudamérica nacieron civilizaciones originarias.

Casos como los de Grecia y Roma no son los de una civilización originaria. Grecia recibió la influencia de Egipto y, a su vez, Roma, la de Grecia. A partir de los focos culturales de Egipto y Mesopotamia y luego de Israel, Grecia y Roma, se desarrolló más tarde la que se conoce como civilización occidental o europea. Por su parte, la India y China influyeron en varios lugares de Asia como Indochina, Indonesia, Japón y Corea.

La civilización originaria iniciada por los olmecas se difundió hacia cinco grandes áreas culturales: las costas del Golfo de México, la zona maya, la de Oaxaca, la del Altiplano Central y, con menor intensidad, hacia el occidente de México. Este país se ha formado a partir de la civilización mesoamericana y de la presencia de la cultura occidental, en su versión hispánica, con sus raíces en Egipto, Grecia y Roma.

2. El Periodo Clásico en Mesoamérica

Se ha llamado Periodo Clásico al que en las áreas mencionadas abarcó varios siglos de muy grande desarrollo cultural. Puede decirse que este periodo se inició desde algún tiempo antes de los comienzos de la era cristiana y terminó, con variantes en las distintas regiones, hacia el siglo ix d.C.

Esta etapa tuvo antecedentes muy cercanos e importantes, muchos de ellos derivados de la cultura olmeca. En lugares como Tlatilco y Tlapacoya, en el Altiplano Central, se han descubierto vestigios arqueológicos que revelan un desarrollo propio con manifestaciones religiosas en torno a deidades que continuaron adorando hasta los tiempos de la Conquista, como Huehuetéotl, el dios viejo, y Tláloc, dios de la lluvia. En Tlapacoya y Tlatilco se produjo fina cerámica, y en el último de estos lugares hubo un centro ceremonial con basamentos escalonados a modo de pirámides truncadas.

En el ámbito de Oaxaca comenzó a erigirse el recinto de Monte Albán, en el que, además de grandes monumentos, hubo lápidas esculpidas con figuras humanas de tipo olmecoide, acompañadas de inscripciones con registros calendáricos. En Chiapas, en las zonas de Izapa y Chiapa de Corzo, hubo también centros ceremoniales bien planificados y estelas en piedra con imágenes que prenuncian el desarrollo de la visión del mundo característica de Mesoamérica. En el área maya de Yucatán y tierras cercanas hay testimonios de que también se estaba gestando una nueva cultura que iba a alcanzar grandes creaciones.

a) El Clásico en el Altiplano Central

Fue Teotihuacan, conocida como Ciudad de los Dioses, la metrópoli que, desde fechas tempranas en el siglo I d.C., inició un extraordinario desarrollo. En sus varias etapas fue consolidándose, con planificación urbanística y arquitectónica; una gran ciudad que llegó a contar con 22 kilómetros cuadrados y cerca de 70 000 habitantes. Teniendo como eje vial, de sur a norte, la llamada Calzada de los Muertos, se levantaron numerosas edificaciones. En el extremo norte se erigió la Pirámide de la Luna y en el ángulo inferior derecho el Palacio de las Mariposas de Quetzal. Al sur, en el costado izquierdo de la Calzada de los Muertos, se edificó la gran Pirámide del Sol. A ambos lados de la calzada se conservan otras pirámides menores, y en el oriente, la Pirámide de Quetzalcóatl y el conjunto que se ha llamado la Ciudadela.

La ciudad estuvo distribuida en cuatro grandes sectores, en función del eje norte-sur y de otro transversal oriente-poniente. Dentro de esos sectores se construyeron numerosas casas-habitación y varios palacios a lo largo de calles. En el interior de los palacios se han descubierto pinturas murales con representaciones de dioses, sacerdotes, animales y, en el caso del Palacio de Tepantitla, una imagen de la que parece haber sido la concepción teotihuacana del Tlalocan o paraíso del dios Tláloc.

Las esculturas y la cerámica teotihuacanas dejan percibir aspectos de la religión y el culto a deidades como Huehuetéotl, el dios viejo y del fuego; Tláloc y su consorte Chalchiuhtlicue, la de la falda de jade, y Xochipilli, el dios del canto y el baile.

Merecen una mención especial las célebres "cabecitas retrato", así como algunos restos humanos en enterramientos que hacen pensar que en Teotihuacan vivieron grupos distintos, unos que recuerdan el aspecto de los pueblos costeños y otros con rasgos característicos de los del Altiplano. Algunos de esos restos dejan ver que se trata de personas que fueron sacrificadas. El ritual del sacrificio humano perduró en Mesoamérica hasta el tiempo de la Conquista. Al hablar de los mexicas o aztecas ahondaremos en su significado.

Consta, además, que Teotihuacan fue una metrópoli en la que habitaron personas de diversas procedencias y lenguas, entre ellas el náhuatl. Su cultura influyó en muchos lugares de Mesoamérica, tanto por la vía del comercio como de las conquistas. De esto dan testimonio hallazgos arqueológicos en lugares del área maya, las costas del Golfo de México y Oaxaca. Teotihuacan, aun después de su ruina y abandono a mediados del siglo VII d.C., tal vez por haber sido incendiada por enemigos, perduró como modelo, y en relación con ella se desarrolló el relato mítico de la creación del Quinto Sol.

Hay indicios de que Teotihuacan extendió también su influencia hacia el norte y estableció allí puestos de avanzada en la región habitada por los llamados chichimecas, la gente vagabunda de la flecha y el arco.

b) El Clásico entre los zapotecas de Oaxaca

Se sabe que en el lugar que se llamó más tarde Monte Albán, desde cerca de 600 a.C. se dejó sentir la influencia de la cultura olmeca. La lengua zapoteca se habló en un extenso territorio, desde el Istmo de Tehuantepec hasta la sierra. Los zapotecas hicieron su aparición hacia 200 d.C. En sus distintas etapas de desarrollo su cultura irradió a muchos lugares.

Como los teotihuacanos, también los zapotecas conocieron los principios del urbanismo, la arquitectura y otras artes, y poseyeron la escritura y el calendario. De esto ofrecen testimonios numerosas estelas en piedra, entre ellas las conocidas como Los Danzantes, porque representan figuras humanas que parecen danzar. En sus creencias religiosas sobresale el dios Cocijo, equivalente a Tláloc, así como una suprema pareja o deidad dual adorada en muchos lugares de Mesoamérica.

Monte Albán, como metrópoli zapoteca, alcanzó considerable grandeza desde los comienzos de la era cristiana hasta su decadencia hacia 700 d.C. Su población, bastante numerosa, mantuvo contacto con Teotihuacan, aunque desarrolló una versión diferente en el conjunto de pueblos participantes en la civilización originaria de Mesoamérica.

Entre sus principales creaciones sobresalen sus urnas funerarias y el tallado de la piedra. Consta que los zapotecas practicaron el comercio aun con pueblos lejanos.

c) El Clásico en la región veracruzana y lugares vecinos

Esta amplia región abarcó buena parte del moderno estado de Veracruz, sur de Tamaulipas y lo que se conoce como las Huastecas. Su zona nuclear fue el Totonacapan, vocablo que significa "lugar de luz y calor", patria de los totonacas. Éstos, con los huastecos al norte, algunos grupos nahuas y otros descendientes de los olmecas, integraban la población de esta área cultural en el contexto de la civilización originaria mesoamericana.

Herederos de la tradición teotihuacana, estos pueblos erigieron centros urbanos y ceremoniales bien planificados. Sobresale el Tajín, nombre del dios de la lluvia en totonaco, correspondiente al Tláloc de los nahuas y al Cocijo de los zapotecas. Este importante centro, que abarca muchas hectáreas, es célebre por su gran Pirámide de los Nichos. Otros lugares que también florecieron, incluso después del abandono de Teotihuacan, son Yohualichan, Remojadas y Nautla.

Creaciones de los totonacas son sus palmas, yugos y hachas en piedra, objetos rituales bellamente esculpidos. Este pueblo fue adorador de deidades mesoamericanas como Huehuetéotl (el dios viejo), Tláloc, Quetzalcóatl, Xochipilli y los dioses de la fertilidad y el placer, Xipe Tótec y Tlazoltéotl. Los totonacas practicaron el juego de pelota y la ceremonia de los voladores. Sus representaciones de caritas sonrientes parecen evocar la alegría de vivir en esa región tan fértil y luminosa.

A su vez, los huastecos, moradores de varias zonas del norte de Veracruz, el sur de Tamaulipas y diversas regiones de San Luis Potosí y tierras vecinas, son una rama norteña de los pueblos de la gran familia maya. Fundaron centros muy importantes como Tamtok, Tancanhuitz, Tamposoque, Castillo de Teayo y Amatlán de los Reyes.

Participantes en las creencias y prácticas religiosas mesoamericanas, como la de los sacrificios humanos, los huastecos adoraron a muchas de las deidades conocidas entre los teotihuacanos y los zapotecas. Se conservan algunas de sus representaciones en piedra y en pinturas murales. Los huastecos gozaron de buena reputación, aunque hay relatos míticos que hablan de su inclinación hacia las bebidas embriagantes.

d) Los mayas durante el Periodo Clásico

La cultura maya floreció en un territorio muy extenso que comprende la península de Yucatán, una parte de Chiapas y Tabasco, así como Guatemala, Belice y la zona colindante de Honduras. Los pobladores de esas tierras llegaron del norte, como lo muestra la existencia de los huastecos, cuya lengua pertenece a la familia mayense.

Fue hacia poco antes de 300 d.C. cuando la cultura maya inició su gran desarrollo en las tierras bajas de la cuenca del Río Usumacinta, la región del Petén en Guatemala, el sur de Campeche y partes de Tabasco, Quintana Roo y Honduras.

Ámbito geográfico selvático, se asoma al Golfo de México y al Caribe y contrasta con las tierras altas en la Vertiente del Océano Pacífico, pobladas de bosques a lo largo de la cordillera. También es diferente de la zona norte de Yucatán, que es una planicie calcárea.

La versión maya de la civilización originaria mesoamericana fue la que alcanzó el más alto desarrollo. Incluyó centenares de recintos religiosos y urbanos, algunos monumentales, como Tikal y Uaxactún en Guatemala; Yaxchilán, Palenque y Bonampak en Chiapas; Edzná, Calakmul y Jaina en Campeche, Chichén Itzá y Uxmal en Yucatán, así como Copán y Quiriguá en Honduras. La arquitectura, de gran suntuosidad, con templos, palacios, juegos de pelota y otras edificaciones, se enriqueció con grandes pinturas murales, estelas y tableros tallados en piedra con inscripciones. Hacia el siglo III d.C. la escritura y los cómputos calendáricos habían hecho ya su aparición.

La escritura maya, cuyo desciframiento ha avanzado mucho, es de carácter logosilábico; es decir, representa con signos glíficos palabras y también sílabas de carácter morfológico, pudiendo expresar textos completos. El calendario, según lo muestran las correcciones en algunas estelas, llegó a tener una precisión diezmilésima mayor que el calendario gregoriano; o sea, el que tiene hoy vigencia en innumerables países. Los cómputos calendáricos fueron posibles gracias al sistema matemático desarrollado por los mayas. En él existió el concepto de cero, y los números tienen valor en función de su posición.

En la zona norte de Yucatán, habitada por los mayas, se desarrollaron centros más tardíos, como los de Uxmal, Chichén Itzá, Zayil y Cobá, también con muestras grandiosas de arquitectura.

En la zona sur se alcanzó un desarrollo muy temprano en Izapa, Chiapas. En cambio, fueron menos numerosos los establecimientos en

Guatemala, entre los que sobresale Kaminaljuyú, donde es visible la influencia de Teotihuacan.

La religión de los mayas guarda muchas semejanzas con la de los otros mesoamericanos. Chac, dios de la lluvia, semejante a Tláloc, ocupaba un lugar muy importante; también K'inich Ahau, el Señor del Ojo Solar, identificado a veces con Itzamná, el inventor de la escritura. La diosa Ixchel, patrona de las artes y la medicina, era adorada de formas distintas, entre otras como Señora de la Luna.

En cuanto a la organización política, son varias las estelas que proporcionan información. En ellas aparecen los gobernantes supremos así como los guerreros, sacerdotes y otros personajes. Además de esa clase privilegiada, estaba el pueblo, dedicado a todo género de trabajos. Hoy se sabe, por las varias inscripciones, que las ciudades-Estado mayas sostenían frecuentes guerras entre sí.

La pintura mural, de la que se han descubierto muestras excelentes como las de Bonampak y otros lugares, es prueba del refinamiento alcanzado por los mayas. Y otro tanto puede decirse de sus artes escultórica y arquitectónica, así como de su variada cerámica, el tallado de piedras finas y la elaboración de códices o libros, de cuya existencia en el Periodo Clásico se tiene noticia por algunos hallazgos en enterramientos en Chiapas, el Petén guatemalteco y Yucatán.

El Periodo Clásico entre los mayas llegó a su fin hacia principios del siglo x d.C. Se ha atribuido esto a distintas causas posibles. Entre ellas están conflictos internos, cambios climáticos, epidemias y decadencia de la agricultura. El hecho es que, como en otros lugares del mundo, entre ellos Egipto, la cultura maya clásica tan sólo ha dejado vestigios. Esto no significó, sin embargo, que los mayas y su capacidad creadora desaparecieran por completo. Siglos después, sobre todo en la zona norte, durante el Periodo Posclásico, hubo un renacer cultural que se produjo estando ya los mayas diferenciados entre sí en varios aspectos, como sus lenguas, de las que han llegado a conocerse cerca de 30 diferentes.

e) El Clásico en el Occidente de México

Esta área abarca partes de los actuales estados de Guerrero, Michoacán, Colima, Jalisco, Nayarit y Sinaloa. En algunos lugares se dejó sentir la influencia olmeca, como lo prueban las producciones de estilo Mezcala, en trabajos en piedra y cerámica.

Los restos arquitectónicos hallados atestiguan que en esta región hubo un menor desarrollo. Muestras de esto la ofrecen el sitio hoy llamado El Otero, cerca de Jiquilpan, en Michoacán, y otros con edificaciones conocidas como yácatas. Son de particular interés las tumbas con cámaras sepulcrales. Desde el Clásico se produjeron maquetas y figuras humanas en cerámica que reflejan algunos aspectos de la vida de esas poblaciones.

De las creencias religiosas hay testimonios de que se adoraba con diversos nombres a deidades como Huehuetéotl, el dios viejo, y otros. En resumen, en esta área hubo menor desarrollo durante el Periodo Clásico si se compara con otras de Mesoamérica.

3. El Periodo Posclásico mesoamericano

Abarca éste el tiempo que siguió a la decadencia que se produjo entre los siglos VII y X, en diversos ámbitos, hasta la llegada de los españoles. En varios lugares hubo nuevas formas de desarrollo, como en los casos de los toltecas, mixtecos, algunos señoríos mayas y especialmente entre los mexicas o aztecas y los purépechas o tarascos.

Un importante logro relacionado con el Posclásico fue la introducción de la metalurgia; además, existe un mayor número de testimonios históricos y literarios provenientes de este periodo.

a) El Posclásico en el Altiplano

Durante los siglos IX y X se produjeron migraciones de distintos pueblos que alteraron el panorama prevalente en el Clásico. Grupos procedentes del norte, de las costas del Golfo de México y de Oaxaca lograron establecerse en lugares del centro de Mesoamérica.

Un ejemplo lo ofrece Cholula, que estuvo poblada durante algún tiempo por teotihuacanos. Expulsados éstos, marcharon hacia Centroamérica, conocidos como *pipiles*, es decir, nobles. En su lugar se establecieron gentes venidas de las costas del Golfo de México, donde habitaban los olmecas xicalancas. Otros, que se habían establecido como avanzadas teotihuacanas en el norte, abandonaron varios antiguos centros en Zacatecas y Guanajuato entre otros lugares y se establecieron en el Altiplano Central.

Otro sitio que recibió influencia teotihuacana fue Cacaxtla, situado en un cerro en el actual estado de Tlaxcala. Aunque habitado desde el Periodo Clásico, fue a fines de éste y durante el Posclásico cuando, como había ocurrido en Cholula, gentes de origen olmeca-xicalanca, se adueñaron del lugar. En él, además de conjuntos extraordinarios de pinturas murales, la influencia teotihuacana es visible en las fachadas de varias edificaciones con el clásico conjunto de tablero y talud.

Es probable que gentes de origen teotihuacano, procedentes de Cholula o de otros lugares, se establecieran poco después en Xochicalco. La arqueología ha descubierto allí imponentes edificaciones en lo alto de una montaña. En la que se conoce como Pirámide de las Serpientes Emplumadas, hay representaciones que muestran cierta influencia maya, y existen registros calendáricos que se han interpretado como correlaciones entre sistemas distintos de las medidas del tiempo y en los que hay también signos glíficos zapotecos.

Xochicalco se desarrolló en el fin del Clásico y el Posclásico como una ciudad-fortaleza en la que florecieron las artes en sus edificaciones y lápidas y en otros objetos en piedra y cerámica.

b) Tula Xicocotitlan

De los varios lugares en que se recibió la influencia de los teotihuacanos, el que mayor desarrollo alcanzó fue Tula Xicocotitlan, en el actual estado de Hidalgo. Allí, hacia 900 d.C., se establecieron también gentes que habían vivido en el norte como avanzadas mesoamericanas durante el Periodo Clásico y que regresaron al Altiplano Central. Hay varios textos que describen esto.

Ello explica que esos migrantes se nombraran más tarde "toltecachichimecas"; de procedencia mesoamericana en cuanto toltecas y a la vez chichimecas, o sea, influidos por los grupos del norte con los que habían convivido.

Tula estuvo vinculada a la figura del célebre sacerdote, gobernante y sabio Quetzalcóatl. Éste, al parecer, había tomado su nombre del dios de la serpiente emplumada, adorado durante el Clásico en Teotihuacan y otros lugares. Acerca del sacerdote y gobernante se conservan numerosos testimonios en náhuatl y otras lenguas. De él se dice que fue el creador de la *Toltecáyotl*, el conjunto de los logros culturales de los toltecas.

La metrópoli de Tula se edificó en torno a una gran plaza. Allí se erigieron templos, pirámides, palacios, juegos de pelota y, en las afueras, casas habitación. La Pirámide de Tlahuizcalpanteuctli, el Señor de la Aurora, tuvo un pórtico al frente, muy semejante al que se construyó en el Templo de los Guerreros, en Chichén Itzá, Yucatán, durante el Posclásico maya, que muestra irradiación cultural tolteca.

Según varios relatos, Tula tuvo dos momentos de decadencia, uno a fines del siglo x d.C. Entonces Quetzalcóatl se vio forzado a abandonar su metrópoli por obra de hechiceros, seguidores de su adversario, el dios Tezcatlipoca. Acerca de Quetzalcóatl algunos antiguos textos en náhuatl refieren que una de las principales causas de la llegada de esos hechiceros fue que él se oponía a los sacrificios humanos. Después de la partida de Quetzalcóatl hubo otros gobernantes en Tula. A fines del siglo xi d.C., el señor Huémac fue el último en el poder. Se dice que se suicidó.

Tula dominó muchos lugares en el centro y sur de Mesoamérica. Hay evidencias de que, al ocurrir la huida de Quetzalcóatl y más tarde la muerte de Huémac, la penetración tolteca llegó hasta Yucatán y Guatemala.

c) La región de Oaxaca en el Posclásico

Tras la decadencia de Monte Albán, aunque subsistieron algunos centros menores habitados por zapotecas, fueron los mixtecos quienes penetraron en los antiguos dominios zapotecas. Gracias a lo que registran varios códices, antiguos libros mixtecos, se sabe que se desarrollaron importantes señoríos. En ellos también se dejó sentir la influencia tolteca.

Los señoríos mixtecos alcanzaron importantes logros culturales, pero estuvieron envueltos en frecuentes guerras. Entre los reinos o señoríos más importantes estuvieron Tilantongo, Teozacualco y Tlaxiaco en la Mixteca Alta. En la Mixteca de la Costa fue célebre el señorío de Tututepec.

Los mixtecos realizaron muy bellos trabajos en oro, después de que se recibió el arte de la metalurgia del área andina de América del Sur. Su cerámica, algunas de cuyas producciones están pintadas de diversos colores, recuerda las imágenes de los códices. En arquitectura son célebres sus tumbas, en las que se han descubierto objetos preciosos. La religión de los mixtecos fue muy semejante a la de otros pueblos mesoamericanos.

Los mixtecos mantuvieron su independencia hasta el siglo xv d.C., cuando fueron invadidos por los mexicas o aztecas, los cuales, al tiempo de la conquista española, habían penetrado hasta más allá de Oaxaca, llegando a los límites con la actual Guatemala.

d) Los mayas en el Posclásico

La decadencia de los mayas a fines del Periodo Clásico no significó el término de su cultura. Ya vimos que al ocurrir la ruina de Tula hubo grupos que, saliendo de ella, penetraron en varios lugares de Yucatán y Guatemala. Acerca de esto hablan algunos textos de los libros de los sacerdotes *Chilam Balam*, escritos en maya y que se conservan hasta hoy.

Especialmente en el norte de Yucatán y en Guatemala hubo un renacer de antiguos centros, varios de ellos influidos por las gentes de origen tolteca. Éstos fueron los casos de Chichén Itzá y Uxmal, en los que se establecieron grupos llegados del Altiplano Central que se mezclaron con los mayas. Ya se mencionó la influencia tolteca en la arquitectura de Chichén Itzá. Son numerosas las alusiones a la llegada de un personaje que se conoció como Kukulcán, que es el nombre maya de Quetzalcóatl. De él se decía que, llegado de Tula, venía a guiar y gobernar a los habitantes de las tierras mayenses. Probablemente fueron varios los caudillos que en distintos tiempos hicieron suyo este nombre.

La división de los señoríos mayas disminuyó al crearse la llamada Liga de Mayapán, con su centro principal en ese lugar, situado al sur del actual estado de Yucatán. Dicha liga duró casi dos siglos, hasta que, por su tiranía, hubo rebeliones y se disolvió.

Durante el Posclásico, como ocurrió con los mixtecos de Oaxaca, también entre los mayas se trabajaron los metales y se produjeron bellas piezas en oro. La escritura de códices continuó, y de ese periodo proceden los tres de origen prehispánico que se conservan. Gracias a ellos es posible conocer lo que fue su visión del mundo y su pensamiento religioso. Éste, más allá de los cambios políticos y sociales, guardó semejanzas con el de los mayas del Periodo Clásico. Entre sus rituales sobresalen los realizados en honor de Chac, dios de la lluvia; de K'in, la deidad solar, y de la suprema pareja divina, acerca de la cual se habla en el *Popol Vuh*, el libro sagrado de los mayas quichés.

En las tierras altas de Chiapas y Guatemala hubo también incursiones procedentes del centro de México. Entre esas migraciones estuvieron las de los *pipiles* nahuas oriundos de Teotihuacan y las de otros de origen tolteca que se relacionaron con la figura de Quetzalcóatl, al que se llamó Cukumatz en lengua quiché.

Los centros que existieron en el Posclásico no tuvieron el esplendor alcanzado por los de Yucatán, aunque hubo algunos que alcanzaron cierta importancia. Éste fue el caso de Cumarcaaj, conocido en náhuatl como Utatlán, capital del señorío quiché, y de Ixmiché, de los cakchiqueles, ambos de Guatemala.

Puede recordarse que se conservan varios relatos en las lenguas de esos y otros pueblos que refieren diversos sucesos de su historia. Dato digno de mencionar es que en esos textos se habla de Cukumatz como el Señor del Oriente, y se dice que de él provenía la autoridad de todos los gobernantes.

4. Etapa final en el desarrollo de Mesoamérica

A los años comprendidos entre 1200 y 1521 d.C. los arqueólogos han llamado Posclásico Medio y Superior. Durante ese lapso se desarrollaron nuevas crisis, reacomodos de pueblos así como el florecimiento de los mexicas o aztecas. Con ellos se cerró la historia independiente de los habitantes de Mesoamérica.

En cuanto a las regiones norteñas, los cambios fueron mucho menores, ya que en gran parte perduraron allí los rasgos y elementos de sus antiguos pobladores. La mayoría continuó viviendo en aldeas con formas limitadas de agricultura. La recolección, la cacería y la pesca siguieron practicándose. Entre algunos pobladores, como los seris de Sonora y los nativos de la Baja California, las condiciones de vida continuaron siendo las de seminómadas, sin agricultura ni producción de cerámica.

Si al ocurrir el abandono de Tula se produjeron crisis y movimientos de pueblos, también sucedió esto fuera de la Mesoamérica nuclear: más allá de sus límites norteños se iniciaron por ese tiempo grandes migraciones. Tal fue el caso de los seguidores del caudillo Xólotl; eran éstos portadores de la flecha y el arco, cazadores y recolectores; se vestían con pieles de animales, trasportaban a sus hijos en redecillas y hablaban la lengua pame, emparentada con el otomí.

MAPA 4. *Área de la cultura maya*

Conocidos como chichimecas de Xólotl, penetraron en el valle de México y establecieron contacto con las gentes que ahí vivían. Entre otros estaban los habitantes de Culhuacán y de Chalco, de raigambre tolteca. Tras prolongada convivencia, los chichimecas de Xólotl fueron estableciéndose en diversos sitios, donde organizaron algunos señoríos o se mezclaron con quienes allí moraban. Esto último fue el caso de Tenayuca, Xaltocan y Azcapotzalco. Nuevos total o parcialmente fueron los asentamientos de estos chichimecas en Texcoco Tlatzallan-Tlaloztoc, cerca de Coatlichan, así como en Tepetlaoztoc y Oztoticpac. Cabe señalar la presencia de la palabra *oztoc*, que significa "cueva", en varios de los nombres de esos lugares, en rememoración de las cuevas en que los chichimecas habían vivido en el norte.

Poco a poco, durante varias generaciones, estos chichimecas transformaron su forma de vida. El estudio de cómo ocurrió esto es muy interesante, ya que permite apreciar cómo se produjeron los cambios hasta que se consolidaron en el valle de México importantes señoríos como Texcoco, Xochimilco, Azcapotzalco, Cuahtinchan y otros ya mencionados. Las transformaciones consumadas incluyeron la adopción de la agricultura, la vida urbana, las creencias y prácticas religiosas de origen tolteca así como la lengua náhuatl.

a) Las tribus nahuas

En tiempos cercanos se inició otra migración de pueblos procedentes del norte. A diferencia de los chichimecas de Xólotl, éstos eran descendientes de las que habían sido avanzadas mesoamericanas en las fronteras del norte. Varios códices muestran cómo ocurrió la que se conoce como "peregrinación de las siete tribus nahuas", entre ellas los mexicas o aztecas.

b) Los mexicas o aztecas

Concentrándonos en los mexicas, existen códices y otros testimonios que hablan de su salida de Aztlan Chicomoztoc en el año 1 Pedernal, que corresponde al 1111 d.C., aunque hay otras correlaciones calendáricas que sostienen que eso sucedió 52 años más tarde, en 1163 d.C. Su partida se efectuó obedeciendo las órdenes de su dios protector, Huitzilopochtli, que les hablaba a través de su sacerdote Huitzil, abreviación del nombre del dios. Él les había profetizado que los conduciría a un lugar muy bello en medio de una laguna donde encontrarían un águila erguida sobre un nopal y devorando una serpiente.

Después de pasar por lugares como la antigua Tula y Coatepec, los mexicas llegaron al valle de México. Allí, tras enfrentamientos con los señoríos de Culhuacán y Azcapotzalco, entraron en el lago y se establecieron en la isla que se llamaría México-Tenochtitlan. Esto ocurrió, según varios testimonios, en 1325 d.C. A partir de entonces los mexicas buscaron relacionarse con los de Culhuacán. Éstos eran considerados herederos de los toltecas y de Quetzalcóatl. Para lograr esto obtuvieron del señor de Culhuacán que les concediera un descendiente suyo para que los gobernara. Éste fue Acamapichtli, primer *tlahtoani*, supremo señor de los mexicas. Una de sus decisiones más importantes fue fomentar el culto al dios protector Huitzilopochtli. Con tal propósito reedificó el pequeño templo que para adorarlo habían levantado los mexicas al establecerse en la isla de Tenochtitlan.

A Acamipichtli sucedieron otros varios gobernantes hasta llegar a Moctezuma Xocoyotzin, quien presenció la llegada de los españoles. Los primeros años en la isla de Tenochtitlan fueron muy duros para los mexicas, pues tenían que pagar tributo y servir a los señores de Azcapotzalco, dueños de la isla. Un gran cambio se produjo hacia 1430, cuando el *tlahtoani* Itzcóatl, aliado con el sabio Nezahualcóyotl de Texcoco y con otros de varios lugares, se enfrentó y venció a sus dominadores de Azcapotzalco. Se inició entonces lo que fue luego casi un siglo de expansión y apogeo mexica.

A Itzcóatl se debieron disposiciones muy importantes. Una fue la distribución de tierras y títulos de nobleza a quienes se habían distinguido en la guerra de Azcapotzalco. Otra consistió en idear una nueva historia de los mexicas. En ella se debía exaltar su pasado. Para lograr esto ordenó que se quemaran los antiguos libros o códices donde se registraba su historia y que se elaboraran otros con una interpretación muy distinta.

Los mexicas, capitaneados por el sucesor de Itzcóatl, Moctezuma Ilhuicamina, hicieron conquistas en varios lugares de los actuales estados de Hidalgo, México, Morelos, Guerrero, Oaxaca y Veracruz. Los pueblos sometidos comenzaron a pagar tributo y a proporcionar mano de obra. De este modo la metrópoli mexica devino magnífica y próspera. El Templo Mayor y varios palacios se reconstruyeron más grandes y suntuosos. Axayácatl, Tizoc y Ahuitzotl, que sucedieron a

Moctezuma Ilhuicamina, continuaron las conquistas y el embellecimiento de Tenochtitlan. Esculturas como la Piedra del Sol y de la diosa madre Coatlicue se terminaron de tallar en ese entonces. Con Axayácatl el señorío vecino o gemelo de Tlatelolco quedó sometido a Tenochtitlan. Pero Axayácatl sufrió una derrota en su intento de vencer a los purépechas o tarascos. Un antiguo testimonio es elocuente: "Los mexicas cayeron como moscas en manos de los tarascos".

El pueblo tarasco, que habla una lengua que no está emparentada con alguna otra de Mesoamérica, se estableció hacia el siglo XII d.C. en varios lugares de lo que hoy es Michoacán y que hasta hoy conservan sus nombres en su lengua, como Pátzcuaro, Tzintzuntzan, Ihuatzio, Erongarícuaro, Uruapan y otros muchos. Los tarascos practicaban la agricultura y la pesca en sus lagos. Precisamente por esto los mexicas los llamaron *michuaques*, palabra que significa "los que tienen pescados". Fueron también expertos en trabajar metales, sobre todo el cobre. También producían bella y variada cerámica.

El intento de Axayácatl de dominar a los tarascos ocurrió cuando el señor Tangaxoan I era su supremo gobernante. *La relación de Michoacán*, donde se transcribió lo que expresaron los tarascos acerca de su historia y su cultura, ofrece los más verídicos testimonios acerca de este pueblo, que logró continuar independiente hasta la llegada de los españoles.

Volviendo a la historia de los mexicas, sabemos que Axayácatl, como había ocurrido con Moctezuma Ilhuicamina, tuvo por consejero a Tlacaélel, personaje muy sabio que lo guió en muchas de sus empresas. Al morir Axayácatl, lo sucedió su hermano Tizoc, al que atribuyen las crónicas históricas poco valor como guerrero y añaden que probablemente murió envenenado.

El otro hermano suyo, Ahuitzotl, fue elegido entonces como su sucesor. Realizó nuevas conquistas hasta llegar a la región del Soconusco, en Chiapas. Mantuvo también los antiguos enfrentamientos mexicas contra los señores de Tlaxcala, las llamadas "guerras floridas", para hacer cautivos que se sacrificaban en honor de Huitzilopochtli. El propósito era fortalecer con su sangre al Sol y evitar el posible cataclismo con el oscurecimiento de éste, como se creía que había ocurrido en épocas anteriores.

Ahuitzotl agrandó considerablemente el Templo Mayor de Tenochtitlan. El día de su dedicación ordenó el sacrificio de numerosos guerreros vencidos. Por ese tiempo la metrópoli mexica era ya más grande y rica. De ella salían no sólo quienes iban a realizar conquistas sino también mercaderes que marchaban a lejanas tierras y traían objetos suntuarios a Tenochtitlan.

Ahuitzotl murió en 1502. Lo sucedió Moctezuma Xocoyotzin, que según antiguos testimonios era "sabio, astrólogo, astuto, experimentado en todas las artes y que, como ninguno de sus antecesores, llegó a tener tanto poder y majestad". Era hijo de Axayácatl y de una princesa de Iztapalapa. Su coronación fue la más suntuosa de todas.

Moctezuma Xocoyotzin también se empeñó en embellecer su ciudad, que estaba poblada por cerca de 200 000 personas. Las conquistas que dirigió reforzaron la dominación mexica en la mayor parte del Altiplano Central y abarcaron desde el Golfo de México hasta el Océano Pacífico. El desarrollo cultural de los mexicas quedó de manifiesto en la arquitectura, las monumentales esculturas, la metalurgia, el arte de las plumas, la elaboración de libros o códices, así como en el culto religioso, la educación y la producción de una rica literatura. De ella han llegado hasta nosotros, en transcripciones hechas en el alfabeto latino poco tiempo después de la Conquista, muchos géneros de composiciones: himnos sacros, oraciones, poemas, discursos, cantos y relatos históricos y legendarios.

De la arquitectura en México-Tenochtitlan perduran restos impresionantes. Dos de ellos son visibles, uno en el centro histórico de la capital y el otro en Tlatelolco. Del Templo Mayor pueden contemplarse sus varias etapas de construcción y ampliación. Numerosas esculturas en piedra dejan ver cómo floreció este arte. Entre esas esculturas sobresale la de Coyolxauhqui, la diosa hermana de Huitzilopochtli, a quien venció éste al ser atacado por ella.

A su vez, en Tlatelolco pueden verse también los restos del templo principal. Se hallan éstos en la Plaza de las Tres Culturas, al lado de la iglesia colonial de Santiago y de modernos edificios, que dan así testimonio de las principales etapas en la historia de México.

Como una sombra que parece oscurecer la grandeza lograda por los mexicas y los mesoamericanos en general, no es posible ocultar la práctica ritual de los sacrificios humanos. Ha habido quienes se resisten a aceptar que los hubo, aunque son muy numerosos los testimonios que certifican su existencia. En vez de negar su realidad, lo importante es intentar explicarla.

En primer lugar está el hecho de que en todas o la mayor parte de las antiguas culturas hubo sacrificios humanos. Lo extraño es, sin em-

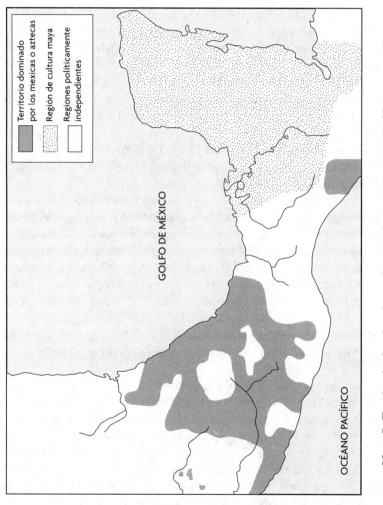

GOLFO DE MÉXICO

OCÉANO PACÍFICO

Territorio dominado
por los mexicas o aztecas

Región de cultura maya

Regiones políticamente
independientes

MAPA 5. *Territorio dominado por los mexicas en tiempos de Moctezuma II*

bargo, que en Mesoamérica perduraron hasta la llegada de los españoles. Sin negar esto, parece posible interpretar su significación.

Los mesoamericanos tenían la convicción de que sus dioses se habían sacrificado para dar nueva vida al mundo después de la última destrucción cósmica. El relato describe cómo ello ocurrió en Teotihuacan, que existió como realidad primordial antes de la restauración del mundo. Ahora bien, varios textos nahuas expresan que si los dioses se sacrificaron por los seres humanos, éstos debían corresponder asimismo con su sangre y su vida. El sacrificio humano era la respuesta al sacrificio divino.

Acudiendo a las creencias cristianas, en ellas se reconoce que Jesús, para redimir a la humanidad, decidió inmolarse en un sacrificio, a la vez humano y divino. Y también de acuerdo con el dogma cristiano, quienes lo aceptan, al participar en la eucaristía, piensan que consumen el cuerpo y la sangre de Jesús, cuyo sacrificio se reactualiza en el sacramento de la misa.

Esto muestra que la creencia de que sólo por medio de la sangre hay salvación constituye un paradigma mental presente en diversas culturas. Entendido así el sacrificio humano, debemos reconocer que, aunque hoy nos parezca horrendo, tiene un sentido profundo, como lo percibió fray Bartolomé de Las Casas, quien vio en él la suprema forma de ofrenda dirigida a corresponder al que fue primordial sacrificio divino.

c) Vísperas del encuentro que fue causa de la herida más profunda en el ser de Mesoamérica

México-Tenochtitlan y el gran conjunto de las creaciones de los mexicas fueron, por así decirlo, la fachada última de la civilización originaria de Mesoamérica. Los presagios funestos que, según varios relatos, llegaron a conocer Moctezuma, su pueblo y sus aliados fueron anticipo de una confrontación de los mexicas con seres desconocidos y no imaginados. Esa confrontación trajo consigo la lesión más profunda y duradera en el ser de toda Mesoamérica.

Pero cabe preguntarnos: ¿marcó ella su acabamiento total? Lo que veremos al final de este capítulo muestra que de varias formas Mesoamérica perdura en el ser del México moderno. Éste sin duda participa hoy en la cultura occidental, pero en convivencia con la matriz original mesoamericana. Más aún, Mesoamérica ha extendido su esfera de irradiación no sólo a todo el norte del país sino también más allá de sus fronteras y se deja sentir en muchos aspectos de la vida de millones de mexicanos establecidos en el vecino país del norte.

Para comprobarlo podría investigarse, al modo de una encuesta, en qué aspectos de la vida de esos mexicanos hay rasgos y elementos de raíz mesoamericana.

5. Herencia cultural de Mesoamérica

¿Cuándo comenzó la historia de México? La respuesta es que en los tiempos en que sus antiguos habitantes lograron creaciones culturales, muchas de las cuales perduran hasta hoy en el moderno país. Entre ellos y nosotros hay ciertamente continuidad. Si prescindiéramos de los rasgos y elementos que tienen sus raíces en el pasado prehispánico, no entenderíamos lo que son hoy México y los mexicanos.

Entre esos rasgos y elementos sobresalen sus lenguas, no pocas hasta hoy habladas, que han influido en el español de México. Muchas palabras, sobre todo de la lengua náhuatl, se han incorporado a él. Las palabras dejan ver la perduración del legado indígena en no pocos campos de la vida cotidiana. En este sentido, son algo así como el registro de una herencia cultural que sobrevive.

Los indígenas mexicanos fueron y son amantes de la música y el baile. Varias palabras nahuas nombran instrumentos musicales y bailes. El *huéhuetl* es un tambor vertical que se toca con las manos; el *teponaztle* es también instrumento de percusión, hecho de un tronco ahuecado, que se coloca horizontalmente, con una horadación en su parte superior, y en sus extremos lengüetas que, al ser golpeadas con unos palitos, resuenan.

Otro instrumento musical, el *tololoche*, de *tololontic*, "redondo", es un contrabajo de cuerdas, casi seguramente ideado durante la época colonial. A su vez, *mitote* significa originalmente "baile" y, por extensión, "bulla", "alboroto". *Huapango*, derivado de *cuauhpanco*, tablado para bailar. De él proviene el nombre de un son que se acompaña con música de quinta, jarana, violín y guitarra.

Perduran los nombres de muchas edificaciones como los *teocalli*, "templos", y también vocablos relacionados con la construcción: los *malacates* o cabrestantes, especie de poleas; los *jacales*, construcciones sencillas, algunas hechas con madera y paja o *zacate*, otras con piedra, que puede ser *tepetate* o *tezontle*. Hay techos de *tejamanil* y otros recubiertos con *chapopote*. Invenciones prehispánicas son las *chinampas*, los *temazcales*, los *apantles* para conducir el agua. Hay casas con *tapanco* (de *tapantli*, "azotea"), que también significa "desván" o "doblado". Existen *tianguis*, *tlapalerías* y *tinacales*, para fermentar el pulque. Y no falta la *tiza*, que puede servir para pintar.

Muchos son los árboles cuya madera aprovechaban los nahuas y cuyos nombres hasta hoy se conservan: *ahuehuetes*, *pochotes*, *ocotes*, *oyameles*, *huejotes*, *mezquites*, *amates*, *tepozanes*, *hules*, *guayules*, *achiotes*, *nopales* y el *copal* o resina.

Del mundo de los animales domésticos son el *guajolote*, la *pipila*, el *centzontle* y el *escuincle* o perro pelón. Entre los que gozan de libertad están los *zopilotes*, *tecolotes*, *huilotas*, *quetzales*, *chichicuilotes*, *tlacuaches*, *coyotes*, *ocelotes*, *mapaches*, *cacomizcles*, *tepescuintles* y también los pequeños *pinacates*, *jicotes*, *ajolotes*, *claconetes* y *zanates*.

Las gentes prehispánicas cultivaron plantas y frutos que hasta hoy se consumen, conocidos con sus nombres en náhuatl: *tomates*, *jitomates*, *aguacates*, *paguas*, *quelites*, *tejocotes*, *cacahuates*, *nopales*, *capulines*, *chiles*, *zapotes*, *chayotes*, *chicozapotes* (de *tzic-tli*, *chicle*), *ejotes*, *huauzontles*, *camotes*, *jícamas*, *jimicuiles*, *chilacayote*, *huauhtli*, *peyote*, *epazote*, los *elotes* de la *milpa* y la *chía*, a los que favorecía la llovizna o *chipichipi*.

Aprovechando esos frutos y otros muchos recursos floreció un arte culinario del que hasta hoy pueden degustarse muchos platillos y bebidas. Cabe recordar los *tamales*, *pozoles*, *atoles*, *chilaquiles*, *enchiladas*, *totopos*, *tlacoyos*; el *pinole*, *chocolate*, *tepache*, *mezcal* y *tequila*; los variados *moles*, el *guacamole*, *chilpocle*, *chilpachole*, *huitlacoche*, los *ezcamoles* y *cocoles*, así como los tacos de *nenepil*, los *mixiotes* y asimismo, aunque para causar mal, el *toloache*.

En la vida cotidiana es frecuente emplear palabras como *apapachar*, *enchilar*, *pepenar*, *achichinar*, que equivale a quemar; *apachurrar*, *encuatar*, *petatearse*, *tata*, *chamaco*, *escuincle*, *cuate*, *cuatacho*, *coconete*, *chilpayate*, *pipiolera*, *tocayo*, *pilmama*, *chichis*, *cuico*, por policía; *contlapache*, *palero* (de *paliuhqui*, "ayudar"), *coyón*, *achichincle*, *pizca*, *itacate*, *piocha*, *chipote* y *titipuchal*.

Y para preparar comidas y bebidas no deben faltar los *comales*, *molcajetes*, las *jícaras*, los *metates*, *molinillos* (castellanización del vocablo náhuatl *moliniani*, "batidor", que se usa para batir el chocolate), los *popotes*, los *tejolotes*, y si algo se rompe, quedan como recuerdo los *tepalcates*. Otros objetos hay también muy útiles: *equipales*, *mecates*, *mecapales*, *ayates*, *huacales*, *petates*, *petacas*, los *cacles* o zapatos y hasta los *papalotes* para jugar con ellos.

Para no alargar la lista, pueden recordarse los nombres de algunas prendas femeninas: los bellos *huipiles*, los *chincuetes*, los hermosos *quechquemes* y los costosos abrigos de piel de *ocelote*.

Además de todos estos elementos tangibles, el legado indígena incluye una rica literatura. Abarca ésta los códices o libros prehispánicos mayas, mixtecos y del Altiplano Central, así como otros, mucho más numerosos, de tiempos posteriores a la Conquista. Asimismo textos en lenguas náhuatl, maya, quiché, zapoteca y otros idiomas. En ellos se conservan poemas y cantos, relatos míticos, antiguas oraciones, discursos y recordaciones históricas. De igual manera han perdurado herbarios y otros manuscritos relativos a la medicina indígena. Todo esto muestra cuántas cosas nos han llegado de la cultura indígena. Y hay que añadir que sólo se han citado vocablos del náhuatl y no de las otras lenguas indígenas.

Rasgos culturales heredados del mundo indígena son también las formas de cortesía, el uso frecuente de diminutivos, el sentido comunitario, el apego a la familia, la sensibilidad artística, algunas formas de religiosidad como el culto a Nuestra Madre Guadalupe y a Nuestro Padre Jesús. Esta dualidad evoca a la prehispánica Ometéotl-Tonantzin, Totahtzin, el Dios Dual, Nuestra Madre-Nuestro Padre.

También hay miles de nombres de pueblos, montes y ríos a lo largo y ancho de la geografía de México en náhuatl, purépecha o tarasco, en maya, en otomí o ñahñú y en otras varias lenguas. Algunos de estos nombres son muy bellos como Iztaccíhuatl, "mujer blanca"; Cosamaloapan, "en el río del arco iris"; Papaloapan, "río de las mariposas"; Xochimilco, "en la sementera de flores"; Teotlalpan, "en la tierra grande o divina"; Tlalixcoyan, "donde se hace llana la tierra", y la lista podría alargarse casi sin fin.

El nombre mismo de México, "en el ombligo de la luna", y los de la mayoría de los estados recuerdan la presencia indígena: Sonora, Chihuahua, Coahuila, Tamaulipas, Sinaloa, Nayarit, Zacatecas, Jalisco, Michoacán, Colima, Tlaxcala, Guanajuato, Querétaro, Oaxaca, Chiapas, Tabasco y Yucatán.

Realidad visible son los miles de monumentos, muchos de ellos extraordinarios, en numerosas zonas arqueológicas y que tanto atraen a mexicanos y extranjeros.

Y por encima de todo está la presencia de varios millones de descendientes de los pueblos originarios, con los cuales la mayoría de los mexicanos estamos íntimamente relacionados por nuestro ser mestizo. En fin, el escudo nacional es también de procedencia indígena: el águila erguida sobre un nopal y devorando una serpiente es evocación de la señal anunciada a los fundadores de México-Tenochtitlan.

Es cierto que a este rico legado cultural y humano, a partir del encuentro con los españoles, se han sumado otros muchos elementos y rasgos de origen europeo en su versión hispánica y también de procedencia africana y de otros orígenes. Otro hecho de suma importancia es, por supuesto, la vigencia de la lengua española, medio de comunicación entre todos. Pero hay que reconocer que lo que llegó desde que ocurrió el encuentro inicial y a lo largo de los tres siglos de lo que fue la Nueva España y hasta el presente se ha injertado en el tronco original indígena.

Bibliografía

Arqueología mexicana, Editorial Raíces, México, 100 números con estudios acerca de Mesoamérica y los pueblos indígenas del norte de México, 1993-2009.

Caso, Alfonso, *Mixtecas y zapotecas*, El Colegio Nacional, México, 2003 (*Obras*, t. 2).

Garza, Silvia, *et al.*, *Atlas cultural de México: Arqueología*, Instituto Nacional de Antropología e Historia/Planeta, México, 1987.

León-Portilla, Miguel, *Los antiguos mexicanos a través de sus crónicas y cantares*, FCE, México, 2004 (y numerosas reimpresiones).

León-Portilla, Miguel, y Earl Shorris, *Antigua y nueva palabra. Antología de la literatura mesoamericana desde los tiempos precolombinos hasta el presente*, Aguilar, México, 2004.

Manzanilla, Linda, y Leonardo López Luján, *Historia antigua de México*, 4 vols., Instituto Nacional de Antropología e Historia, México, 2001.

Matos Moctezuma, Eduardo, *Los aztecas, la aventura humana*, Ludewing, Madrid, Milán, México, 1989 (Colección Corpus Precolombino, Las Civilizaciones Mesoamericanas).

Piña Chan, Ramón, *Los olmecas antiguos*, Consejo Editorial del Gobierno del Estado de Tabasco, México, 1982.

Ruz Lhuillier, Alberto, *El pueblo maya*, Salvat Mexicana/Fundación Cultural San Jerónimo Lídice, México, 1981.

Sahagún, fray Bernardino de, *Historia general de las cosas de la Nueva España*, 3 vols., edición de Alfredo López Austin y Josefina García Quintana, Conaculta, México, 2000 (Colección Cien de México).

III. La conquista de México

José María Muriá

1. Encuentro de dos mundos

Cuando las tres naves comandadas por Cristóbal Colón enarbolaron el pendón de Castilla y atracaron el 12 de octubre de 1492 en una isla americana, supuestamente llamada Guanahaní y bautizada por los navegantes como San Salvador, comenzó el llamado "encuentro de dos mundos". Fue entonces cuando el Viejo Mundo, formado por tres continentes conectados entre sí: Asia, África y Europa, empezó a relacionarse con el que después sería conocido como América y también como el Nuevo Mundo. Eran dos partes del planeta —"dos mundos"— que durante milenios no habían tenido prácticamente ningún contacto entre sí.

A pesar de haber realizado tres viajes más, Colón murió creyendo que había tenido éxito su pretensión original de llegar a las costas orientales de Asia e incluso hasta la India.

Los turcos habían conquistado Constantinopla en 1453, cerrando a los europeos la comunicación que habían establecido con el Lejano Oriente: China y especialmente la India. En consecuencia, se suspendió el tráfico de algunos artículos de lujo, como porcelanas y sedas, y sobre todo el de las famosas "especias" (clavo, canela, nuez moscada, pimienta, jengibre, etc.) que mejoraban el sabor de los alimentos y ayudaban a conservarlos más tiempo.

La necesidad de recuperar tales productos y la ilusión de apoderarse de las ya legendarias riquezas asiáticas mencionadas por viajeros como Marco Polo y otros mercaderes alentaría los viajes de los portugueses por el sur de África y los de Cristóbal Colón hacia el poniente, todos con el ánimo de llegar al Oriente.

Poco a poco, a medida que los europeos realizaban más viajes por América con la esperanza de hallar las costas de Japón y de China y el camino para llegar hasta la India, fueron cayendo en la cuenta de que las tierras, nuevas para ellos, eran en realidad una enorme masa continental que se extendía de norte a sur. Al verificar que se trataba de territorios que desconocían por completo, se le dio primero el nombre de Indias Occidentales, y comenzó la costumbre de llamar "indios" a sus pobladores.

La pobreza de muchos españoles hizo que las islas del Caribe pronto se poblaran de castellanos, extremeños y andaluces dispuestos a lo que fuera con tal de enriquecerse con rapidez. Pero la escasez o la ausencia total de minerales, su principal objetivo, dio lugar a una explotación tan intensa de la mano de obra indígena que culminó con su exterminio y con la necesidad de remplazarla con esclavos traídos de África, hombres y mujeres que dejaron para siempre su huella en tales islas.

De esta manera, el encuentro, que con el tiempo permitiría que cada uno de los "dos mundos" se enriqueciera con las muchas aportaciones del otro, pasó primero por un proceso de conquista y colonización, del cual no sólo los indígenas de América salieron muy mal librados, sino también los miles de negros africanos secuestrados y traídos en pésimas condiciones a vivir, de manera también lamentable, en sitios y con gente totalmente ajena.

2. Primeros pasos de los conquistadores

Cuando se agotaron los recursos de las islas del Caribe, los viajeros comenzaron a navegar hacia diferentes puntos del continente, y tarde o temprano, siempre en busca de riquezas y de esclavos, algunos se habrían de acercar a lo que hoy es México. Comenzó entonces lo que debería llamarse *las conquistas* de Mesoamérica.

La dominación del territorio correspondiente a Mesoamérica, más densamente poblado y con mayor desarrollo cultural, quedó comprendida entre 1519 y 1545, principalmente. Pero debe hablarse de ella en plural —las conquistas— ya que, a pesar de la mayor importancia de Hernán Cortés sobre los demás conquistadores, a sus órdenes actuaron diversos capitanes de maneras muy diferentes según su particular forma de ser o según la naturaleza del terreno y de la población con que se encontraron. Por su parte, la colonización de la llamada Aridoamérica, más al norte y con menos asentamientos humanos, fue posterior al siglo XVI.

Hubo otros conquistadores que se desenvolvieron por cuenta propia, al margen de Cortés y aun en contra de éste. Tales fueron los casos de Nuño de Guzmán, que partió en dirección al occidente y el noroeste, y de Francisco de Montejo, a quien las instrucciónes directas del rey enviaron a la península de Yucatán.

No puede hablarse de un plan de conquista bien estructurado, puesto que el conocimiento del territorio y de su gente se fue adquiriendo paulatinamente y al costo de muchas penalidades. Los españoles se fueron desenvolviendo según se presentaban las circunstancias; además, tampoco hubo completa armonía entre ellos. Los diferentes capitanes compitieron con frecuencia entre sí por conquistar territorios y sostuvieron severas disputas por sitios no plenamente conquistados.

Enviados por el gobernador de Cuba, Diego de Velázquez, tres naves y 100 hombres al mando de Francisco Hernández de Córdoba recorrieron la costa de la península de Yucatán; tuvieron varios encuentros con los mayas, y en Potonchan, cerca de lo que hoy es Frontera, en Tabasco, sufrieron su primera gran derrota. Unos 25 españoles murieron y los demás regresaron heridos, incluido su capitán, quien falleció a la postre.

Sin embargo, el viaje fue un éxito económico y alentó nuevas expediciones, como la de Juan de Grijalva, que en 1518 recorrió la costa del Golfo de México hasta el Río Pánuco y tuvo el primer contacto con los mexicas casi en el mismo sitio donde se halla la actual ciudad de Veracruz.

Los informes de ambas expediciones orientaron la que encabezaría Hernán Cortés en 1519. Algunos españoles que se embarcaron con él habían ya participado en una o en las dos expediciones anteriores. Tales fueron los casos de Bernal Díaz del Castillo, luego famoso historiador de la Conquista, y del clérigo Juan Díaz, quien acompañó a Grijalva y ofició la primera misa en tierra firme.

Pero antes de cualquiera de estas expediciones hubo una cuya procedencia se ignora y que naufragó frente a las costas de Yucatán. Se sabe que de la tripulación sobrevivieron solamente un soldado de nombre Gonzalo Guerrero y un fraile llamado Jerónimo de Aguilar. Este último fue rescatado por la expedición de Cortés, y fue de gran ayuda, ya que aprendió maya y sirvió como intérprete para recabar noticias en aquellos lugares en que el mercedario Bartolomé de Olmedo realizaría los primeros intentos de evangelización.

Gonzalo Guerrero, el otro español sobreviviente, bien casado con una indígena y con hijos, prefirió quedarse, y se dice que entorpeció, con sus indicaciones a los indios, la ulterior conquista de Yucatán.

Poco antes de partir de Cuba, el 18 de febrero, Hernán Cortés había sido desautorizado por Velázquez como jefe de la expedición, pero no lo alcanzaron a detener. Es probable que de haber regresado a Cuba habría recibido un fuerte castigo; tal vez por eso recorrió la costa del Golfo con más cuidado. En Tabasco tuvo un fuerte enfrentamiento con los indígenas que le valió, entre otras cosas, conseguir a la mujer indígena conocida como *la Malinche*, que además del idioma maya conocía el náhuatl, lo que facilitó a los españoles, con la ayuda de Jerónimo de Aguilar, el entendimiento con los pueblos de la costa que hablaban este último idioma y así obtener las primeras noticias precisas de lo que había tierra adentro.

3. Hacia el corazón de México

Las informaciones fueron suficientes para que Cortés decidiera desembarcar frente a la isla que hoy se llama San Juan de Ulúa, enviar informes a España de su situación, destruir las naves útiles que le quedaban —con el fin de que nadie de la tripulación pudiera regresar— y emprender la marcha hacia la gran ciudad de México-Tenochtitlan.

Previamente, el 10 de julio de 1519, fundó la Villa Rica de la Vera Cruz, y con sus pobladores estableció un ayuntamiento, la primera institución española que se instaló en México, cuyos regidores le dieron obviamente la autorización de seguir adelante en su empresa. La instalación de dicho ayuntamiento fue una maniobra legal para liberarse oficialmente de la tutela del gobernador de Cuba.

Antes de llegar a Tenochtitlan, Cortés fundaría otras dos villas para seguir procurando cierto orden legal a su penetración en el territorio: una fue Medellín y la otra Segura de la Frontera, en Tepeaca (Puebla).

Durante el camino también se tuvo noticia de una expedición procedente de Florida enviada por Francisco de Garay, gobernador de Jamaica. Cortés salió a su encuentro, que no resultó amistoso, pero los hombres de Garay se retiraron. Hubo después otras dos expediciones de Garay que fracasaron por completo. Tal fue el caso de la encargada a Diego Camargo, que llegó a establecerse con sus hombres cerca de la costa, pero, presionados por una sublevación indígena, debieron huir; algunos, incluso, se sumaron más tarde a las huestes de Cortés.

Pronto, gracias a sus intérpretes, Cortés advirtió que los aztecas dominaban por la fuerza a muchos pueblos inconformes, con los que, andando el tiempo, supo establecer alianzas. Una de las primeras y más importantes la hizo con el pueblo totonaca de Cempoala; mucho más útil, sin embargo, resultó la conseguida después con Tlaxcala, aunque antes de lograrla sostuvo duros enfrentamientos contra sus huestes, encabezadas por Xicoténcatl.

Establecida la paz con los tlaxcaltecas, Cortés les impuso los primeros monumentos cristianos sin arremeter contra los símbolos religiosos autóctonos. Ahí Cortés recibió una más de las infructuosas embajadas con regalos enviadas por Moctezuma Xocoyotzin para que desistiera de su avance hacia México. Pero en vez de hacerlo Cortés tomó el camino sugerido por Cholula donde, con el auxilio de tlaxcaltecas y totonacas, enemigos acérrimos de los cholultecas, emprendió una tremenda matanza para adelantarse a una supuesta emboscada.

Acto seguido pasó entre los dos grandes volcanes y, maravillado por el paisaje y la grandeza de la ciudad de Tenochtitlan, llegó hasta ella por el lado de Iztapalapa.

Los españoles fueron muy bien recibidos y alojados, pero con el fin de garantizar su seguridad, Cortés decidió apresar a Moctezuma y mantenerlo como rehén. Lo mismo hizo con otros personajes destacados, como Cacama y Cuitláhuac.

También aprovecharon la buena disposición de los mexicas para que algunos fueran acompañados por conocedores del territorio a diferentes lugares. Así incursionaron hasta Chinantla, y Gonzalo de Umbría cruzó la Mixteca, en Oaxaca; ambos grupos hallaron en lechos de ríos algo del oro que tanto interesaba a los españoles y regresaron a informar; Umbría llegó hasta la desembocadura del Balsas y localizó el sitio en el que más tarde se establecería el fondeadero de Zacatula.

Por su parte, los emisarios enviados por Cortés a España desde Veracruz desobedecieron sus órdenes de no tocar la isla de Cuba, de manera que el gobernador Diego de Velázquez pudo enterarse de sus acciones y preparar una expedición con instrucciones de apresarlo y llevárselo enjaulado. Fue encabezada por un hombre de toda su confianza, Pánfilo de Narváez, y si Cortés había dispuesto de unos 500 soldados para su viaje, Velázquez proporcionó a Narváez el triple: un total de 18 barcos.

Narváez, sin embargo, poco pudo hacer para contrarrestar la estrategia de Cortés; éste salió de Tenochtitlan para enfrentarlo, pero antes logró que los hombres de su enemigo recibieran presentes de oro, noticias de inmensas riquezas y promesas de formar parte de ello. Finalmente, una noche de fuerte lluvia, Cortés y sus hombres sorprendieron a Narváez y a los suyos en su campamento de Cempoala. De esta manera, Cortés incrementó sus efectivos militares y se libró del castigo que le esperaba en caso de ser apresado. Narváez, por su parte, fue hecho prisionero y así permaneció en Veracruz durante dos años.

Cuando Cortés regresó triunfante a México se encontró con que sus habitantes estaban prácticamente levantados en armas. Era debido a la matanza de notables indígenas que su lugarteniente Pedro de Alvarado había dispuesto en el Templo Mayor. Los mexicas lo dejaron entrar hasta donde se hallaban sitiados sus compañeros pero no lo dejaron salir. Cuitláhuac, recién liberado, era quien encabezaba a los habitantes de la ciudad.

Un último recurso de los españoles fue poner a Moctezuma ante su pueblo para que intentara calmarlo, pero éste, enardecido, lo apedreó e hirió; se dice que él y cuantos indígenas tenían prisioneros murieron a manos de los españoles cuando emprendían la huida.

Tras más de siete meses de haber permanecido en la ciudad, los españoles decidieron salir la noche del 30 de junio. Esta retirada constituyó una verdadera "noche triste" para ellos, pues se perdieron la mitad de los hombres, una gran cantidad de armamento y casi todo el oro que habían acumulado y fundido. Además, a los siete días sufrieron otro fuerte revés en Otumba, por cuenta de los de Texcoco; a la postre llegaron a Tlaxcala, donde hallaron refugio y curaron sus heridas mientras seguían recibiendo españoles que llegaban en su refuerzo.

Conocedor del terreno que había dejado atrás y dispuesto a volver, Cortés procedió entonces a fortalecerse y prepararse con calma. Gracias a las alianzas con los enemigos de los mexicas, a los españoles recién llegados y a las armas que traían, arrasó con sus pueblos amigos. Más importante todavía fue la construcción de 13 pequeños bergantines, adecuados para navegar por el Lago de Texcoco.

En México, mientras tanto, el sucesor de Moctezuma, Cuitláhuac, moría junto con muchos otros a causa de una gran epidemia de viruela causada, según se dice, por un esclavo negro que vino con Narváez. Cuauhtémoc tomó el lugar de Cuitláhuac y se aprestó para la heroica defensa de Tenochtitlan, sitiada a partir de mayo de 1521.

El hambre y las enfermedades hicieron mella en la fuerte resistencia mexica, hasta que el 13 de agosto, cuando la muerte y la desolación dominaban ya la gran ciudad, Cuauhtémoc fue hecho prisionero.

He aquí una *visión de los vencidos:*

En los caminos yacen dardos rotos,
los cabellos están esparcidos.
Destechadas están las casas,
enrojecidos tienen sus muros.

Gusanos pululan por calles y plazas,
y en las paredes están salpicados los sesos.
Rojas están las aguas, están como teñidas,
y cuando las bebimos,
es como si bebiéramos agua de salitre.

4. Asentamiento y expansión

Vale señalar que, a fin de cuentas, la conquista de Tenochtitlan y la de una gran parte de Mesoamérica resultó un fracaso económico para la mayoría de los conquistadores, pues no consiguieron ni un asomo de las riquezas que esperaban obtener. Cortés mismo mandó fundir los objetos de oro y agregarles plomo para que hubiera más "pesos", aunque el valor de éstos, llamados *tepuxques*, fuera menor. La frustración hizo que Cuauhtémoc y el señor de Tacuba fueran sometidos a tormento para que revelaran el lugar donde se encontraban los tesoros, que en realidad no eran tantos, además de que muchos habían terminado en los canales de la ciudad durante la "noche triste".

Desde entonces, aparte de la búsqueda de metales preciosos, Cortés se preocuparía también por encontrar la manera de viajar a las costas de Asia —empresa que no imaginaba tan lejana ni tan difícil—, donde pensaba que se podrían hallar las riquezas que no se habían encontrado en México. Asimismo, los españoles se aprestaron a compensarse con la máxima explotación de la mano de obra indígena que pudieron obtener, aunque ello implicara establecerse, las más de las veces para siempre, en un territorio del que habían soñado salir ricos al poco tiempo de haber llegado. No cabe duda de que ver frustradas sus ilusiones hizo que se endureciera aún más el maltrato a los indígenas.

En 1522 la Corona ratificó a Cortés su condición de gobernador y capitán general del territorio conquistado y por conquistar, misma que ya le había conferido el Ayuntamiento de Veracruz. De esta manera, procedió a organizar el gobierno a la española, estableciendo provisionalmente otro ayuntamiento en Coyoacán, donde se asentaron los españoles mientras saneaban y reconstruían la ciudad de México, reservando su espacio central para una traza española. Todo ello resultó catastrófico para los vencidos, pues fueron obligados a trabajar a tal grado que el franciscano Toribio de Benavente, *Motolinía*, lo consideró una de las peores plagas sufridas por los mexicas.

Con españoles que no hallaron satisfacción suficiente a sus deseos en el Valle de México y sus alrededores, así como con algunos de los muchos que acababan de llegar, Cortés emprendió o promovió nuevas expediciones de conquista en diversas direcciones.

a) El Sureste

Gonzalo de Sandoval llegó hasta Coatzacoalcos en 1521 y fundó la villa homónima con la ilusión de que fuera un mejor puerto que Veracruz. Aguas arriba del Río Coatzacoalcos fundó otra con el nombre de Espíritu Santo (1522), que al principio tendría jurisdicción sobre lugares tan remotos como Chinantla, Tabasco y Chiapas.

Al marcharse Sandoval, los indígenas se rebelaron una y otra vez contra los encomenderos, pero fueron sometidos por Luis Marín, quien se había quedado a cargo de la villa. En 1523, sin embargo, fue necesario que acudieran refuerzos para sofocar la rebelión; pero al mismo tiempo se ordenó una incursión en Chiapas, que Marín llevó a cabo al costo de tener que abandonar por completo la villa.

Durante la incursión en Chiapas, Marín fue duramente rechazado en Izapa; logró llegar hasta Chiapa y tomarla a sangre y fuego; luego fue bien recibido en Zinacantán, no obstante que los chamulas, a la expectativa hasta ese momento, se sublevaron debido a las agresiones recibidas de los españoles, quienes pudieron hacerlos huir pero no dominarlos.

Pedro de Alvarado, por su parte, había sido enviado en 1522 a Tututepec, poblado cercano a la costa del Pacífico, en la Mixteca, que permanecía al margen de la dominación mexica y donde se decía que había mucho oro. En efecto, a pesar de la violencia de sus procedimientos, Alvarado parece haber conseguido bastante metal, aunque no lo suficiente para sus expectativas. Intentó también explorar la costa, y si bien no se sabe si llegó a descubrir un buen puerto, sí encontró gran cantidad de perlas. Como se consideró que convenía establecer una población española, la villa de Segura de la Frontera fue trasladada a Tututepec, sólo para ser abandonada poco tiempo después. Debido a que, por añadidura, la riqueza se repartió muy mal, hubo quienes planearon matar a Alvarado y a sus hermanos para apoderarse de ella, pero fueron descubiertos y ahorcados.

b) El Occidente

Sabedores de la animadversión hacia los mexicas y urgidos por la necesidad de conseguir alimentos, los españoles procedieron a adentrarse pacíficamente en Michoacán, donde, para su sorpresa, se les informó de la existencia de yacimientos de oro. Tras una serie de negociaciones, los purhépecha acordaron con su *caltzontzin*, Tangaxoan, recibir a los españoles en paz, por lo que en julio de 1522 Cristóbal de Olid fue enviado a recorrer todos aquellos parajes y llegó hasta el mismo Tzintzuntzan, la capital purhépecha.

La cantidad de objetos de oro que encontró y envió a Coyoacán no fue nada despreciable en proporción con lo que se había obtenido hasta entonces. Finalmente, el *caltzontzin* visitó a Cortés en Coyoacán y los colonizadores comenzaron a establecerse en su territorio.

Cristóbal de Olid, mientras tanto, continuó hacia el occidente, rumbo a la costa por el actual sur de Jalisco, donde el mineral que halló en los lechos de los ríos lo alentó a seguir, lo que hizo sin buenos resultados. Al año siguiente llegó hasta la costa del Pacífico, y la recorrió hasta llegar a Zacatula, cerca del Río Balsas, que parecía ser un buen fondeadero, aunque de difícil acceso. Uno de los acompañantes principales de Olid se desprendió sin su permiso en sentido contrario, hacia el norte, en pos de Colima; derrotado, debió alcanzar a su jefe en Zacatula, donde se le castigó severamente.

Cortés decidió entonces que Gonzalo de Sandoval se hiciera cargo de la dominación de Colima. Una vez vencida la resistencia indígena, Sandoval procedió a fundar una villa el 25 de julio de 1523, cerca de Tecomán; años más tarde la villa se trasladó al sitio donde se encuentra la actual ciudad. Francisco Cortés de San Buenaventura, pariente de Hernán, fue nombrado alcalde de la nueva villa, desde donde viajó al norte en 1525, estableciendo algunos lugares de españoles, como Etzatlán, que unos cinco años después serviría para apoyar otra expedición hacia el norte.

Como nota curiosa se puede agregar que el actual sur de Jalisco sería conocido durante dos siglos como Provincia de Ávalos, pues un señor de este apellido la heredó de su padre, un primo de Hernán Cortés.

c) El Noreste

Al saber que Garay encabezaría personalmente otra expedición al Pánuco, Cortés se le adelantó y, en 1523, recorrió la zona e incluso dejó fundada San Esteban del Puerto —Pánuco—. Garay y 500 soldados, estuvieron cerca de recurrir a las armas no sólo contra la guarnición de Pánuco, sino contra las tropas de Alvarado y de Sandoval enviadas en su defensa. Fue una orden del rey la que exigió que Garay no se entrometiera en las tierras conquistadas por Cortés, lo que obligó su retirada y evitó el enfrentamiento.

No obstante, el Pánuco quedaría durante un tiempo como una provincia con cierta dependencia directa del rey y no de la Nueva España, de tal manera que, en 1527, a pesar de la oposición del Ayuntamiento de la Ciudad de México, que pretendía gobernar por doquier, le fue nombrado desde España un gobernador que con el tiempo desempeñaría un papel muy importante: Nuño Beltrán de Guzmán, quien a su vez era un buen negociante de indios en el Caribe.

d) Guatemala

Al tener noticias Cortés de que otros conquistadores avanzaban desde Panamá, mandó para allá a quien consideraba uno de sus mejores hombres: Pedro de Alvarado, recién vuelto del Pánuco el mismo año de 1523, y quien, acompañado del fraile Bartolomé de Olmedo, emprendió el camino hasta Guatemala siguiendo la costa. A su paso por Oaxaca supo que los indios de Tututepec se habían sublevado, por lo que se desvió de su camino para pacificarlos con relativa facilidad, pues llevaba un grueso contingente. Siguió luego hasta el Soconusco y Guatemala, donde también se impuso por la fuerza de sus armas. Desde ahí, en 1525, intentó cruzar la Selva Lacandona para entrar a Chiapas, pero no lo consiguió.

e) Primeros misioneros

En 1524 llegó un gran respaldo para consolidar la dominación española: 12 frailes franciscanos procedentes de Extremadura, tal como lo había solicitado el propio Cortés, quienes comenzaron el sistemático proceso de evangelización que tanto contribuyó al sometimiento de la población indígena a las nuevas circunstancias. Al frente venía Martín de Valencia, pero también debe destacarse por su labor a Antonio de Ciudad Rodrigo y a Toribio de Benavente, quien se hizo llamar *Motolinía* y escribió un par de libros muy importantes para el conocimiento de las culturas indígenas.

Aunque anteriormente habían llegado otros religiosos, como fray Pedro de Gante, el proceso sistemático de evangelización fue emprendido por los dichos franciscanos, divididos en tres grupos que se dirigieron primeramente a Texcoco, Tlaxcala y Huejotzingo, pero que luego, gracias a nuevos contingentes, se expandieron hacia el occidente y el noroeste de México.

Dos años después, también en número de 12, llegaron los primeros dominicos, encabezados por el fraile Tomás Ortiz; pero unos murieron y otros regresaron, y sólo quedaron Domingo de Betanzos y un compañero; sin embargo, no tardaron en empezar a llegar refuerzos.

Los dominicos, con quienes se formalizó el establecimiento de la Santa Inquisición en México, además de asentarse en los alrededores de México, tendieron más bien hacia el sureste, en especial por las tierras mixteco-zapotecas y más allá: lo que hoy es Puebla, Oaxaca y después hasta Chiapas y Guatemala.

Poco más adelante, en 1533, arribaron los primeros agustinos y se establecieron en Michoacán, en la zona otomí y en la Huasteca. Venían con la prohibición expresa de asentarse en la Ciudad de México; sin embargo, muy poco después de llegar ya habían establecido una sede en ella.

De cualquier manera, cabe reconocer que, en cuanto a la evangelización se refiere, los franciscanos fueron los más esforzados. A mediados del siglo xvi había unas 160 casas de religiosos, y las dos terceras partes eran de franciscanos. Asimismo, la mayoría de los textos para catequizar escritos en lenguas indígenas se debieron a ellos.

Con ánimo de proteger mejor a los indios de los desmanes de sus paisanos y también de garantizar su injerencia en la nueva sociedad, los religiosos se empeñaron en aprender el náhuatl y enseñarlo después a los indígenas de muchas regiones que no lo hablaban. De esta manera se facilitaba su comunicación con los nativos, en tanto que los conquistadores y sus herederos dependerían de los frailes para entenderse con ellos.

f) Honduras

También en 1524, poco después de la partida de Alvarado, Cristóbal de Olid levantó velas hacia las "Hibueras" —Honduras—, con el fin de ganar la partida a los españoles que venían desde Panamá. A pesar de la prohibición expresa de Cortés, Olid pasó por Cuba en su camino y Velázquez lo convenció de que realizara la expedición en su nombre, lo que dio lugar a que Cortés, al saberlo, enviara de inmediato otra expedición para castigar severamente la traición de Olid y tomar su lugar. La ausencia de noticias provocó que el capitán general sospechara de una nueva traición, por lo que decidió emprender la marcha por tierra con un grueso contingente de españoles e indios.

El viaje resultó inútil y deplorable. Cuando llegó a Honduras, sus órdenes habían sido ya fielmente cumplidas y Olid ajusticiado. Además, el 28 de febrero de 1525, mientras iba de camino por un lugar de Campeche, llamado Izancánac, al sospechar que Cuauhtémoc y otros personajes mexicas con los que se había hecho acompañar pensaban sublevarse, simplemente los mandó matar.

La travesía de Chiapas fue penosísima y muy lenta, y no obstante haber regresado más rápidamente por mar, haciendo caso omiso de la región, Cortés estuvo más de año y medio fuera de la Ciudad de México, y a su regreso se encontró con una situación muy revuelta, complicada y adversa.

5. Una organización conflictiva: Chiapas y Yucatán

Las personas que Cortés había dejado a cargo de México fueron pronto removidas por la fuerza. Hubo incluso quienes se valieron del rumor de que había muerto para apropiarse de sus bienes, lo cual dio motivo a que sus partidarios recurrieran a las armas en su defensa con el fin de lograr la reinstalación de los encargados originales del gobierno.

Pero cuando Cortés regresó, en mayo de 1526, la Corona ya había tomado cartas en el asunto enviando a tres jueces que habrían de juzgarlo. Como uno falleció en cuanto hizo su arribo y el otro poco tiempo después, toda la autoridad recayó en el tercero, Alonso de Estrada, quien se puso abiertamente en su contra.

En circunstancias tan adversas, aminoradas solamente por la fugaz participación de su allegado Gonzalo de Sandoval en el Ayuntamiento de México, Cortés atendió la solicitud real de enviar, en 1527, a costa de su peculio, una expedición al sureste asiático que llegó hasta las islas Molucas, pero no pudo regresar. Sólo unos pocos sobrevivientes lograron llegar a España, a través de Asia, siete años después.

Ese mismo año Cortés inició las gestiones para volver a España a defenderse en persona; recibida la autorización a principios de 1528, partió en el mes de abril, al tiempo que se le informaba de la creación de la primera Audiencia Gobernadora y del nombramiento de Nuño de Guzmán como su presidente. Además de sus funciones judiciales, esta institución asumiría también las de gobierno, por encima de los ayuntamientos y los demás cargos que se habían instituido, constituyéndose así como la máxima autoridad en los territorios conquistados.

Poco antes había visto Cortés cómo el gobierno de Nueva España nombraba, en 1527, a Diego de Mazariegos gobernador de Chiapas, con la autorización de fundar una nueva villa que oficialmente extrajera esas tierras de la potestad de la Villa del Espíritu Santo y, en consecuencia, también de las manos del propio Cortés. Pero antes de que Mazariegos fundara la Villa Real de Chiapa, donde se encuentra el actual San Cristóbal, desde Guatemala un hermano de Alvarado, de nombre Jorge, mandó fundar una villa en la cercanía de Comitán. Pensaba que de esa manera tzeltales y tojolabales quedarían bajo la autoridad de los Alvarado. Sólo que la respuesta de México fue declarar ilegal la empresa.

Para hacer valer su decisión, en 1529 el primer presidente de la Audiencia de México, Nuño de Guzmán, mandó como visitador a Enríquez de Guzmán. No obstante, poco después la provincia de Chiapas pasó, por disposición de la Corona, a depender de Guatemala. Durante ese tiempo Alvarado organizó diversas expediciones a Chiapas para saquear cuanto pudiera y apresar a centenares de indios que fueron esclavizados y vendidos como tales en el Caribe.

Puede decirse que el estado de guerra se prolongó durante muchos años en Chiapas, a pesar de que el saqueo de Alvarado mermó cuando, antes de 1540, permutó con Francisco de Montejo los derechos que Guatemala tenía sobre Chiapas a cambio de los que Montejo tenía sobre Honduras. Pero en 1544, al crearse la Audiencia de los Confines, Chiapas volvió a pertenecer a Guatemala, donde la Audiencia tenía su sede.

Lo que no le debe haber caído mal a Cortés fue que su allegado Francisco de Montejo hubiese recibido en 1527 la autorización real para emprender la conquista de Yucatán. Pero los primeros intentos de Montejo resultaron fallidos, no obstante contar con la colaboración del experimentado conquistador Alonso de Ávila.

Con cuatro navíos cruzaron el Atlántico rumbo a Cozumel, aunque hubieron de dejar uno con enfermos en Santo Domingo. Fundaron Salamanca en Xel-há y penetraron primero en paz, pero luego hallaron fuerte y bien organizada resistencia y decidieron volver. Aun cuando se les unieron los hombres que habían quedado en Santo Domingo, Ávila permaneció en Salamanca y Montejo fue a Veracruz en busca de refuerzos. Ahí lo alcanzó el nombramiento de gobernador de Tabasco que le hizo el presidente de la Real Audiencia, desde antes de llegar a México, con el encargo de que procurara pacificarlo bien. Pidió entonces Montejo a Ávila que abandonara Salamanca y se le reuniera para hacer una campaña en Tabasco y comenzar de nuevo el sometimiento de Yucatán.

En 1529 volvieron a fundar Salamanca, ahora en Campeche, como apoyo para un nuevo intento de conquista de Yucatán, que tampoco tuvo éxito. Montejo recorrió la costa norte mientras que Ávila cruzó la península para llegar hasta Chetumal y fundar otra villa que tampoco prosperó.

Los indios en armas, se dice que bien instruidos por Gonzalo Guerrero, les hicieron la vida imposible, por lo que debieron huir en dirección a Honduras para regresar a Campeche por mar, donde hallaron a Montejo, que también había tenido que volver. Después lograron algunos éxitos y hasta el establecimiento de una villa cerca de Chichén Itzá, pero los abusos de los encomenderos dieron pie a una gran rebelión que los obligó a regresar precipitadamente a Campeche. Ávila siguió hasta México, donde murió, y Montejo se quedó en Tabasco con el ánimo de dominarlo por completo. Finalmente, en 1535, la villa de Salamanca de Campeche también quedó abandonada del todo. Habrían de pasar todavía algunos años para que los españoles pudieran establecerse en la península.

6. Formalización del gobierno y nuevas conquistas: Nueva Galicia y Yucatán

De los cuatro oidores de rigor que deberían haber venido para formar parte de la Audiencia, dos murieron poco tiempo después de llegar a México. Asimismo, el 6 de diciembre de 1528, junto con el presidente de la Audiencia, Nuño de Guzmán, llegaron también otros franciscanos, entre los que se encontraban Juan de Zumárraga, en calidad de obispo electo, y Andrés de Olmos, quien se convertiría en un gran conocedor de la lengua náhuatl.

Establecida la Audiencia, las cosas empeoraron para Cortés, ya que las nuevas autoridades actuaron en contra suya, de los suyos y de sus bienes. Pero la llegada conjunta de Zumárraga y Guzmán no fue garantía de que ambos actuaran de común acuerdo. De inmediato se produjo la confrontación entre ellos debido a que uno quería imponer al otro la preeminencia de su respectivo cargo. Ello hizo que el resto de los franciscanos se enemistara también con Nuño de Guzmán.

En 1529 llegó a México otro contingente de franciscanos, entre los que destacaría Bernardino de Sahagún como estudioso de la historia y de la vida de los indígenas. Estos franciscanos traían noticias de que Hernán Cortés regresaba de España fortalecido; no se le restituía en el gobierno, pero se le habían dado más prebendas, como la de ser nombrado marqués del Valle de Oaxaca.

Sabedor de lo que vendría a causa de la rivalidad que existía con Cortés, Guzmán decidió salir por su cuenta con un contingente muy nutrido en pos de su propia conquista; su objetivo era, como lo llamó al principio, "el país de los teules chichimecas", más allá de Michoacán.

Su principal cometido consistía en ganar tierras que pudieran conectarse con Pánuco, de donde era todavía gobernador, y disponer, al margen de la Nueva España, costas en ambos mares. En Tzintzuntzan torturó hasta la muerte al *caltzontzin* tarasco con ánimo de conseguir más oro. De nada le valió a Tangaxoan haber facilitado tantas cosas a Cortés y hasta haber fomentado desde 1526 el establecimiento de franciscanos en ese lugar. Luego incursionó por el centro del actual Jalisco y venció a los indios de Tonalá. Desde aquí intentó por primera vez alcanzar el Pánuco, cruzando la gran barranca que forma el Río Santiago, y llegar hasta Nochistlán, en Zacatecas. Pero la dureza del paisaje y la hostilidad de sus habitantes lo hicieron volver al otro lado de la barranca y seguir hacia el norte con la esperanza de hallar un mejor camino y tierras más redituables.

Padeciendo mil calamidades y realizando grandes esfuerzos, además de sembrar la destrucción en varios lugares, llegó hasta Culiacán, y desde ahí trató de viajar de nuevo al oriente, pero tras cruzar la Sierra Madre no fue mucho lo que logró. De tal manera que regresó a la franja costera, fundó en ella San Miguel de Culiacán, el 29 de septiembre de 1531, y desanduvo el camino fundando Chiametla en el regreso —que duró menos de cinco años— y se estableció cerca del actual Tepic, dándole vida a la Villa del Espíritu Santo. Sin embargo, junto con su nombramiento de gobernador, la Corona le ordenó que le pusiera por nombre Compostela y que el territorio que había conquistado se llamase Nueva Galicia y no "La Mayor España", como Guzmán había pretendido.

Desde Compostela-Tepic dispuso la fundación de dos villas que le valieron expandir o consolidar su territorio. Con el ánimo de que le permitiera conectarse al fin con el Pánuco, mandó establecer a principios de 1532 la villa de Guadalajara, en Nochistlán, misma que se cambió de lugar tres veces antes de llegar al sitio actual, en el valle de Atemajac. Por su parte, Purificación, establecida en 1533, hacia el sur, sirvió para arrebatarle tierras a Nueva España, aunque no sin una agria confrontación jurídica.

Cortés había mandado a Luis de Castilla, en 1531, para que fundara alguna población cerca de Xalisco y poder así reclamar esa tierra, pero en cuanto Nuño tuvo noticia envió a Cristóbal de Oñate, quien derrotó a Castilla y lo obligó a volver a México.

Amparados por Castilla, los franciscanos hicieron su aparición en la zona estableciendo su primer convento en Tetlán, también en el valle de Atemajac, que se cambiaría a Guadalajara en 1542, pero ante el fracaso de Castilla prefirieron dirigirse hacia el sur de Jalisco, que eran tierras ganadas por expediciones cortesianas 10 años antes. De esta manera, entre 1531 y 1532 fundaron conventos en Ajijic, Colima y Zapotlán (llamado hoy Ciudad Guzmán), y en 1534 en Etzatlán.

Habría más, pero los franciscanos siguieron sin animarse a penetrar en el territorio de Nueva Galicia.

En 1532 y 1533 Cortés envió sendas expediciones hacia las costas de Baja California en pos de las muchas perlas que se anunciaban; ambas, sin embargo, terminaron en estrepitosos fracasos. De la primera, al mando de Diego Hurtado, el equipo y los hombres, que se habían amotinado, cayeron en manos de Guzmán. La segunda, en cambio, llegó hasta las islas Revillagigedo y regresó a Acapulco.

Entonces Cortés emprendió personalmente una expedición para recuperar lo suyo y alcanzar las famosas perlas. Acompañado por varios navíos, viajó por tierra hasta Tepic. A pesar de las amenazas y advertencias mutuas, el choque entre ambos capitanes no se produjo. A finales de febrero de 1535 Cortés y sus soldados fueron huéspedes de Guzmán durante cuatro días; olvidados los agravios, Cortés siguió adelante para embarcarse en Chiametla y realizar su infructuosa gira por el golfo que lleva su nombre.

Al parecer, las malas condiciones en que vivía Nuño de Guzmán y el hecho de que la tierra no fuera lo rica que se decía en México ayudó a disminuir el enojo de Cortés; a Nuño, por su parte, no le importó que Cortés explorara el norte porque ya lo conocía y no le había visto mayores posibilidades. En efecto, ni esta excursión de Cortés ni otra que envió en 1539 dieron motivo para contradecir la opinión de Guzmán.

La verdad es que éste comenzaba a sentirse acorralado: en 1531 había dejado de ser presidente de la Audiencia, cuando se nombró a Sebastián Ramírez de Fuenleal como sucesor, y en 1533, cuando por fin logró alcanzar Pánuco desde Nueva Galicia, se enteró de que ya no era su gobernador. El mismo año, además del arribo de los primeros agustinos con ánimo de evangelizar en las tierras en que franciscanos y dominicos no habían penetrado, fray Juan de Zumárraga, con quien Nuño había tenido graves conflictos de autoridad, fue nombrado arzobispo de México. Finalmente, en 1535, Antonio de Mendoza, nombrado ya primer virrey y, por ende, con facultades mayores, haría valer la autoridad real.

Por ello, a finales de 1536 Nuño de Guzmán decidió viajar a España con el fin de buscar una mejoría de su situación. Como decidió visitar al virrey Mendoza en la Ciudad de México, en su antesala fue aprehendido por quien ya había sido nombrado gobernador de Nueva Galicia: Diego Pérez de la Torre. Permaneció más de un año preso antes de ser remitido a España. Ya no volvió a México, pero, contra lo que deseaban sus muchos enemigos, le fue restituido el antiguo empleo que había tenido en la Corte española antes de venir al Pánuco. Murió en 1558 en Valladolid.

Cortés, por su parte, decidió hacer otro viaje a España, a principios de 1540, para procurar una mejoría de su situación, pues sus primeras buenas relaciones con el flamante virrey se habían ido deteriorando. Al igual que Guzmán, tampoco regresó a México, pero su destino fue mucho peor, hasta su muerte en 1547.

Cuando Pérez de la Torre llegó por fin a Nueva Galicia y le fue entregado el gobierno por Cristóbal de Oñate, decidió establecerse en Tonalá, que Guzmán había reservado para sí mismo.

La ausencia de Guzmán y la llegada de Pérez de la Torre fueron aprovechadas por los franciscanos para penetrar en Nueva Galicia por Tonalá y llegar hasta Sinaloa y Sonora.

El nuevo gobernador se vio pronto precisado a combatir indios rebeldes cerca de las barrancas de Hostotipaquillo, donde fue derrotado y herido para morir poco después a consecuencia de ello. Oñate volvió a ser gobernador.

Lo cierto es que la revuelta llegó a ser la más importante de todas las que hubo en la América septentrional. La captura y el reparto de indios, que se hacían para llevarlos a trabajar a lugares extraños donde los españoles los necesitaban, fueron acrecentando su animadversión hacia los peninsulares, hasta que el grito violento de los rebeldes sonó por doquier: *¡Axcanquema tehua nehua!* (¡Tu muerte o la mía!)

En 1540, comprendiendo que no tenía recursos suficientes para controlar la rebelión, Oñate pidió ayuda al virrey Mendoza; esto lo aprovecharon los franciscanos para establecerse en Xalisco, en las inmediaciones de la primera Compostela (en Tepic), haciéndose cada vez más presentes en la región. Era un tiempo en que los frailes se expandían igualmente por Puebla y los alrededores de México, fortaleciendo de manera importante su red de fundaciones.

Mendoza mandó algunos refuerzos que resultaron insuficientes y, en abril de 1541, los españoles fueron obligados a huir precipitadamente del cañón de Juchipila.

El virrey entonces dio órdenes de que los socorriera Pedro de Alvarado, quien, en pos de las perlas californianas, se abastecía de agua y otros pertrechos en Barra de Navidad.

Como Alvarado sintió que la distracción le podría hacer perder la buena época para el viaje, actuó con precipitación; después de regañar a Oñate y a su gente porque, debido a "cuatro gatillos", lo habían desviado de su ruta, desoyó las advertencias de precaución y se lanzó de inmediato contra el Peñón de Nochistlán, donde se hallaba uno de los puntos más importantes de la revuelta y uno de los indios más notables: Francisco Tenamaztli. Muy cara le salió la premura: no sólo fue obligado a retroceder, sino que, en la precipitación de la retirada, lo resbaloso del terreno provocó que el caballo de su escribano le cayera encima. Murió el 4 de julio de 1541, en Guadalajara, que no se encontraba en su actual ubicación, sino cerca de Tlacotán.

Fue entonces cuando Mendoza decidió movilizar cuantos recursos tenía a su alcance y emprender personalmente la expedición represiva; salió de la ciudad de México el 29 de septiembre, justo el día en que Guadalajara estuvo a punto de sucumbir ante el ataque de los rebeldes. Se dice que a Mendoza lo acompañaban unos 50 000 hombres entre indígenas y españoles.

La arremetida contra el campo rebelde fue tal que los indios preferían matar a sus familias y suicidarse antes que entregarse. Mendoza atacó primero Nochistlán y luego el cerro del Miztón, que le dio nombre a la guerra aquella, y a principios de 1542 regresó a México dejando gran parte de la región despoblada y pacificada "a fuego é a sangre".

Se cuenta que también tuvo una importante participación un franciscano de Tetlán, llamado Antonio de Segovia, quien convencía a los indios de que se "pacificaran" portando una pequeña imagen de la Virgen, hecha en Pátzcuaro con cañas de maíz, la cual quedó definitivamente en Zapopan y ahora es motivo de gran veneración.

Lo cierto es que los franciscanos aprovecharon para establecerse en Juchipila y comenzar a evangelizar sistemáticamente en todo el sur de Zacatecas, en especial después de 1546, cuando aparecieron los primeros grandes yacimientos de plata.

Tenamaztli había logrado huir después de la debacle, pero luego se entregó engañado por los ofrecimientos del obispo. Finalmente, acabó preso en la ciudad española de Valladolid, donde se encontró con Bartolomé de Las Casas, a quien le dictó sus penurias. Probablemente murió ahí. Su tierra había quedado en paz pero prácticamente sin indios, pues el que no había muerto se había remontado a lugares de difícil acceso que tardarían mucho tiempo en interesar a los españoles.

Mientras tanto, en Tabasco, Montejo le había dado poderes a su hijo, también de nombre Francisco, para que volviera a la carga sobre Yucatán. En 1541 ya había fundado San Francisco de Campeche, con la intención de que le sirviera de plataforma para su incursión.

El 6 de enero de 1542, después de haber vencido a un gran número de indígenas en armas, fundó Mérida, donde se hallaba la importante población de T-ho. Algunos indígenas aceptaron finalmente a los españoles gracias a las muestras que dieron éstos de no perseguir a quienes se pacificaban, y otros se marcharon tierra adentro.

Sin embargo, todavía hubo más acciones de armas. El señor de Maní se apersonó pacíficamente y ofreció enviar emisarios a otras poblaciones para convidarlas al sometimiento. En algunas tuvieron éxito, pero en Sotuta los mataron a mansalva.

Cuando Francisco Montejo *el Mozo* se apercibía para vengar a los de Maní, los de Sotuta llegaron a Mérida, donde fueron vencidos gracias a los jinetes españoles, que actuaron con gran celeridad en un terreno abierto que les resultó propicio.

En cuanto el viejo Montejo supo en Tabasco del éxito de su hijo, mandó a otro Francisco Montejo, su sobrino, para que fuera más lejos, fundara Valladolid y se acercara hasta Cozumel. Después, juntos, los primos Montejo se dedicaron a perseguir a otros grupos insumisos.

Por último, en 1544, Gaspar y Melchor Pacheco se posesionaron de las tierras de Chetumal, y así casi toda la península quedó más o menos controlada; para esas fechas lo estaban también las tierras mesoamericanas que más podían interesar a los españoles.

Quedaron lugares de difícil acceso que sirvieron de refugio a indígenas indómitos, pero con el paso del tiempo los blancos irían penetrando también en estos sitios de diferentes maneras. Vale mencionar que la conquista y colonización del norte se llevarían a cabo tiempo después.

El saldo para los indígenas fue desastroso, pues su número se redujo más o menos a la mitad; el declive, sin embargo, sería aún mayor, y en términos generales la población quedaría reducida a 5% de la población que había antes de 1519.

En términos generales, puede decirse que las luchas más sangrientas sostenidas por los españoles contra los indios no se dieron con motivo de su primer encuentro, sino cuando éstos se insurreccionaban. Lo cierto es que la mayoría de las veces los conquistadores fueron recibidos en paz, pero el saqueo, la esclavización y demás tropelías de que fueron víctimas los indígenas dieron lugar a la sublevación y a la consecuente represión a sangre y fuego. No obstante, en más de una ocasión fueron los propios conquistadores quienes resultaron vencidos.

Por su lado, los españoles, cuyo número iría en aumento, procurarían organizarse y vivir lo más parecido posible a como lo harían en su tierra; los indígenas, por su parte, tratarían en lo posible de seguir como antes, pero las relaciones entre ambos estuvieron marcadas por la violencia de la explotación y el despojo, por más que las autoridades peninsulares y, en muchos casos, los eclesiásticos de las órdenes religiosas, sin quitar el dedo del renglón en su afán de evangelizar, procuraran aminorar las enormes injusticias del proceso de colonización.

Bibliografía

Díaz del Castillo, Bernal, *Historia verdadera de la conquista de la Nueva España.* (Diversas ediciones.)

León-Portilla, Miguel, *Francisco Tenamaztle. Primer guerrillero de América defensor de los derechos humanos*, Diana, México, 2005.

———, *Hernán Cortés y la Mar del Sur*, Instituto de Cooperación Iberoamericana, Madrid, 1985.

———, *Visión de los vencidos. Crónicas indígenas de la Conquista*, UNAM, México. (Diversas ediciones.)

Marín Tamayo, Fausto, *Nuño de Guzmán*, Siglo XXI, México, 1992.

Martínez, José Luis, *Hernán Cortés*, UNAM/FCE, México, 1990.

Muriá, José María, *Conquista y colonización en México*, FCE, México, 1982.

Ricard, Robert, *La conquista espiritual de México*, trad. de Ángel María Garibay K., Jus/Polis, México, 1947.

IV. El virreinato de Nueva España en el siglo XVI

Gisela von Wobeser

1. El surgimiento de un nuevo país

Con la llegada de los españoles a territorio mesoamericano todo cambió: la naturaleza, la población, las estructuras políticas, la sociedad y la economía. El proceso de transformación se inició en las mesetas centrales, avanzó hacia las costas y más tarde se extendió a las regiones remotas del norte, sur y sureste del territorio. Algunos cambios, en los terrenos político y administrativo, fueron inmediatos; otros, como los económicos y sociales, se suscitaron paulatinamente y se prolongaron durante toda la época virreinal.

La colonización de Mesoamérica implicó la adaptación de la población nativa y de los esclavos africanos a las nuevas condiciones de vida, así como la de los colonos españoles al mundo indígena. Esta confluencia de culturas dio por resultado un país mestizo, multiétnico y multicultural, con un potencial extraordinario, que durante los tres siglos de dominación española se llamó Nueva España y que tras la Independencia se convirtió en México.

Durante el siglo XVI predominaron las estructuras indígenas sobre los demás elementos culturales. La mayor parte de la población vivía conforme a la tradición prehispánica, prevalecían las lenguas indígenas y la *lingua franca* era el náhuatl. La economía mantuvo en lo básico las pautas ancestrales; la mayor parte del territorio colonizado seguía gobernado, en el nivel regional, por indígenas, y existían amplias zonas donde los españoles no habían penetrado.

Sin embargo, a partir de la Conquista se inició una lenta pero progresiva hispanización que implicó la paulatina incorporación de la lengua castellana, el sistema jurídico español, la religión católica, la escritura occidental, la economía de mercado, el pensamiento y las costumbres hispanas y la tecnología europea, entre otros elementos. Esta tendencia continuó y creció de manera exponencial durante los siguientes siglos. La hispanización se debió a diversas causas. En primer lugar fue consecuencia de la imposición de la cultura del vencedor sobre la del vencido y la pronta aculturación de los indígenas. Otros factores fueron la caída demográfica de la población nativa, la devastación de amplias zonas a consecuencia de la reproducción desmesurada del ganado, la inserción de la Nueva España en el circuito económico mundial y la tendencia general de penetración de la cultura europea en extensas zonas del globo terrestre.

La presencia del elemento africano en la construcción de la nueva sociedad fue más débil y menos visible, si se exceptúa el aspecto biológico. Esto se explica por la condición de esclavitud de los negros y porque ellos procedían de países distintos, con idiomas y contextos culturales diferentes, todo lo cual impidió que conservaran su identidad y sus costumbres.

Si bien es cierto que el nuevo país se cimentó sobre el sufrimiento y el dolor humanos, el deterioro ambiental, la pérdida de muchas vidas y la desaparición de una parte importante de las tradiciones y la cultura de los pueblos mesoamericanos, también lo es que se construyó sobre la pacificación y unificación de los antiguos señoríos, el mestizaje racial y cultural, la reconfiguración del paisaje y la esperanza y la fe en un futuro promisorio.

2. El impacto de la colonización en la población y en el entorno ecológico

En tiempos prehispánicos Mesoamérica había sido una región densamente poblada, con alrededor de 12 millones de habitantes, lo que hizo posible que surgieran las grandes culturas a las que se hizo referencia en el capítulo II de esta obra. Durante el siglo XVI la población índígena sufrió una vertiginosa caída. No existe acuerdo entre los especialistas sobre el porcentaje en que disminuyó, pero se calcula que fue entre 50 y 75%, y algunos lo sitúan en 90 por ciento.

Este decrecimiento se debió principalmente a la mortandad causada por enfermedades originarias del Viejo Mundo introducidas por los colonizadores, que desataron epidemias como la de sarampión en 1532, la de *cocoliztli* en 1545 y 1576, y la de tifo entre 1576 y 1581. Los nativos no poseían anticuerpos para combatir las enfermedades ni conocían su tratamiento clínico, de manera que sucumbían irremediablemente ante ellas. Familias enteras fueron diezmadas y muchos sitios quedaron despoblados. Las guerras de conquista, la explotación despiadada y el maltrato al que estuvieron sujetos los naturales en las minas, la construcción, los ingenios azucareros y la agricultura contribuyeron a la merma de la población.

Por el contrario, el número de inmigrantes españoles y negros aumentó en forma sostenida durante el mismo periodo. España tenía zonas deprimidas económicamente donde el hambre y la pobreza eran endémicas. Emigrar hacia América constituía una oportunidad para asegurar la subsistencia y mejorar las condiciones de vida. Así, desde la caída de Tenochtitlan, en 1521, arribó una avalancha de colonos, mayoritariamente hombres. En 1570 sumaban alrededor de 57 000 españoles, y a mediados del siglo xvii la cifra había aumentado a 150 000.

Los emigrantes españoles y sus descendientes ocuparon paulatinamente los espacios que habían quedado vacíos por la mortandad de los indígenas: se apropiaron de las tierras y los medios de producción, intervinieron en las redes comerciales, fundaron ciudades españolas y difundieron su religión y su cultura.

A su vez, los negros introducidos como esclavos y sus descendientes, muchos de ellos libres, reemplazaron una parte de la fuerza de trabajo indígena. Hacia 1570 habían arribado alrededor de 18 500 personas, en su mayoría hombres, procedentes de las costas occidentales de África, especialmente de Guinea, Sierra Leona, Carabali, Congo y Angola.

Muchos españoles y negros se mezclaron con mujeres indígenas, lo que propició el surgimiento de la población mestiza y mulata, embrión de la población mexicana actual.

Otro factor de índole biológica que ocasionó cambios sustanciales en el territorio mesoamericano fue la introducción de nuevas especies vegetales y animales. Ésta se dio desde las primeras incursiones en Nueva España, pues los españoles querían producir los alimentos e insumos a los que estaban acostumbrados. Gracias a la diversidad de ecosistemas existente, la mayoría de las variedades introducidas se aclimataron y multiplicaron. Así, desde la década de 1530 surgieron sembradíos de trigo y cebada, campos de caña de azúcar, huertos con coles y nabos, y corrales de gallinas y puercos. Paulatinamente, el paisaje mesoamericano se fue transformando.

El cambio más drástico, sin embargo, provino de la introducción de ganado ovino, caprino, vacuno y caballar. Las condiciones ambientales resultaron altamente beneficiosas para la propagación de estas especies debido al buen clima y a la disponibilidad de pastos vírgenes, que no habían sido aprovechados anteriormente por la ausencia de ganado en tiempos prehispánicos. Puesto que en el siglo xvi, en América, como en España, los pastizales fueron de uso común, el ganado proliferó al grado de convertirse en una plaga. Manadas semisalvajes de caballos y bueyes invadían los campos de cultivo de los indígenas y acababan con las siembras, a la vez que devoraban los pastos y arbustos que encontraban a su paso. Esta sobreexplotación de los recursos naturales tuvo como consecuencia la erradicación de una parte de la flora natural, así como la erosión de las tierras.

El pastoreo intensivo de cabras y ovejas agudizó estos problemas. Amplias zonas fértiles se convirtieron en desiertos, como la región del Mezquital, situada al norte del valle de México. El primer afectado por este fenómeno fue el ganado mismo, el cual, ante la escasez de alimento, dejó de multiplicarse y, a partir de la década de 1580, experimentó un acelerado desplome numérico. Muchas tierras quedaron inservibles para la agricultura y en adelante se impuso la ganadería extensiva; es decir, aquella en la que se ocupan dilatadas áreas para alimentar a pocas cabezas de ganado.

La colonización asimismo implicó la tala inmoderada de los bosques, pues se requería mucha madera para la construcción, la minería y los ingenios azucareros. El desmonte de zonas boscosas produjo cambios climáticos, erosión del terreno y disminución de la precipitación pluvial. Gran parte del deterioro ambiental causado por los factores descritos persiste hasta el día de hoy.

La penetración en territorios antes prácticamente deshabitados o sólo ocupados por tribus nómadas fue otro agente modificador del espacio. Desde los inicios de la Conquista Cortés envió diversas expediciones al Pacífico, el norte y el sur, con el fin de explorar nuevas tierras. La colonización y cristianización de éstas fue lenta pero continua, de manera que al final del periodo colonial hubo presencia de españoles en casi todo el territorio de la Nueva España. Un fuerte incentivo para incursionar en nuevas áreas fue la minería. Además, mediante la construcción de caminos se facilitó el intercambio de hombres y mercancías y se establecieron nuevas redes de comunicación.

El surgimiento de las urbes y la concentración de la población indígena en pueblos fue el inicio de la urbanización del país, fenómeno que en los siglos posteriores alcanzaría dimensiones incontrolables.

3. La creación del virreinato de Nueva España

Con la rendición de México-Tenochtitlan, en agosto de 1521, terminó la hegemonía de la Triple Alianza sobre Mesoamérica. Durante los siguientes tres siglos las tierras estuvieron bajo el dominio de la Corona española y el país se llamó Nueva España. El control político ejercido por los españoles fue progresivo; en los primeros años gobernó el propio Hernán Cortés como capitán general de la Nueva España, y mientras estuvo ausente el mando fue asumido por algunos funcionarios españoles.

En 1528 la Corona española traspasó el poder político y jurídico a la Primera Audiencia, integrada por Nuño Beltrán de Guzmán, quien la presidía, y por cuatro oidores. El ejercicio de ésta fue muy desafortunado por las arbitrariedades y los abusos de poder cometidos, a algunos de los cuales ya se aludió en el capítulo anterior, así como por su desorganización y corrupción. Mucho mejor fue el desempeño de la Segunda Audiencia, que bajo la presidencia de Sebastián Ramírez de Fuenleal, obispo de Santo Domingo, y con la participación de Vasco de Quiroga como oidor, sentó las primeras bases de un gobierno novohispano sólido y equilibrado.

A partir de 1535 se creó el virreinato de Nueva España, que en lo sucesivo fue gobernado por un virrey como representante personal del rey. Dicho virrey tenía funciones de gobernador, capitán supremo, juez supremo, presidente de la Real Audiencia, con la que compartía el poder, y vicepatrono de la Iglesia novohispana.

Durante el gobierno de los primeros virreyes, Antonio de Mendoza (1535-1550) y Luis de Velasco padre (1550-1564), se crearon diversas instituciones administrativas y judiciales y se fundó la Real Casa de Moneda. No obstante, el gobierno virreinal tuvo poca capacidad para gobernar y controlar todo el territorio, pues el número de burócratas era muy reducido y no contaba con fuerza pública. Por eso, la Corona optó por continuar con el sistema de dominio indirecto que los mexicas habían impuesto a sus súbditos en tiempos prehispánicos. Ello implicó que los gobernantes de alrededor de 500 señoríos exis-

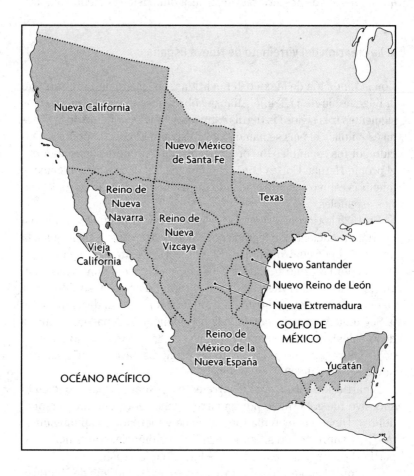

MAPA 6. *El territorio perteneciente a Nueva España en el siglo XVI*

tentes conservaran sus funciones de administración y justicia en primera instancia, así como la obligación de recaudar el tributo, ahora destinado a manos españolas. Con el tiempo, los señoríos indígenas quedaron sujetos a los alcaldes mayores y corregidores que se establecieron en las regiones. El virrey se reservaba las decisiones administrativas más importantes y ejercía justicia en segunda instancia.

Con el fin de garantizar la presencia de españoles en los territorios dominados y premiar a los conquistadores por su desempeño, se creó el sistema de encomiendas. Cada señorío fue adjudicado a un conquistador español —un encomendero—, que asumió la responsabilidad de velar por la conversión de sus súbditos al cristianismo. En recompensa recibía el tributo que producía el señorío, parte del cual debía destinar al sostenimiento de los frailes encargados de la cristianización de los indios. A partir de 1545 la Corona limitó a dos generaciones el derecho de heredar las encomiendas, después de las cuales volvían a su poder.

Para diferenciar las zonas gobernadas por funcionarios españoles de las que permanecieron bajo administración indígena se establecieron dos repúblicas: la de españoles y la de indios. La primera, además de la capital, abarcó las villas de españoles que se fueron estableciendo, y la segunda, los señoríos indígenas, que comprendían gran parte de las extensiones rurales del país.

4. El reordenamiento y la reconstrucción del espacio

Los fenómenos a los que me he referido hicieron necesario un reordenamiento del territorio y una redistribución de los recursos naturales. Después de la conquista de Tenochtitlan los españoles reconstruyeron la ciudad con miras a convertirla en la capital de Nueva España, según los ideales urbanísticos del Renacimiento italiano. Utilizaron una traza diseñada por Alonso García Bravo, la cual se adaptaba con facilidad a la configuración prehispánica ya existente. Se construyó una ciudad ortogonal, en la que las calles formaban una retícula que delimitaba lotes cuadrangulares, alineados geométricamente. En el centro se estableció una plaza donde se asentaron la catedral y el palacio virreinal.

La reedificación de la capital virreinal implicó destruir antiguos templos y palacios mexicas, así como emprender el desecamiento de la cuenca lacustre, ya que ésta significaba un problema urbano y una amenaza latente de inundación. Así se inició un largo proceso de cegar los canales y expulsar el agua que circundaba a la ciudad, el cual continuó hasta entrado el siglo xx. De este modo, México se perfilaba como una ciudad moderna frente a muchas españolas de traza medieval irregular.

El 1531 se fundó Puebla de los Ángeles con colonos españoles a los que se repartieron solares y pequeñas extensiones de tierra para el cultivo de trigo, la siembra de hortalizas y la crianza de aves de corral. Otras villas españolas fundadas en el siglo xvi fueron Guadalajara (1532), Antequera (1528), Ciudad Real (1528), Culiacán (1531), Valladolid (1541), Campeche (1541), Mérida (1542) y Saltillo (1575). Las villas eran gobernadas por un ayuntamiento establecido en la plaza central de cada lugar. Ahí también se ubicaban la parroquia y, en caso de tratarse de las capitales de las diócesis, la catedral.

Los españoles y sus descendientes que residían en las villas vivían a la usanza española. Los hombres eran burócratas, comerciantes, empresarios, clérigos o profesionistas. Muchos mineros, agricultores y ganaderos vivían también en las ciudades y desde allí manejaban sus empresas. Las mujeres de la élite se dedicaban al trabajo hogareño y las demás eran costureras, vendían comida, eran maestras o trabajaban en talleres artesanales.

El calendario litúrgico determinaba el curso de la vida cotidiana: los domingos y días festivos se asistía a misa, se participaba en procesiones religiosas y en los festejos en honor a los santos, a la Virgen y a Jesucristo. Los acontecimientos más importantes de las familias eran los bautizos, las bodas y las defunciones.

Según la normatividad, las villas de españoles estaban reservadas para este grupo social y no se aceptaban en ellas a personas de otras etnias, pero en la práctica no se respetó esta restricción. El mestizaje de españoles con mujeres indígenas y negras implicó la presencia de éstas y de sus descendientes dentro de las villas. Además, se requería numeroso personal de servicio. La construcción, los obrajes, los talleres artesanales y las panaderías empleaban a indios y negros, y aunque muchos de ellos sólo acudían durante el día a sus trabajos, otros residían permanentemente en las urbes. Por otra parte, hubo una fuerte inmigración de indígenas provenientes del campo, quienes encontraron en las ciudades mejores oportunidades de subsistencia y un refugio en contra de las cargas tributarias excesivas, las epidemias y las hambrunas. Muchos de ellos, al igual que los mestizos y los mulatos, fundaron talleres artesanales de alfarería, cestería, platería, curtiduría, entre otros, dedicados a cubrir la demanda de objetos suntuarios y de uso diario de la población citadina.

Sin embargo, la mayoría de los indígenas permaneció en el ámbito rural. Como vasallos del rey, se les concedió el derecho de conservar sus *altépetl* o aldeas, así como las tierras que explotaban desde la época prehispánica. Continuaron sembrando maíz, frijol, chile, calabazas y chayotes, así como magueyes para la producción de pulque y algodón para la fabricación de telas. A la vez incorporaron en sus actividades la cría de aves de corral y de ganado menor, introducido por los españoles.

Como los indígenas tenían un patrón de asentamiento disperso, a partir de 1530 se crearon pueblos para reubicarlos y concentrarlos en un solo lugar. La finalidad era ejercer mayor control sobre ellos, explotar más su fuerza de trabajo y facilitar su conversión al catolicismo.

Los pueblos se construyeron conforme a la traza reticular y se les dotó de una plaza principal donde se establecieron la iglesia y los edificios administrativos. En muchos casos la reubicación implicó que los indígenas perdieran sus antiguas tierras y que la Corona les cediera nuevos pastizales, bosques y tierras de sembradío en las inmediaciones de los nuevos asentamientos.

Muchos indígenas se resistieron a mudarse porque no querían perder sus parcelas, abandonar sus hogares y dejar las tumbas de sus antepasados. Sin embargo, los funcionarios españoles no cejaron en su empeño de reubicación, el cual se intensificó tras las epidemias de 1550 y 1564. A finales del siglo XVI la mayoría de los pueblos se habían consolidado.

Múltiples pueblos de indios conservaron el nombre de las aldeas originales, pero precedido por el del santo patrón que les había sido adjudicado; por ejemplo, a Teotihuacan se le antepuso el nombre de San Juan; a Huejotzingo, el de San Miguel, y a Yanhuitlán, el de Santo Domingo. Los pueblos más importantes se designaron como cabeceras y los de menor categoría quedaron sujetos a éstas. A las cabeceras se les permitió elegir gobernador y cabildos entre los propios nativos. Inicialmente estos cargos recayeron en las casas reinantes de ascendencia prehispánica, pero a medida que la nobleza indígena desapareció o se integró a la sociedad española, hubo reemplazos, lo que permitió que nuevos sectores de indígenas, y posteriormente también de mestizos, arribaran al poder. Los pueblos tuvieron distinto grado de autonomía; en algunos la Corona introdujo corregidores;

es decir, funcionarios españoles que compartieron la responsabilidad con los gobernadores indígenas.

La reubicación de las aldeas, aunada a la caída demográfica de la población nativa, incrementó el número de tierras baldías existente desde épocas prehispánicas, mismas que despertaron la codicia de los españoles. Pero la Corona se negó a conceder grandes extensiones de tierras a una sola persona para evitar la formación de señoríos al estilo feudal español. La única excepción fue el marquesado del Valle de Oaxaca, otorgado a Hernán Cortés como recompensa por sus servicios. El marquesado del Valle de Oaxaca comprendió varias regiones indígenas, entre ellas Coyoacán, Cuernavaca y Oaxaca, y para Cortés supuso el derecho de administrar la región, beneficiarse de sus recursos naturales, con excepción de las tierras ocupadas por indígenas, y ejercer justicia en primera instancia. El resto de los conquistadores tuvo que conformarse con las ya mencionadas encomiendas, que no implicaban la posesión de las tierras por parte del encomendero, y con extensiones de tierra moderadas.

Por el contrario, la Corona fomentó la pequeña propiedad mediante la cesión de mercedes de tierras a los conquistadores, colonos y nobles indígenas: una caballería para labor agrícola medía 42 hectáreas; un sitio para estancia de ganado menor (ovejuno y caprino), 780 hectáreas, y un sitio para estancia de ganado mayor (vacuno y caballar), 1 755 hectáreas. Asimismo otorgó sitios para ingenios, molinos y minas, así como solares para casas y huertas.

Estas cesiones de tierras fueron la base del desarrollo agrícola, ganadero y minero, y mediante ellas se fomentó la penetración y ocupación en extensas zonas del territorio por parte de colonos españoles. Éstos no se conformaron con las tierras obtenidas mediante mercedes, sino que procuraron ampliar sus propiedades por medio de la compra de tierras a otros españoles o a indígenas, la apropiación ilegal y el despojo. Estas prácticas prosiguieron durante todo el periodo novohispano y culminaron en el siglo XIX con la formación de latifundios.

5. Españoles, indios y negros, vasallos de la Corona española

Aunque todos los habitantes de la Nueva España eran vasallos del rey, quien tenía un poder absoluto sobre ellos, los derechos y las obligaciones de los grupos variaron, así como su posición ante la ley.

En la cúspide social se encontraban los españoles. Para ellos se reservaron los cargos gubernamentales y eclesiásticos, así como las encomiendas y las licencias para explotar minas y fundar estancias de ganado, labores agrícolas y obrajes. No tenían obligación de pagar tributo, pero sí múltiples impuestos, como el de la alcabala y la media anata. Estaban bajo las leyes castellanas y, según el grupo social al que pertenecían, gozaban de distintos fueros, como el militar y el eclesiástico.

Entre los españoles, los más favorecidos fueron los peninsulares, quienes ocuparon los cargos civiles y eclesiásticos más altos, como los de virrey, oidor, alcalde mayor, obispo e inquisidor, y en cuyas manos estuvo el comercio internacional. A los peninsulares les seguían los criollos; es decir, los hijos de españoles nacidos en la Nueva España, y los mestizos integrados a la sociedad hispánica, muchos de ellos registrados como españoles en las actas de bautismo.

Los indígenas nobles tuvieron los mismos derechos que los españoles; por ejemplo, podían vestir a la usanza europea, portar armas y montar a caballo, lo que, junto con su elevado nivel educativo y cultural, propició su integración a la sociedad de los dominadores. Un ejemplo fueron algunos hijos de Moctezuma, particularmente su hija Isabel, quienes en el término de una generación adoptaron el estilo de vida español. Esta integración trajo consigo la desaparición de la mayor parte de la nobleza indígena en el lapso de dos o tres generaciones.

El resto de la población indígena quedó bajo un régimen jurídico especial, según las Leyes de Burgos de 1512, las Leyes Nuevas de 1542 y otras disposiciones que posteriormente se recopilaron bajo el término de Leyes de Indias. Una de las principales diferencias con los españoles fue que, como dominados, los indios tenían que pagar tributo a su correspondiente encomendero o a la Corona. Inicialmente, se mantuvieron las cargas tributarias en especie que los pueblos sojuzgados habían pagado a la Triple Alianza en tiempos prehispánicos. Según la región, debían suministrar alimentos, textiles de algodón, objetos suntuarios, metales y piedras preciosas, entre otros tributos. Pero a medida que la economía se fue monetizando el tributo se exigió parcial o totalmente en dinero. La disminución de la población indígena requirió que de modo periódico se hicieran ajustes a las cargas tributarias para que fueran proporcionales al número de vecinos. Sin embargo, las adecuaciones fueron siempre extemporáneas e insuficientes, de manera que para muchos pueblos las obligaciones tributarias fueron muy pesadas. Un buen número de indios encontró una salida a esta situación al aceptar trabajos asalariados en minas, labores o estancias de ganado, pues en esos casos los empleadores asumían la responsabilidad de pagar el tributo por ellos.

Los indígenas también fueron obligados a prestar su fuerza de trabajo a los españoles. Durante los primeros años se cometieron muchos abusos en este terreno debido a que la utilización de la mano de obra indígena no estuvo regulada y muchos indios fueron esclavizados y obligados a realizar trabajos forzosos por sus encomenderos. Esta explotación fue denunciada por los frailes mendicantes, quienes deseaban una mejor vida para los nativos. Ideólogos como fray Bartolomé de Las Casas se abocaron a luchar intensamente para remediar esta situación. A ello se sumó la preocupación de la Corona española por el decrecimiento de la población nativa, que en las Antillas había significado el exterminio total.

En 1542 la Corona expidió las ya mencionadas Leyes Nuevas, que prohibían la esclavitud de los indios así como su explotación ilegal, y regulaban el empleo de su fuerza de trabajo mediante el llamado "repartimiento". Este último exigió a las comunidades suministrar semanalmente un grupo de indígenas para realizar trabajos en la agricultura, la construcción de caminos y edificios y el desmonte de terrenos, entre otros. Dicha fuerza de trabajo era rotativa e involucraba semanalmente a alrededor de 4% de la población. Aun cuando no dejaba de ser una carga, tenía la ventaja de que el trabajo era ocasional y remunerado. Muchos españoles protestaron en contra de estas disposiciones porque sintieron afectados sus intereses, pero a la postre las leyes se impusieron y los abusos disminuyeron.

Por otra parte, las Leyes Nuevas decretaron la prohibición de emplear indígenas en las minas y en las fábricas de los ingenios azucareros, pues se consideró que el trabajo era demasiado pesado para ellos. Esto obligó a contratar esclavos negros para suplirlos.

Los esclavos fueron introducidos por comerciantes portugueses, que los traían de África o los adquirían en mercados esclavistas europeos y asiáticos. Dada su condición, estas personas carecían de derechos y formaban parte de los bienes muebles de sus dueños, de manera semejante al ganado. Sin embargo, sus amos tenían la obligación de instruirlos en la religión católica.

Muchos esclavos lograron fugarse y se refugiaron en lugares apartados de la montaña y de las costas, donde con el tiempo surgieron comunidades de cimarrones; otros procrearon hijos con mujeres indígenas y obtuvieron así la libertad para su prole, y algunos más llegaron a autodenunciarse como blasfemos ante la Inquisición en busca de una mejoría de su situación, y por lo general lograron su cometido.

En un principio, los descendientes de las uniones entre españoles, negros e indios se integraron a alguno de estos grupos, pero con el paso del tiempo su número aumentó. Surgieron entonces las llamadas castas, formadas por mestizos, mulatos y zambos, que tuvieron los mismos derechos y obligaciones que los españoles de clase baja y culturalmente se hispanizaron.

6. La transformación económica

Durante las primeras décadas del siglo xvi la economía de la Nueva España mantuvo la misma dinámica que había tenido antes de la llegada de los conquistadores. La principal rama productiva era la agricultura, enfocada en el autoconsumo y en el pago del tributo, ahora destinado a los españoles. Entre los productos cultivados destacaban el maíz, principal alimento de subsistencia, el frijol, el chile, el cacao y el algodón, este último para la producción de textiles. También se cultivaban frutas y legumbres, como zapote, tejocote, calabaza y chayote. Existía asimismo un intenso intercambio de productos, pero éste se circunscribía principalmente a materias primas de difícil obtención, como metales, plumas y artículos manufacturados, como vestimenta, textiles, objetos de culto y herramientas. Los mercados eran reducidos y al no haber moneda se usaban semillas de cacao como medio de pago. En esta fase inicial, la producción indígena cubría las necesidades de los nativos y de la mayor parte de los españoles.

Pero la relación entre la oferta y la demanda de productos indígenas pronto cambió. Por una parte, la producción indígena decreció a causa del descenso de la población y, por otra, creció la demanda de artículos de subsistencia debido al arribo de nuevos colonos. A ello se sumó el deseo de los españoles de contar con los productos alimenticios a los que estaban acostumbrados: pan de trigo, aceite, carne de res y de puerco, vino y azúcar.

Se impuso así la necesidad de crear labores, estancias de ganado y trapiches azucareros, que quedaron en manos de españoles. Había condiciones favorables para ello: grandes extensiones de tierras baldías, una variedad de nichos climáticos que permitía la explotación de productos diversos, fuentes de agua, mano de obra indígena disponible para cultivarlas y colonos deseosos de labrarse un futuro en América.

A partir de 1531 se establecieron en el Altiplano Central numerosas labores de trigo, que fueron explotadas con las técnicas agrícolas del Viejo Mundo. La yunta, el arado y los aperos de metal permitieron la agricultura extensiva; es decir, labrar grandes extensiones de tierra con escasa mano de obra. Las labores se establecían en las márgenes de los ríos para impulsar los molinos mediante la fuerza motriz del agua. En huertos se sembraron hortalizas y árboles frutales como manzanos y perales, mientras que en corrales se criaron puercos y gallinas.

En las zonas periféricas, tales como las costas y el norte, surgieron estancias de ganado mayor y menor. Dada la existencia semisalvaje de los animales, el manejo de éstas era relativamente sencillo y requería poco personal. Los estancieros sólo concentraban el ganado una vez por año para separar las crías, trasquilar las ovejas y destinar algunos animales al rastro. La proliferación del ganado implicó la disponibilidad de carne y de pieles para toda la población novohispana. Con el agotamiento de los pastos cesó la abundancia de la carne, y ésta dejó de ser accesible para la mayor parte de la población.

Hacia 1535 comenzaron a surgir en los valles cálidos de Cuernavaca, Cuautla, Izúcar y Veracruz trapiches e ingenios dedicados a la producción azucarera en forma de mieles, piloncillo y azúcar refinada. El cultivo y procesamiento del azúcar era complejo y demandaba tierras irrigables, instalaciones para la molienda de la caña, el hervido del jugo, la purga de la melaza y el secado de los panes de azúcar, además de mano de obra especializada. La producción a gran escala se inició en 1529 con la puesta en marcha del ingenio de Tlaltenango, en Cuernavaca, propiedad de Hernán Cortés. Este ingenio contaba con una gran extensión de tierras de riego, amplias instalaciones para la producción del dulce, ganado para transporte, fuerza motriz y alimento de los trabajadores, y era operado por esclavos negros traídos de las Antillas. A mediados del siglo surgieron más ingenios y trapiches en la región, y en otras zonas calurosas irrigables como Veracruz y Atlixco.

Los productos agrícolas y ganaderos de las labores y estancias de ganado, así como de los trapiches e ingenios, se comerciaban en las villas españolas, lo que dio inicio a la economía de mercado. Al principio, las transacciones comerciales se hicieron mediante trueque, pero a partir de 1536 se empezó a acuñar moneda, lo que paulatinamente condujo a la monetización de la economía.

Pronto las costumbres alimenticias se mestizaron. El aumento de panaderías en las villas hizo que el pan se convirtiera, junto con la tortilla, en el producto básico de la población citadina. No sólo los españoles lo consumían sino también los indios y los mestizos, pues era fácil obtenerlo y no se requería una cocina ni tiempo de preparación, como en el caso de las tortillas. Gracias a la proliferación del ganado, los indios se acostumbraron a comer carne, misma que incorporaron a sus platillos tradicionales, como el mole y los tamales. Los indígenas también se aficionaron al azúcar, que adquirían en forma de piloncillo o de melazas, más baratos que los panes de azúcar refinada, consumidos por las clases altas.

Por su parte, los españoles incorporaron a su dieta elementos culinarios nativos. Particularmente, el tomate y el chocolate llegaron a ser imprescindibles para ellos, al grado de que su uso se trasladó a España, donde hasta hoy siguen formando parte fundamental de la alimentación. El chocolate, bebida a la que se atribuían propiedades estimulantes e incluso curativas, creó tal adicción que la mayoría de las personas de clase alta lo consumía diariamente. Prescindir del chocolate parecía tan difícil que se llegaron a escribir tratados en los que se debatía si ingerirlo quebrantaba el ayuno o no, y en algunos conventos de monjas hubo revueltas cuando los superiores pretendieron suspender su consumo.

Otra rama productiva que floreció en el siglo xvi fue la minería. La "sed de oro" que padecían los españoles los motivó a explorar las zonas alejadas y de difícil acceso en búsqueda de los minerales. El subsuelo era propiedad de la Corona, pero ésta otorgaba licencias a los particulares para su explotación a cambio de la entrega del diezmo, o sea, 10% neto de la producción. El metal más codiciado era el oro. Durante los primeros años éste se extrajo de los yacimientos aluviales, situados al pie de las cordilleras, y en los lechos de los ríos. Debido a su composición química, el oro frecuentemente aparecía en bruto, lo que facilitaba su captación. Pero los placeres auríferos pronto se agotaron y entonces la minería se abocó a la explotación de la plata.

Puesto que ésta casi siempre se encontraba en aleación con otros metales y que las vetas argentíferas solían estar en zonas montañosas despobladas, situadas por encima de los 1 800 metros de altitud, la explotación de este metal requirió una mayor inversión en infraestructura y mano de obra que el oro.

Gran cantidad de buscadores de plata, la mayoría carentes de formación técnica, exploraban el territorio en busca de nuevas vetas, las que detectaban mediante métodos empíricos, como oler y masticar las rocas. Entre 1531 y 1552 se descubrieron ricos yacimientos en Sultepec, Taxco, Zacatecas, Guanajuato y Real del Monte, cuya producción contribuyó al auge minero que se dio en la segunda mitad del siglo XVI.

Para explotar los filones se utilizaba el sistema de excavación abierta y después se construían túneles en busca de vetas con más concentración de metal. Este sistema era poco eficiente pero funcionaba dada la inicial abundancia de mano de obra. A finales del siglo XVI se introdujo en San Luis Potosí, descubierto en 1592, la excavación de socavones, que eran túneles ligeramente inclinados que comunicaban con las galerías inferiores de las minas y permitían la extracción del mineral y de los escombros, a la vez que facilitaban el desagüe y la ventilación.

La producción de plata, que se llevaba a cabo en haciendas de beneficio situadas en las inmediaciones de las minas, implicaba grandes retos tecnológicos. Un importante adelanto fue el descubrimiento del sistema de amalgamación de la plata mediante mercurio, denominado "beneficio de patio", desarrollado por el minero español Bartolomé de Medina en Real del Monte durante la década de 1550. Este método se extendió por todo el reino y mediante él se logró un aumento sustancial de la producción. Su único inconveniente era que había que importar el mercurio de España o Perú, y cuando éste escaseaba se detenía la producción.

Con el paso del tiempo la minería se convirtió en el principal motor de la economía. Su funcionamiento requirió abundante mano de obra, bestias de carga y una serie de insumos, como alimentos para los trabajadores, costales y carretas para transportar el metal, cuerdas y malacates, máquinas para desaguar las minas y cera para alumbrar los socavones, entre otros. El suministro de todas estas materias activó la economía de zonas anteriormente marginadas. Por su parte, la plata se convirtió en el primer artículo de exportación de Nueva España.

El segundo artículo de exportación fue la grana, un colorante púrpura producido por los indígenas a partir de la cochinilla. Este insecto se criaba en las nopaleras, y mediante un laborioso y complejo procesamiento se obtenía de él el tinte. Su comercialización se llevaba a cabo a través de los funcionarios españoles, quienes lo adquirían de los indios mediante el llamado "repartimiento de mercancías", consistente en el suministro de ganado, aperos y demás artículos españoles a cambio de la grana.

Otra rama productiva a cargo de los indígenas fue la seda, traída de Oriente por medio de colonos españoles y que, como en el caso de la grana, se comercializaba a través de los funcionarios y mercaderes. Pero hacia mediados del siglo xvi, con el establecimiento regular del comercio con Oriente, la producción de seda novohispana se desplomó porque no pudo competir con las sedas orientales introducidas desde Filipinas.

El comercio trasatlántico constituyó el principal vínculo entre Nueva España y la metrópoli. A través de él los novohispanos obtuvieron una serie de artículos de uso cotidiano, como telas y vestimenta europeas, muebles y enseres domésticos, papel y libros, frutas secas, vino y aceite de oliva, herramientas, instrumentos musicales y juegos de mesa, entre muchos otros. Debido a la inseguridad de los mares y los numerosos contratiempos que la navegación trasatlántica sufrió durante las primeras décadas del siglo xvi, a partir de 1564 se organizó un sistema de flotas que congregaba a más de 50 embarcaciones para navegar conjuntamente con protección militar. Las flotas zarpaban de Sevilla una vez al año y tardaban alrededor de tres meses en llegar a Veracruz. De regreso, los barcos iban cargados de plata y, en menor proporción, de grana cochinilla, azúcar y pieles. El sistema de flotas resultó ineficiente por su reducida periodicidad, que producía una escasez endémica de mercancías europeas y una elevación de sus costos.

A partir de 1565 se inició un intenso intercambio con Oriente a través del galeón de Manila, llamado popularmente Nao de China, que anualmente llegaba desde Filipinas a Acapulco y traía sedas y otras telas finas, porcelanas, muebles, biombos, objetos suntuarios de marfil y especias como pimienta y canela. Una parte de la mercancía se comerciaba en Nueva España y el resto se trasladaba al puerto de Veracruz, desde donde se embarcaba hacia España.

El comercio exterior estaba en manos de un grupo de mercaderes españoles, la mayoría residentes en la Ciudad de México, con representantes en los puertos y en las plazas comerciales de ultramar. A la llegada de la flota a Veracruz o del galeón a Acapulco, los comerciantes acudían a las ferias para surtirse de mercancías, que adquirían con dinero "contante y sonante"; es decir, con monedas de plata. Después colocaban sus productos a través de agentes en los distintos mercados novohispanos. Los comerciantes ultramarinos formaban parte de la élite social y económica de la Nueva España. En 1592 crearon el Consulado de Comerciantes de México, que controlaría el comercio de exportación durante los siguientes dos siglos.

7. La evangelización de los indígenas

La evangelización constituyó una de las piedras angulares de la conquista y colonización de las tierras americanas, ya que los españoles creían que Dios les había otorgado la encomienda de "salvar" las almas de los naturales, considerados por ellos idólatras y víctimas de artimañas demoniacas.

La evangelización de los indígenas estuvo principalmente a cargo de las órdenes mendicantes, consideradas idóneas para semejante tarea debido a que desde el siglo XIII se habían enfrentado a la conversión de herejes en Europa. Además, se creía que por vivir de limosnas y por su desapego de los bienes materiales eran modelos a seguir.

En 1524 arribaron 12 frailes franciscanos, capitaneados por Martín de Valencia, quienes impresionaron a la población indígena por su pobreza y humildad. Les siguieron los dominicos y los agustinos, que llegaron en 1526 y 1533, respectivamente.

En un principio, las tres órdenes se establecieron en la Ciudad de México, en la cual fincaron sus cabeceras provinciales y desde donde partieron a las expediciones misionales. A lo largo del siglo XVI instituyeron fundaciones en distintas partes del territorio novohispano e iniciaron la construcción de numerosos conjuntos conventuales, quizá los testimonios más notables de la evangelización que se conservan hasta el día de hoy. Inicialmente, los conventos consistieron en un modesto templo techado con viguería conectado con un patio cuadrangular o claustro, en torno al cual se disponían las salas capitular y *de profundis*, el refectorio y la cocina. Con el paso del tiempo y la consolidación de las órdenes en la Nueva España, la traza moderada devino en monumentales conjuntos: los templos mudaron sus techos de madera por bóvedas de piedra, se enriquecieron con portadas, y muchos claustros fueron dotados de segundos niveles con celdas habitacionales. Además se construyeron grandes atrios o patios frontales con capillas para procesiones, culto y catequesis, y se acondicionaron huertos para el cultivo de plantas alimenticias y medicinales.

Mientras los claustros eran sitios destinados principalmente a las actividades comunitarias de los frailes, los templos y los atrios fueron espacios donde los indígenas recibían la doctrina y se integraban a los ritos. Fueron éstos importantes centros de intercambio cultural entre indios y españoles, pues mientras los primeros eran hispanizados, los segundos aprendieron las lenguas indígenas. Fruto de este diálogo fueron las gramáticas y los vocabularios de idiomas americanos que escribieron los misioneros.

De la misma manera, en los conventos surgieron importantes colegios de indios, como los de San José de los Naturales, anexo al convento de San Francisco, en México, y el de Tiripetío, en Michoacán. Éstos, además de ser centros de adoctrinamiento, fueron escuelas de artes y oficios, en las cuales los indígenas aprendieron técnicas pictóricas y escultóricas con el objetivo de satisfacer la demanda de imágenes religiosas usuales en la liturgia católica. Algunas de estas piezas reutilizaron técnicas de tradición prehispánica, como la plumaria o la pasta de caña de maíz, que sobrevivieron hasta el siglo XVIII.

El Colegio de Santa Cruz Tlatelolco fue un centro educativo de excelencia, donde los frailes franciscanos formaron a indígenas en gramática, retórica latina, geografía, historia y doctrina cristiana. Fue un lugar de intercambio entre las dos culturas. Allí se escribió una de las obras más importantes del siglo XVI: *La historia general de las cosas de la Nueva España*, magna empresa encabezada por el franciscano Bernardino de Sahagún, en la cual, con ayuda de sus informantes indígenas, recopiló valiosa información de la antigüedad mexicana, que a la fecha es fuente de primera mano para el estudio del mundo precolombino.

Entre los recursos didácticos que utilizaron los frailes para el adoctrinamiento de los indígenas destacan las imágenes. Antes de que los evangelizadores dominaran las lenguas aborígenes, exponían los preceptos religiosos mediante la mímica y con el apoyo de pinturas hechas sobre materiales flexibles que les permitían extenderlas o enrollarlas, según se necesitara. Más tarde, se aprovechó la edificación de los conventos, los muros de las capillas de patio, de la portería y de los templos para desplegar, en pinturas murales, escenas de la historia bíblica, de la vida de los santos y de Cristo, acciones piadosas como procesiones y flagelaciones, e incluso temas relacionados con el más allá como el juicio final y el infierno. También se dispusieron relieves doctrinales en las portadas de templos y capillas. Las fuentes usadas en la composición de estas escenas fueron grabados europeos reinterpretados por la mano de obra indígena.

Otras herramientas utilizadas en la evangelización fueron las doctrinas y los catecismos, libros en los que se reunían los principales fundamentos religiosos que debían aprender los naturales. Dos obras trascendentales son el *Catecismo*, atribuido a fray Pedro de Gante, donde el franciscano se valió de un lenguaje ideográfico para sintetizar con imágenes los preceptos cristianos, y la *Retórica cristiana*, de fray Diego Valadés, quien además de culto y letrado fue un dibujante y grabador notable. Numerosos libros pastorales manifiestan el desprecio y horror que los misioneros sintieron por las religiones prehispánicas, ya que para ellos el diablo había tergiversado la vida y la fe de los indígenas. Esta postura prevaleció durante las siguientes dos centurias.

La satanización de dioses, mitos y ritos americanos fue la causa de que se destruyeran templos e imágenes antiguas, se quemaran códices y se impusiera el credo cristiano incluso mediante la violencia. Durante esa etapa se llevaron a cabo persecuciones contra los indígenas que se aferraban a sus antiguas prácticas y eran reticentes al cristianismo, como sucedió en 1539 a don Carlos, cacique de Texcoco, o durante la investigación a los caciques de Tlapanaloa e Iguala, entre 1538 y 1540. Con la fundación de las diócesis de Tlaxcala y México en 1527 y el arribo del primer arzobispo de México Juan de Zumárraga se fortaleció el clero secular, que en las siguientes décadas luchó por controlar la evangelización y recuperar áreas de influencia que estaban en poder del clero regular.

Con la finalidad de sentar las bases de la Iglesia novohispana se llevaron a cabo tres concilios provinciales en la Ciudad de México. Los dos primeros, convocados por el arzobispo Alonso de Montúfar, se efectuaron en 1555 y 1565, mientras el tercero se celebró en 1585 a instancias del arzobispo Pedro Moya de Contreras. Los dos primeros concilios establecieron las líneas doctrinales que seguiría la evangelización, y el tercero aceptó los acuerdos del Concilio de Trento, como se conoce a la reunión ecuménica celebrada en esa ciudad italiana entre 1545 y 1563, cuyo fin fue determinar las medidas que el catolicismo adoptaría para enfrentar la reforma religiosa, principalmente la luterana.

Durante la segunda mitad del siglo XVI concluyó la evangelización de la zona centro del actual territorio mexicano y los esfuerzos misionales se dirigieron a regiones más alejadas. Surgió entonces entre los clérigos un interés por reforzar las creencias cristianas recién adoptadas por los indígenas, pues se percataron de que muchos seguían aferrados a sus creencias ancestrales y otros practicaban un cristianismo mezclado con creencias antiguas.

Fue éste un periodo durante el cual proliferaron leyendas de apariciones, principalmente marianas, y en el que se fundaron santuarios cristianos en algunos centros ceremoniales prehispánicos. El mismo Alonso de Montúfar se dio a la tarea de arraigar el culto a la imagen de la virgen María con el nombre de Guadalupe en el templo del Tepeyac, antiguo santuario prehispánico. Esta y otras advocaciones marianas, como las vírgenes de San Juan de los Lagos, hoy Jalisco; de Ocotlán, en Tlaxcala, y de la Soledad, en Oaxaca, comenzaron a ganar devotos por sus leyendas aparicionistas.

En las últimas décadas del siglo XVI arribaron más órdenes religiosas tanto masculinas como femeninas a Nueva España. Una de las más importantes fue la Compañía de Jesús, llegada en 1572, que se distinguió por la intensa labor educativa que llevó a cabo en colegios como el de San Francisco Xavier, en Tepozotlán, que le otorgó gran prestigio ante la sociedad. Los jesuitas realizaron asimismo trabajo misional en Sonora, Sinaloa y California. En la década de 1540 surgió el convento de monjas de la Concepción en la Ciudad de México, el primero de su género; 30 años después seguirían los de Regina Coeli y de Jesús María, y en 1594 se fundó el de la Encarnación. Estos conventos permitieron a las mujeres de clase alta dedicarse a Dios y rezar por el bienestar de la sociedad novohispana.

A finales de esta centuria la religión católica ya ordenaba la vida de los pueblos y marcaba el ritmo del devenir cotidiano. La mayoría de los indígenas había sido convertida, incluso conformaba cofradías y poseía devociones patronales. Si bien el trabajo misional no había concluido, sí cerraba el capítulo más importante de su acción en Nueva España y daba paso a nuevas formas de vivir la religiosidad, con otras necesidades espirituales y devocionales.

Bibliografía

Baudot, Georges, *La vida cotidiana en la América española en tiempos de Felipe II. Siglo XVI*, trad. Stella Mastrangelo, FCE, México, 1983 (Colección Popular, 255).

Benítez, Fernando, *Los primeros mexicanos. La vida criolla en el siglo XVI*, Era, México, 1962. (Biblioteca Era).

Cárcer y Disider, Mariano de, *Apuntes para la historia de la transculturación indoespañola*, UNAM-Intituto de Investigaciones Históricas, México, 1995.

Escalante Gonzalbo, Pablo (coord.), *Historia de la vida cotidiana en México*, t. I. *Mesoamérica y los ámbitos indígenas de la Nueva España*, FCE/El Colegio de México, México, 2004.

Galaviz de Capdevielle, María Elena, *Rebeliones indígenas en el norte del reino de la Nueva España, XVI-XVII*, Campesina, México, 1976 (Clásicos de la Reforma Agraria).

García Martínez, Bernardo (coord.), *Gran historia de México ilustrada*, t. II. *Nueva España de 1521 a 1750*, Planeta, México, 2001.

Gibson, Charles, *Los aztecas bajo el dominio español, 1519-1810*, 15ª ed., trad. Julieta Campos, Siglo XXI, México, 2003.

Liss, Peggy K., *Orígenes de la nacionalidad mexicana, 1521-1556. La formación de una nueva sociedad*, trad. Agustín Bárcena, FCE, México, 1986 (Sección de Obras de Historia).

Wobeser, Gisela von, *La formación de la hacienda en la época colonial. El uso de la tierra y el agua*, UNAM-Instituto de Investigaciones Históricas, México, 1989.

Zavala, Silvio Arturo, *La filosofía política en la Conquista de América*, 3ª ed., FCE, México, 1977 (Tierra Firme).

———, *Los intereses particulares en la Conquista de la Nueva España*, El Colegio Nacional, México, 1991.

V. El virreinato de Nueva España en el siglo XVII

Jorge Alberto Manrique

El XVII es el siglo de la consolidación de Nueva España. Las instituciones ya estaban organizadas, las ciudades y villas asentadas, las formas de producción y las haciendas generaban riqueza y la minería de plata experimentaba un gran auge. El comercio prosperó en diferentes regiones y desde luego creció el comercio exterior con España, Filipinas, Perú y otros destinos. La cultura, el arte y las letras conocieron un momento extraordinario. Sin embargo, también hubo problemas graves. Continuó la disminución de la población indígena y surgió una crisis en la producción de la plata. La defensa del territorio era difícil, pues la seguridad era escasa en las regiones del norte, donde hubo levantamientos y motines. Otros problemas fueron la corrupción de las autoridades, el contrabando y los despojos. No obstante, se estaba construyendo un nuevo país con sus propias características.

1. La sociedad novohispana

La baja de la población indígena llegó a su punto más crítico a mediados del siglo XVII debido, por una parte, a las epidemias que la afectaron y, por otra, al despojo de sus tierras y al efecto nocivo de la ganadería sobre los sembradíos. Una de las consecuencias fue la escasez de mano de obra en las encomiendas, que sólo comenzó a estabilizarse en la década de 1640. En contraste, el mestizaje que había surgido en el siglo XVI siguió creciendo, sobre todo en las villas. Las mezclas eran tan diversas que se desarrolló una extensa terminología para las llamadas castas: mestizo, castizo, mulato, zambo y saltapatrás, entre otros nombres. Los esclavos podían ser liberados por sus amos o liberarse ellos mismos, gracias a lo que ganaban por servicios desempeñados.

2. La vida política y la Iglesia

a) El virrey

La sociedad continuaba dividida en dos repúblicas, una de indios y otra de españoles. La república de los españoles, que incluía a los criollos, tenía ayuntamientos o cabildos propios en las ciudades, cuyos miembros eran electos entre los vecinos prominentes. A lo largo del siglo XVII, los criollos fueron adquiriendo cada vez más importancia en los ayuntamientos.

Los indígenas, por su parte, contaban con un ayuntamiento electo, dirigido por los caciques o principales. Desde el siglo XVI hubo muchísimos problemas entre los caciques, pues los ayuntamientos podían organizarse en facciones rivales; para resolver estos conflictos se crearon los juzgados de indios, que formaban parte de la Real Audiencia.

El virrey era la autoridad no sólo de la provincia de México, sino también de las de Puebla de los Ángeles, Michoacán, Yucatán, Oaxaca y Nueva Galicia (Jalisco), en las que nombraba un alcalde mayor. También sujetos al virrey, había gobernadores en Yucatán, Nuevo León y Nueva Vizcaya (Durango).

Una de las principales responsabilidades del virrey era la defensa del reino. El siglo XVII fue la era de los piratas y del contrabando, y a ello se aunaban, por supuesto, los enemigos de España, como Francia, Inglaterra y Holanda. Para proteger las costas se construyeron fortalezas en varios lugares, en especial en San Juan de Ulúa, Veracruz, y en Campeche, Acapulco y otros puertos. Aun así, los piratas lograron tomar Campeche y Veracruz, y por ello se decidió amurallar ambas ciudades.

Para conjurar las amenazas internas, como los levantamientos de negros e indios, se edificaron fuertes en diversas poblaciones y ciudades. A mediados del siglo XVII el rey tuvo la iniciativa de formar, con dinero de la Ciudad de México, una flota mexicana, llamada Barlovento, que sirviera para la defensa y el patrullaje en el Caribe y el Golfo; esta flota se mantuvo activa hasta entrado el siglo XVIII.

Los virreyes podían llegar a tener desacuerdos con los arzobispos y los obispos; uno de los enfrentamientos más importantes se dio entre el virrey Gelves y el arzobispo Juan Pérez de la Serna, quien fue obligado a suspender los cultos en 1624 por diferencias no resueltas. Otro caso fue el del obispo de Puebla, Juan de Palafox: se suspendió la predicación porque la Compañía de Jesús no tenía la licencia correspondiente. Palafox tuvo que huir de la ciudad y permanecer mucho tiempo escondido en una hacienda.

No obstante, la relación entre el gobierno y la Iglesia era tan estrecha que, en caso de muerte del virrey, existía un pliego secreto en el que se asentaba el nombre de un sucesor interino, que solía ser un obispo, en tanto el rey designaba a un nuevo virrey. Cuando no había pliego, era la Audiencia la que quedaba encargada del gobierno.

Los virreyes más importantes del siglo XVII fueron el marqués de Gelves; el marqués de Mancera, quien, entre otras cosas, hizo la dedicación de la catedral de México; Juan de Palafox, que fue obispo de Puebla, visitador de Nueva España, arzobispo y quien, ya como virrey, mandó edificar la catedral de Puebla y varios colegios en esa ciudad; fray Payo Enríquez de Rivera, cuyo gobierno duró mucho tiempo; el marqués de la Laguna, y el conde de Monclova, quien fundó muchos pueblos en el norte del territorio. El último del siglo XVII fue el conde de Moctezuma (descendiente de la hija de Moctezuma).

b) La Iglesia y la Inquisición

La Iglesia estaba dividida territorialmente en las siguientes entidades: la arquidiócesis de México y las diócesis de Tlaxcala, Michoacán, Antequera, Chiapas, Yucatán y Nueva Galicia. El arzobispo de México y los obispos eran sufragáneos, lo que significa que dentro de la jerarquía establecida tenían cierta independencia de decisión. Eran independientes del virrey, pero estaban sujetos a Roma y al rey a través del Consejo de Indias. Debido al patronazgo indiano, que comprendía toda América, las propuestas aprobadas por el papa y demás documentos de la Santa Sede tenían que ser ratificados por el rey de España.

Los cabildos eclesiásticos de las distintas diócesis, compuestos por canónigos, se encargaban del gobierno de las catedrales y, al morir un obispo, la autoridad de la diócesis recaía en ellos hasta que el rey y el papa nombraban uno nuevo.

Las órdenes religiosas encargadas de la evangelización desde el siglo XVI llegaron a tener mucho prestigio, especialmente entre los indígenas, lo que les permitió acumular poder. Preocupado por esta concentración de poder, el rey determinó secularizar las parroquias; es decir, transferirlas a clérigos seculares. Con este fin, en algunas regiones se erigieron nuevas parroquias, mientras que muchos conventos perdieron importancia. Fue una gran lucha de poder entre el rey y las órdenes religiosas, que dependían de sus propias instituciones en la Santa Sede. La lucha también se dio en el terreno económico, ya que las órdenes habían ido adquiriendo muchas tierras y haciendas por medio de donaciones, legados testamentarios y compras.

Había también órdenes religiosas femeninas, tanto para monjas con vocación como para aquellas mujeres que se sentían amenazadas o carecían de un lugar seguro para vivir. Ingresar a un convento requería poseer dote, de modo que los conventos solían ubicarse en las ciudades importantes donde vivía la gente pudiente. La dote de algunas monjas indígenas era aportada por familias españolas. Generalmente, las órdenes femeninas invertían esas dotes en casas, sobre todo en la Ciudad de México, y prestaban dinero a rédito a los mineros y comerciantes.

Algunas órdenes religiosas, como los carmelitas descalzos, fueron muy austeras. Pero también las hubo relajadas. En conventos como el de La Concepción tenían sirvientas y celdas grandes con varias habitaciones, incluso cocina. Estas celdas se podían comprar, vender y traspasar. En ellas crecían niñas que estaban al servicio de las monjas.

Una vez que tomaban el hábito, las monjas no volvían a salir, por lo que se les enterraba en el mismo convento. El contacto con el exterior se mantenía a través de los locutorios, cuartos que daban a la calle y tenían rejas y cortinas para evitar el contacto físico y visual de las monjas con las personas que acudían a visitarlas.

El Santo Oficio de la Inquisición, que empezó en el siglo XVI, fue el instrumento de control de la Iglesia para vigilar a los novohispanos y preservar la religión "verdadera", aun cuando los indígenas estuvieron excluidos de él. Entre los enjuiciados había herejes como los judicantes o judíos y los luteranos, entre ellos varios flamencos y algunos piratas. También se enjuiciaba a los hombres casados dos veces y a los cristianos católicos romanos que habían incurrido en faltas doctrinarias menores.

Los tormentos y castigos infligidos por la Inquisición eran similares a los que la justicia secular aplicaba por los delitos comunes. Había penas menores como la pérdida de los bienes. A los condenados a penas mayores se les sentenciaba al garrote y después de muertos eran quemados en la hoguera en la plaza del Quemador de San Diego. Durante los autos de fe, que eran públicos, los enjuiciados debían usar ropas especiales —el sambenito y la coroza— y llevar una vela de color verde.

El mayor daño que ocasionó la Inquisición fue la inhibición de la libre expresión de las personas. También frenó el acceso a obras científicas, filosóficas y teológicas de otras partes del mundo.

3. La vida económica

a) Agricultura y ganadería

Durante el siglo XVII la encomienda vivió su ocaso en gran parte de la Nueva España. Con el fin de restar poder a los encomenderos, la Corona había limitado a dos generaciones la posibilidad de heredar las encomiendas a los descendientes, y de esta manera recuperó muchas de ellas.

Por otra parte, continuó otorgando mercedes de tierras, lo que fomentó la aparición de las haciendas cerealeras, ganaderas y azucareras a principios del siglo XVII. Debido a la crisis de población, muchas tierras que quedaron baldías fueron incorporadas a estas propiedades, lo que propició su expansión territorial.

Estas haciendas brindaron la posibilidad de un trabajo asalariado a los indígenas y mestizos carentes de tierras, a la vez que se emplearon esclavos negros, principalmente en las azucareras.

Se hicieron obrajes con telares de torno para aprovechar la lana de los borregos en México, Texcoco, Puebla, Tlaxcala y Oaxaca y, hacia mediados del siglo XVII, también en Querétaro, Celaya, Guadalajara y San Miguel el Grande. Los ganaderos de ovejas se asociaron en mestas. En estos obrajes laboraban mulatos, mestizos y a veces indígenas en terribles condiciones de trabajo.

b) Comercio

Anualmente seguían llegando grandes flotas provenientes de España. Llegaban primero a La Habana y de allí se dividían hacia Veracruz, Colombia y Perú, entre otros destinos. Traían principalmente vino, aceite, telas, papel, vestimenta, frutos secos, muebles, herramientas y libros.

De las naves provenientes de Filipinas, que transportaban sedas, marfiles, muebles, cerámicas, papel y artículos suntuarios, una parte se quedaba en Acapulco, desde donde se transportaban los productos a la Ciudad de México y Puebla, en tanto que otra parte era enviada a Veracruz y de ahí a España. A pesar del control que las autoridades ejercían sobre los productos embarcados y los impuestos, no se pudo impedir el contrabando.

De Nueva España los barcos partían a España y Filipinas cargados de plata, cochinilla, cueros y azúcar.

c) Minería

La minería fue la principal fuente de riqueza. La Corona necesitaba cantidades cada vez mayores de metal precioso para hacer frente a los gastos de las guerras que sostenía en Europa y pagar las crecientes sumas por los intereses de los préstamos que le habían otorgado los banqueros.

Pero la minería era una empresa difícil. Después de la bonanza del siglo XVI, muchas vetas se habían agotado, por lo que fue necesario buscar otras nuevas. Como consecuencia, los reales de minas se fueron desplazando cada vez más al norte, hacia Durango, Coahuila y Chihuahua.

Persistía el problema del azogue, que debía importarse de España o Perú, y con frecuencia era escaso y su adquisición costosa. La importación la controlaban oficialmente las autoridades, lo que provocaba corrupción y sobornos a los alcaldes mayores. El otro gran problema era la falta de mano de obra, pues aunque en la minería se pagaba un buen salario por ser un trabajo muy duro, faltaban trabajadores, ya que muchas minas se encontraban en zonas despobladas. Así, conseguir mano de obra fue una constante preocupación entre los mineros.

Para encontrar y explotar una mina se requería mucho capital. Los mineros obtenían préstamos de los conventos de monjas y otras instituciones eclesiásticas, así como de casas comerciales. Las minas solían anegarse y era muy costoso, a veces imposible, desaguarlas. Para abastecer a los mineros, cerca de los reales de minas solía haber haciendas con caballos y mulas para transporte, reses para cebos y costales y cultivos para alimentar a los trabajadores y el ganado.

Al rey le correspondía estrictamente un quinto de la producción. La plata se conducía fuertemente custodiada a la Casa de Moneda de México, y una vez acuñada se transportaba a Acapulco y Veracruz, por caminos infestados de indígenas alzados y bandoleros.

La minería era un negocio lucrativo pero muy riesgoso. Nueva España fue, junto con Perú, el centro minero más importante del Imperio español. Y si bien en algunos momentos de crisis hubo una disminución de su producción, la minería básicamente siguió creciendo.

4. La educación y la ciencia

a) Colegios

En las ciudades hubo muchos colegios que funcionaban como internados para los alumnos de fuera. De los fundados en el siglo XVI subsistían el Colegio Mayor de Todos Santos, que ofrecía cursos avanzados; el Colegio de San Juan de Letrán, para los mestizos abandonados, que allí aprendían gramática y otras materias y podían estudiar los seis años completos, es decir, dos niveles, y el de Nuestra Señora de la Caridad, para niñas. Además, uno de los más importantes fue el de Betlemitas, fundado ya en el siglo XVII. También había escuelas "amigas" para los párvulos. En 1601 aparecieron unas ordenanzas oficiales en las que se especificaba que los maestros tenían que ser cristianos viejos, y se excluía a los indígenas, negros y mulatos.

Desde finales del siglo XVI, los jesuitas habían fundado varios de los colegios de mayor prestigio, entre ellos el de San Pedro y

San Pablo, San Gregorio y San Ildefonso, en la Ciudad de México; el del Espíritu Santo, en Puebla; el San Juan Bautista, en Guadalajara, y varios colegios en Pátzcuaro. Ya en el siglo XVII fundaron el de Valladolid (Morelia), el de Tepozotlán y el de San Luis, en Puebla.

b) La universidad

En 1631 se concluyó la construcción de las nuevas instalaciones de la universidad, cuya primera piedra se había colocado en 1584, en la Plaza del Volador, ubicada junto al palacio virreinal. Al fundarse la universidad en 1551, había obtenido las mismas constituciones de la de Salamanca, pero con el tiempo sufrió modificaciones hechas por la Audiencia y el virrey.

El rector fungía como tal durante un año y podía ser reelegido varias veces por el claustro; tenía una gran autoridad y era el juez dentro de todo el ámbito universitario. Ninguno de los demás colegios podía otorgar grados; para ello sólo estaba facultada la universidad.

Los grados eran de bachiller, maestro, licenciado y doctor. Los más importantes eran los de licenciado y doctor en filosofía, teología, leyes y medicina. Había disposiciones respecto de la vestimenta de los alumnos y los maestros; las becas o bandas de colores que se llevaban sobre los hombros distinguían a cada colegio y facultad. Los doctores tenían que asistir al claustro con toga y birrete, mientras que en los actos a caballo debían usar gualdrapas o anqueras.

La tesis consistía en una sola hoja de conclusiones. Algunas tesis contaron con una tipografía muy cuidada, impresa en ocasiones sobre seda. Los exámenes eran dos: uno privado y uno público. Para el privado se fijaban los "puntos" de la tesis 24 horas antes. La tesis había que sustentarla ante cinco sinodales. La sesión duraba el tiempo de la "ampolleta" (un reloj de arena), y los estudiantes llamaban a esa ocasión "la noche triste".

El examen público se realizaba después en la catedral, tradición que provenía de la Edad Media, cuando el canciller de las universidades era canónigo de la catedral. Los asistentes a la ceremonia iban a caballo de la universidad a la catedral, vestidos con toga. Allí se daba a los graduados las insignias; esto es, el birrete y el anillo, si eran eclesiásticos, y la espada y la espuela, si eran laicos.

Luego se hacía el juramento ante el canciller, y después la tradición mandaba dirigir un vejamen al nuevo doctor en un poema largo y descriptivo de sus defectos. Más tarde venía el besamanos del virrey y, al final de la ceremonia, las mascaradas y cabalgatas.

Entre las festividades más importantes de la universidad destacaban las de Santa Catalina y San Pablo, celebradas con mascaradas, corridas de toros, cabalgatas, carros alegóricos y certámenes literarios.

A finales del siglo XVII hubo dos motines de estudiantes contra los alguaciles: en 1677 porque habían azotado a un chino, y en 1696 al apresar a un estudiante; en esa ocasión los estudiantes quemaron el rollo o la picota; es decir, el poste donde azotaban a los culpables de faltas o delitos.

c) Imprenta

A fines del siglo XVI arribó a Nueva España Enrico Martínez. Venía bajo la protección del virrey Luis de Velasco y con el título de cosmógrafo del rey. Su obligación era informar acerca de las tierras, viajes, eclipses y movimientos de los astros y dar clases de matemáticas. Ya en Nueva España realizó obras importantes, como medir la altura de la Ciudad de México, y presentó un proyecto para desaguarla cuando se llegara a inundar, cosa que ocurría con frecuencia, mediante el tajo de Nochixtongo, que desembocaba en el Río de Cuautitlán. Este tajo alcanzó los siete kilómetros de largo y fueron necesarios 60 000 indios para construirlo y revestirlo de mampostería.

Como hijo de impresores, estableció en 1599 una imprenta en la Ciudad de México. Conocedor de las obras de Copérnico, Tycho Brahe y Galileo, escribió obras científicas así como tratados diversos sobre la fisonomía del rostro, la agricultura para huertas, jardines y caña de azúcar y la cría de ganado. Imprimió el *Discurso de la antigüedad de la lengua vasca*, escrito por el pintor Echave Orio, y un *Vocabulario de las lenguas castellana y mexicana*, de Pedro de Arenas. También tuvo el cargo de intérprete.

Varios impresores anteriores a él fueron la familia Ocharte, Pedro Balli, Diego López Dávalos y Bernardo Calderón. Otros impresores importantes fueron Juan Ruiz, quien imprimió dos obras de Francisco de Burgoa: *Palestra historial* (1670) y *Geográfica descripción de la parte septentrional del polo ártico de la América* (1674); Juan Blanco, que editó la crónica del agustino fray Juan Grijalva (1624); Juan de Ribera, que hizo *La estrella del norte de México*, de Francisco de Florencia, y *El teatro mexicano*, de Agustín de Vetancourt.

El libro más extenso (tres tomos) que se imprimió en esa época fue la biografía de Catarina de San Juan, escrito por Alonso Ramos. Se trataba de una mujer que había llegado en la Nao de China desde Filipinas. Aunque no fue monja, vivió como tal en Puebla. Con este libro, el arzobispo fray Payo pretendía abogar ante Roma por su santificación.

También se imprimieron tratados científicos variados. Entre sus autores se encontraban los hombres de ciencia más importantes del momento, como el astrónomo mexicano de la orden de los mercedarios fray Diego Rodríguez y su discípulo Carlos de Sigüenza y Góngora; también aparecían Juan Ruiz y Salmerón y Castro.

En 1680, el paso de un cometa desató una polémica entre Sigüenza y Eusebio Francisco Kino; este último sostenía que los cometas sí tenían influencia sobre las personas, mientras que Sigüenza afirmaba lo contrario, por lo que publicó el *Manifiesto filosófico de los cometas despojados del imperio que tenían sobre los tímidos*, así como la *Libra astronómica*.

5. La vida cotidiana

La vestimenta de las mujeres indígenas se parecía mucho a la que usaban en la época prehispánica y también a la que visten actualmente en algunas regiones. En el centro de México usaban el huipil, más o menos elaborado; en la zona de Veracruz el *quexquémetl* con un rombo arriba del pecho y un "enredo", largo o corto, como falda. En algunas zonas calientes las mujeres todavía llevaban el torso desnudo, hasta que la Iglesia las obligó a cubrirse. En esta época se empezó a usar el rebozo para cubrir la cabeza cuando asistían a misa y también en los hombros para cubrirse del sol y del frío, así como para cargar a los niños y transportar objetos. Estas prendas se hacían de algodón, elaboradas en telares de cintura.

Tras la Conquista, los hombres usaban camisa de algodón a la rodilla y amarrada con una faja por la cintura. Ya a principios del siglo XVII se empezó a usar el calzón de manta, prenda difícil de hilar y tejer en un telar de cintura, de modo que la tela para camisas y calzones se empezó a fabricar en los obrajes en telar de torno. Los hombres también usaban una tilma o manta en el hombro. En la medida en que se expandió la cría de borregos, se hicieron mantas de lana o sarapes. Bajo la influencia del poncho peruano, se popularizó el jorongo o gabán, una manta con un ojal en el centro para la cabeza, hecha con lana de oveja. La cabeza iba descubierta hasta que en el curso del siglo llegó el sombrero de España, de paja de trigo, que después se hizo de palma con diseños variados.

Las clases altas y medias usaban gregüescos, calzones cortos al muslo, "acuchillados", de donde sobresalía otra tela, con calzas largas; sobre la camisa se portaba un jubón grueso, en forma de chaleco o con manga larga. La camisa llevaba holanes y el cuello remataba en la muy elaborada gola o gorguera. Se cubrían la cabeza con un gorro y poco después con el sombrero de fieltro. Para la década de 1640, los calzones o pantalones se llevaban debajo de la rodilla con medias, ceñidos con lazos, mientras que la gola se hizo más estrecha y la camisa se adornaba con encajes y bordados.

Los negros que atendían las casas de las familias pudientes debían estar bien vestidos para el servicio; los señores pujaban por tener los cocheros y lacayos más elegantes.

Los oficiales y artesanos vestían de manera similar, aunque más modesta. Los operarios o peones usaban calzones y camisa, jubón y sombrero. Los más pobres y los desempleados no tenían ropa y sólo se cubrían con una manta o, si acaso, con un sarape raído, por lo que se les llamaba "pelados".

En las villas las casas artesanales se agrupaban en determinadas calles según su especialidad, ya fuera platería, talabartería, cerámica o cestería, por ejemplo. También había calles en las que se agrupaban sus habitantes según su nacionalidad; por ejemplo, la calle de los flamencos o la de los portugueses.

Las casas habitacionales eran plurifamiliares y generalmente las habitaban personas de distintos estratos sociales. La parte alta era ocupada por las familias de mayor nivel social y la baja por sus sirvientes u otras personas de menor rango. Muchas familias vivían en un solo cuarto, sin cocina ni baño. Asimismo, era frecuente que la vivienda se habilitara como taller artesanal o comercio.

En la Ciudad de México, numerosas calles tenían acequias para conducir el agua y puentes para pasar de una banqueta a otra. En tiempos de secas las acequias se convertían en un grave problema debido a la suciedad y la basura que arrastraba el agua, además de que imposibilitaban el paso de las trajineras, por lo que había que transportar las cosas en recuas de mulas, lo que era más costoso en tiempo y dinero.

Había mercados grandes en el Volador, en la Plaza Mayor y en San Juan, San Hipólito y Tlatelolco, además de los mercados de los barrios. En la Plaza Mayor, a fines del siglo XVII, se construyó un gran mercado que se llamó el Parián, y este nombre (que es el de un pueblo cerca de Manila) también se usó en otras ciudades.

Por la noche las calles estaban casi a oscuras, apenas iluminadas por el farol de una de las casas suntuarias o de una buena vecindad. Para iluminar el camino de los señores, los criados debían llevar un farol o una antorcha. Como las velas eran de cera y muy caras, la gente solía recogerse temprano, salvo los ricos.

Los reglamentos gremiales prohibían que las artes y los oficios fuesen realizados por quienes no eran españoles o criollos. Pero la realidad era otra: muchos indígenas y mestizos se dedicaban a algunos de ellos. Hay casos muy señalados, como por ejemplo el del mulato Juan Correa, que en el último tercio del siglo XVII fue uno de los pintores más conocidos y exitosos de su tiempo. Pintó entre otros grandes cuadros en las catedrales de México, Puebla y Guadalajara.

La salud de los novohispanos era atendida en los hospitales. Todavía en ese siglo en la Ciudad de México seguían funcionando algunos de los hospitales fundados en el siglo anterior, como el de la Concepción, ahora llamado de Jesús; el de San Hipólito, para enfermos mentales; el del Amor de Dios, para enfermedades venéreas y bubas, y el Hospital Real de San José, para indígenas. Además, se edificaron el Hospital de San Juan de Dios, de la orden de los juaninos, donde también atendían a negros, mulatos y mestizos de los dos sexos; el Hospital de Belén, dirigido por una orden que se fundó en Guatemala y llegó a México en 1673 con el arzobispo Enríquez de Rivera; el del Espíritu Santo y del Divino

Salvador, y otros más en Orizaba, Celaya, Oaxaca, Toluca, Guadalajara y Veracruz.

6. Arte y cultura

a) Arquitectura

En el siglo xvii quedó desplazado en buena medida el manierismo, que anteriormente había caracterizado a la arquitectura de los conventos de las órdenes religiosas regulares, como se ve, por ejemplo, en las iglesias de Tecali, Zacatlán y Cuilapan, de planta basilical. El arquitecto Juan Gómez de Trasmonte transformó el techo basilical en bóvedas de alturas diferentes en las catedrales de México y de Puebla. Ambas tienen cinco naves a diferentes alturas, lo que permite la iluminación directa de cada una. Las naves exteriores están dedicadas a capillas que se entregaban a gremios y cofradías. Las naves siguientes, llamadas procesionales, permitían el tránsito libre dentro de la iglesia. En el centro se alojaba el coro de canónigos y después el presbiterio con el altar mayor. Entre estos dos se encontraba el trono del obispo y un pasillo llamado crujía. Las únicas catedrales donde se conserva esta estructura interior son las de México, Puebla y Oaxaca, aunque cuentan con fachadas y torres que datan de los siglos xvii y xviii.

En las ciudades de provincia, la planta de las iglesias era la llamada "latina", de reminiscencia manierista. Se adoptó parcialmente como modelo el Gesù de Roma, del arquitecto Vignola, que tiene capillas laterales en el cuerpo de la iglesia. En México, en cambio, las capillas no se comunican entre sí, como por ejemplo en Santo Domingo de Puebla o en San Agustín de México, o bien pueden presentar tres naves separadas por machos de columnas y danzas de arcos, que es lo que han elegido las iglesias jesuitas.

En muchas de las iglesias de las villas se utilizaron bóvedas, pero en la Ciudad de México se prefirieron las cubiertas de madera, ricamente trabajadas con alfarjes, por la debilidad del terreno. Las bóvedas podían ser de cañón con lunetos, baídas o de aristas. Casi siempre contaban con una cúpula de planta octogonal. Los santuarios solían tener, detrás del presbiterio plano, un camarín; o sea, una capilla interior reservada para la imagen patronal. El coro solía estar al pie de la iglesia, elevado sobre la puerta de entrada. Sin embargo, las iglesias de los conventos de monjas presentaban dos coros, uno alto y otro bajo, separados de aquéllas por rejas y celosías. Las torres estaban integradas a la fachada.

En este mismo siglo se establecieron ciertas constantes en el arte mexicano, como la diferenciación entre zonas activas, donde se concentraban todos los esfuerzos decorativos (la portada, la cúpula y las torres), y las pasivas, casi totalmente desprovistas de ornamentación.

El Barroco se dio a la tarea de destruir sistemáticamente los principios clásicos del manierismo. En las fachadas se colocaron elementos que rompían con la arquitectura original, como los frontones rotos o curvos, los tablamentos atípicos o las agrupaciones de pilastras o columnas. Éstas, ya alteradas, formaban estrías, contraestrías u horizontales. Por ejemplo, el hijo de Trasmonte hizo un segundo piso con columnas salomónicas, es decir, en espiral.

Hacia 1650, paulatinamente se fueron agregando decoración y elementos contrastantes, dedicados a destruir el elemento central de la arquitectura clásica: el apoyo, ya fuese columna o pilar. Las estrías de las columnas comenzaron a moverse en forma de zigzag o con leves ondulaciones, y con eso se consiguió dar a los rígidos fustes un ligero movimiento con el manejo de la luz y la sombra. Después se utilizaron estrías zigzagueantes horizontales en el primer tercio de las columnas. Más tarde, se cubrió todo el fuste con un relieve geométrico y, después, con relieves de follaje.

El ataque a la columna continuó durante el Barroco, primero en los retablos de madera y después en las fachadas de piedra. Finalmente, se insertó la columna salomónica, que llegó a ser muy popular y caracterizó el primer esplendor del Barroco mexicano. Asimismo se emplearon otras soluciones que llevaban el mismo fin de atacar la integración del apoyo. En la región poblana, la decoración interior de yeserías abatió las pilastras contra el muro y las cubrió de hojarascas, desdibujando la pilastra entre la fastuosidad de tanta riqueza formal. Al final del siglo se recubrieron columnas y pilastras con azulejos. En otras regiones se utilizó la pilastra cajeada, que interrumpió la verticalidad de ese elemento. Además, los frontones se rompieron y enroscaron, buscando los efectos de claroscuro. Las fachadas y los retablos adelantaron o retrocedieron en algunas partes y se desplegaron en forma de biombos. En la colocación de las imágenes se buscó teatralidad y, sobre todo, la decoración con elementos vegetales, animales o humanos.

b) *Pintura y escultura*

Los pintores manieristas que habían llegado a la Nueva España durante el último tercio del siglo XVI, como el flamenco Simón Pereyns y el sevillano Andrés de la Concha, y el vasco Baltasar de Echave Orio, quien llegó a principios del XVII, crearon escuela entre sus discípulos novohispanos. Entre éstos destacaron Luis Juárez, Alonso López de Herrera y Baltasar de Echave Ibía, quienes, aislados de Europa, recorrieron sus propios caminos. Las novedades se introducían por grabados, pues sólo en México podían verse ocasionalmente cuadros importantes. En esta segunda generación de pintores se advierte un barroquismo incipiente, visible en sus composiciones abiertas, los paños con colores y reflejos, y una buscada sentimentalización piadosa. Herrera, llamado *el Divino*, famoso por sus finísimos rostros de Cristo, introdujo también el recurso de los escorzos violentos y las complicadas posturas, y utilizó cierto realismo en los rostros. Echave Ibía introdujo los paisajes y las composiciones complicadas.

En 1636 llegó a México Sebastián de Arteaga, y con él la influencia del pintor español Francisco Zurbarán, sobre todo el gusto por los fuertes contrastes de luz y sombra y el realismo como recurso expresivo, estilo al que se ha llamado "tenebrista". Otro tenebrista llegado entonces fue Pedro Ramírez. A mediados del siglo, José Juárez, hijo de Luis Juárez, formado en esta escuela, presenta en ocasiones influencia del pintor flamenco Peter Paul Rubens, conocido por sus grabados. Es el mismo caso de Baltasar Echave Rioja y de la escuela de Puebla, con pintores como Juan Tinoco, José Sánchez Salmerón y José Rodríguez Carnero.

Hacia el último cuarto del siglo el influjo tenebrista se había atemperado debido a la influencia de Rubens. Entonces, los artistas lograron una amalgama de esos modelos, sumados a la propia tradición. Surgió así una pintura muy característica, de dibujo fuerte, colorido cálido y composiciones complejas, que logró gran aceptación. Los talleres más importantes de la Ciudad de México fueron los de Juan Correa y Cristóbal de Villalpando, que trabajaban para satisfacer la demanda de la ciudad y de toda Nueva España (catedrales, iglesias, conventos y casas particulares), y aun exportaban pinturas a otras partes de América; también había talleres en Puebla. En la siguiente generación uno de los pintores más importantes fue Juan Nicolás Rodríguez Juárez.

El manierismo de fines del siglo XVI y principios del XVII persistió en la escultura: se había conservado el gusto antiguo por el estofado: las figuras de madera policromada en las que se aplicaba la pintura sobre un fondo de oro. El barroquismo se dejó sentir por la riqueza y fastuosidad, sobre todo en la complicación de los paños y en los rasgos realistas y dramáticos de las figuras.

Un lugar muy particular merece la escultura de relieves que se usaba en las portadas religiosas, muchas veces inspiradas en los grabados de Rubens y de otros pintores. Los hermanos escultores Jiménez hicieron en piedra las portadas de la catedral de México. Una obra escultórica importante fue la sillería de dicha catedral.

c) Música

En las ciudades y villas de españoles se cultivó la música profana y religiosa. Muchos cronistas viajeros de la época, como Thomas Gage (1624) y Gemelli Carrelli (1699), señalaron con asombro el gusto por la danza, la música instrumental y el canto entre las familias criollas. Las jóvenes unían el cultivo de la música a la educación doméstica y el cumplimiento de la religión. En las salas de los priores se realizaban conciertos de música profana.

En las catedrales había un canónigo especial encargado de todo lo concerniente a la música. Ser el maestro de capilla era un cargo muy importante, además de perpetuo. La convocatoria correspondiente se publicaba en toda América y España y se hacía un concurso. El maestro de capilla también se ocupaba de la escuela de música, popularmente llamada "chirimía". Entre los maestros de capilla más célebres de la catedral estaban Francisco López Capillas, Antonio de Salazar, que lo fue primero en Puebla y después en México, y Manuel de Sumaya, maestro en México y en Oaxaca.

d) Letras

Desde finales del siglo XVI y las primeras décadas del XVII hubo cronistas de las órdenes religiosas, como el franciscano Juan de

Torquemada, el agustino Juan de Grijalva y el dominico Dávila Padilla, y otros laicos, como el tlaxcalteca Muñoz de Camargo, el texcocano Fernando de Alva Ixtlilxóchitl y Baltasar Dorantes de Carranza. Varios de ellos se ocuparon de las antigüedades prehispánicas y de la historia de su época. A lo largo del siglo XVII continuaron las crónicas.

Fernando de Alva Ixtlilxóchitl fue gobernador de la república de naturales de Texcoco, Tlalmanalco y Chalco, intérprete del náhuatl y juez de indios. En las *Relaciones* recogió la historia del pasado prehispánico, especialmente la de Texcoco. También escribió *La historia de la nación chichimeca*, donde se ocupó de su bisabuelo Nezahualcóyotl, incorporando a la narración algunas imágenes bíblicas. Fue poeta y tradujo al español los poemas de Nezahualcóyotl. Murió en 1650.

La poesía se cultivaba desde finales del siglo XVI. Francisco de Terrazas escribió poesía lírica y épica, como en su obra inconclusa *Conquista y Nuevo Mundo*. Otro poeta épico fue Antonio Saavedra Guzmán. Poeta lírico lo fue Hernán González de Eslava, autor de unos *Coloquios*, así como el sevillano avecindado en México Mateo Rosas de Oquendo.

En la poesía destacó Bernardo de Balbuena, autor de la *Grandeza mexicana*, publicada en 1604, un extenso poema en tercetos en alabanza de la realidad mexicana; de la novela pastoril intitulada *Siglo de oro*, en la cual combina la prosa y el verso, y del poema épico *El Bernardo*.

Arias de Villalobos, autor de comedias y poeta oficial de la Ciudad de México, escribió un poema épico en 200 octavas, el *Canto intitulado Mercurio*, que se refiere a la Conquista.

Las obras de teatro, como comedias y loas, se escenificaban en espacios civiles, como en el Palacio Real o en los cabildos de las ciudades y, desde luego, en los colegios, especialmente los de los jesuitas. Además, había casas de comedias para ese fin. Allí aparecieron los primeros carteles en que se anunciaba a los autores españoles y mexicanos que se presentarían. Para las fiestas religiosas se representaban pequeñas obras llamadas "autos", como los de González de Eslava.

Uno de los autores más importantes fue Juan Ruiz de Alarcón, quien, habiendo nacido en Taxco y estudiado en la Universidad de México, escribió toda su obra en España. Llegó a ser uno de los

133

autores de comedia más sobresalientes de los Siglos de Oro, tan estimado como los españoles Lope de Vega y Tirso de Molina. Se dice que fue el más correcto de los autores teatrales de su época. Aunque los asuntos de sus comedias no son mexicanos, sino que se desarrollan en Madrid o en Salamanca, se ha insistido en su carácter "comedido" y en el "medio tono" que caracteriza sus obras, supuestamente rasgos mexicanos que lo diferenciaban de sus contemporáneos españoles. Tal vez su obra más importante fue *La verdad sospechosa*, modelo de comedia de enredos y de análisis psicológico. Su obra ejerció mucha influencia en autores de otros países, como Corneille y Goldoni.

La gran repercusión de la poesía culterana del poeta barroco cordobés Luis de Góngora se advierte sobre todo en los certámenes: en muchas ocasiones se glosaban sus poemas o los autores se inspiraban en su obra. La poesía conceptista del madrileño Francisco de Quevedo también tuvo gran influencia. Tanto en México como en España había rivalidad entre estas dos corrientes poéticas.

Juana de Asbaje, luego conocida como sor Juana Inés de la Cruz, nació en Nepantla, cerca de Chalco, en 1651, y murió en 1695. Desde niña se dedicó a la poesía y pronto alcanzó fama en la región de Chalco. Leía muchísimo porque tenía a su disposición la biblioteca de su abuelo, y también desarrolló una gran curiosidad científica. Fue a la Ciudad de México porque quería estudiar en la universidad, pero no aceptaban a mujeres. Estudió latín y su fama hizo que la llamaran al Palacio Real para ser interrogada por un grupo de 40 eruditos. La virreina, marquesa de Mancera, la tomó como dama de la Corte en 1665, y su fama creció. Poco después entró en el convento de Santa Teresa, para cambiarse luego a la orden de San Jerónimo, donde permaneció el resto de su vida. En el locutorio del convento la visitaban poetas, científicos como Carlos de Sigüenza, y sus dos amigas virreinas, las marquesas de Mancera y de la Laguna. Sor Juana admiraba la poesía de Luis de Góngora, pero también a poetas conceptistas como Quevedo. En México se publicaron algunos de sus textos, pero su obra reunida en tres tomos se editó en España, patrocinada por la virreina de la Laguna.

Su obra consta de poesía amorosa en diversos metros, como sonetos, romances y liras; de poemas filosóficos y villancicos religiosos; escribió poemas en español, latín y náhuatl. Escribió versos para los arcos emblemáticos en las fiestas de entrada de virreyes y arzobispos. Igualmente fue conocida por sus comedias, sobre todo por *Los empeños de una casa*, y por sus autos sacramentales, como *El Divino Narciso*, en el que hizo un elogio de la cultura prehispánica. También escribió obras de filosofía y teología y una larga carta autobiográfica llamada *Respuesta a sor Filotea de la Cruz*. Se ocupó de muchos temas e incluso de un tratado de música, que no se conserva. Uno de sus mayores poemas fue el *Primero sueño*, de casi mil versos, donde plantea que sólo mediante el sueño se puede alcanzar el conocimiento.

Otro poeta conocido fue Luis de Sandoval y Zapata, quien estudió en el Colegio de San Ildefonso a mediados del siglo XVII. Publicó varios textos y a menudo figuró en los certámenes literarios. Escribió una obra de prosa filosófica, *Panegírico de la paciencia*, y *La relación fúnebre a la infeliz, trágica muerte de dos caballeros*, conocida también como el *Romance a la degollación de los Ávila*. En este largo poema recuerda la conspiración contra la Corona española de los hermanos Ávila y su muerte, así como el exilio de Martín Cortés, hijo de Hernán Cortés. En dicha obra muestra un rasgo de criollismo al elogiar a los personajes mencionados.

Un personaje muy importante en las ciencias y las letras del siglo fue Carlos de Sigüenza y Góngora, que nació en 1645 y murió en 1700. Estudió en el colegio de Tepozotlán y luego en la universidad, de la que fue más tarde catedrático de matemáticas. Como ya se dijo, intervino en una polémica con Eusebio Kino acerca de la influencia de los cometas. También hizo un plan para la defensa del Golfo. En el motín de 1692 salvó del incendio los libros del cabildo y muchos otros documentos. Publicó profusamente sobre temas diversos, como la *Libra astronómica y filosófica*, de 1691. De historia escribió acerca de las relaciones de la Armada de Barlovento y del motín de 1692, ambas obras solicitadas por el rey. Llevó un diario del viaje geográfico de reconocimiento que hizo por mar a Panzacola, en la entrada del Río Sancto Spirito (ahora Mississippi), en Nueva Orleans. Además de sus estudios científicos, fue muy reconocido como poeta. Entre sus obras se encuentran *Oriental planeta*, referida a san Francisco Javier; la *Primavera indiana*; las *Glorias de Querétaro*, sobre la decoración del templo de Guadalupe, y el *Teatro de virtudes políticas*, un arco

simbólico en el cual habla de las virtudes de los reyes y empera-
dores aztecas. También escribió una novela, el *Infortunio de
Alonso Ramírez*, personaje de la realidad que viajó por muchas
partes. Fue muy amigo de sor Juana, a quien visitaba con frecuencia. También fue amigo de Fernando de Alva Ixtlilxóchitl, con quien
estudió la lengua náhuatl y la cultura prehispánica. Cuando murió
Ixtlilxóchitl le dejó sus obras a Sigüenza, quien a su vez las legó a
los jesuitas.

El siglo XVII empezó con dos grandes crisis: la de población y la
de minería. Hubo dificultades mayores como la defensa, los problemas internos entre autoridades y también despojos de tierras.
Pero después, a mediados del siglo se consolidó Nueva España,
conoció un momento brillante en la producción, el comercio, las
instituciones y la cultura. Nueva España ya era una sociedad nueva con sus propias necesidades y creaciones.

Bibliografía

AA. VV., *Historia general de México*, vol. 1, El Colegio de México,
México, 1994.
———, *Historia de México*, t. 5, Salvat, México, 1988.
———, *Historia gráfica de México*, t. 3, Instituto Nacional de An-
tropología e Historia/Patria, México, 1988.
Fernández, Martha, *Cristóbal de Medina Vargas y la arquitectu-
ra salomónica en la Nueva España durante el siglo XVII*, UNAM-
Instituto de Investigaciones Estéticas, México, 2002.
Manrique, Jorge Alberto, *Una visión del arte y de la historia*,
UNAM-Instituto de Investigaciones Estéticas, México, 2000.

VI. El virreinato de Nueva España en el siglo XVIII

Ernesto de la Torre Villar

1. La población

El siglo XVIII se caracterizó por una extraordinaria recuperación de la población y un dinámico mestizaje. El progresista virrey conde de Revillagigedo ordenó en 1790 el levantamiento de un censo o padrón que refleja esta situación. Los datos obtenidos nos ofrecen las siguientes cifras: seis millones de habitantes, concentrados en 30 ciudades, 95 villas, 4682 pueblos y 165 misiones. Además había muchos más habitantes, no considerados en el conteo, que vivían tanto en las llanuras del norte como en las selvas tropicales de los litorales y del sur.

Esta población era desigual en todo: en cuanto a su origen, su economía y su organización social, política y cultural. El centro del país era la zona más poblada, seguida por algunas otras del sur, como Oaxaca. De las 30 ciudades contabilizadas en el censo, había seis en la Intendencia de México, cinco en la de Puebla, tres en la de Guanajuato, dos en la de Guadalajara, Veracruz, Mérida, Valladolid y en el Nuevo Reino de León —esto es, en las Provincias Internas de Oriente y en las Provincias Internas de Occidente— y una en Durango y otra en Arizpe. Las ciudades más importantes eran México, Puebla, Valladolid, Guadalajara, Guanajuato, Veracruz, San Luis Potosí y Zacatecas.

Había cerca de un millón de criollos (18%) y alrededor de 50000 españoles peninsulares. Los indios sumaban cerca de tres millones y medio (60%); las castas, poco más de un millón (22%), y los descendientes de negros, aproximadamente unos 10000 (0.16%). Esta conformación demográfica podría representarse con una pirámide: en la cúspide se ubicaban los peninsulares y en la base la amplia gama de indígenas. La integración era producto de tres razas en estadios culturales diferentes y con una condición social diversa, basada más bien en la situación económica y cultural que en la procedencia racial.

Los españoles detentaban el poder político y manejaban buena parte de la riqueza del país. Además estaban ligados a los intereses económico-políticos de la metrópoli. El comercio y la agricultura eran sus renglones predilectos. Dominaban el Real Tribunal del Consulado y tenían fuertes intereses en la minería y algunas ramas industriales. En general, ocupaban los puestos más importantes de la administración civil y religiosa. Varias familias, por razones de linaje, riqueza y formación, habían obtenido algunos títulos de nobleza de los que se enorgullecían, distinguiéndose algunos por su posición económica e influencia política.

Descendientes de los españoles, los criollos poseían generalmente una mejor preparación cultural, un mayor apego a la tierra y un sentimiento intenso de nacionalidad. Sin embargo, algunos tenían en su contra la inconstancia y la ostentación, que disminuían aquellas cualidades. Varios llegaron a ocupar puestos de alta responsabilidad, aun en la Península española, como Manuel de Lardizábal y Orive. Otros se dedicaron a la agricultura, la ganadería y la minería.

Los mestizos que lograban asimilarse a la familia del padre podían destacar por su cultura y fortuna. Los que no tenían esa oportunidad descendían de categoría y se sumaban a las castas. El grupo de los mestizos cada día era mayor, más fuerte y adquiría una conciencia política más clara.

Los indígenas se encontraban por todo el país y su situación, en general, era penosa. Los que habitaban en el sur y el centro, que eran la mayoría, poseían una mayor coherencia social, producto de su tradición cultural y raigambre a la tierra; los del norte, salvo pocas excepciones, eran cazadores belicosos de tendencias nómadas y sin conciencia de que formaban parte de una organización estatal única. Pese a la tutela que ejercía el Estado sobre los indígenas, la pobreza de su economía era aflictiva. Habían sido despojados de la mayor parte de sus tierras y las que disfrutaban en común estaban mal trabajadas, sin posibilidades de mejoría técnica y bloqueadas por latifundios particulares y eclesiásticos, de los que no obtenían mayor beneficio.

La población carente de tierras se encontraba dispersa en el centro del país, en las cercanías de los centros mineros, siempre necesitados de numerosa mano de obra, así como en las zonas agrícolas productoras de maíz, trigo y frijol.

Muchos mestizos se establecieron en las regiones tropicales, donde se cultivaba arroz, caña de azúcar, café y cacao. El sureste contaba con pocos asentamientos de importancia y mantenía una población indígena que aún conservaba su lengua. La zona de Yucatán y Campeche, alejada del centro, se administraba con dificultades, y la población indígena todavía estaba dominada por la esclavitud. Los grupos de Campeche y Yucatán a menudo tenían más relación con Cuba que con el centro del país, y aunque existía la división de reinos que marcó la primitiva distribución del territorio, se sentía más la presencia de las intendencias que en otras partes del virreinato.

Las castas, que representaban el escalón más bajo de la sociedad, tenían escasas posibilidades de mejoría y sus derechos eran casi nulos. Sin cultura y con una economía muy débil, dependían por completo de las clases dirigentes. Éstas siempre las consideraron un peligro y les atribuyeron un carácter osado y levantisco.

2. Autoridades civiles y eclesiásticas

El siglo XVIII contó con un mejor elenco de virreyes que los siglos anteriores. Ellos mejoraron la administración y utilizaron las rentas del Estado para la ejecución de importantes obras públicas que el país requería; fundaron instituciones sociales, políticas y económicas sobresalientes y mejoraron la seguridad pública.

El primer virrey de ese siglo fue Francisco de la Cueva Enríquez (1702-1711), quien reprimió a sangre y fuego la sublevación de los pimas en la Nueva Vizcaya y desalojó a ingleses y franceses de las costas novohispanas. Fernando de Alencastre Noroña y Silva (1711-1716) construyó el acueducto de los Arcos de Belén hasta el Salto del Agua y estableció el Tribunal de la Acordada. Lo siguió Baltasar de Zúñiga Guzmán (1716-1722), durante cuyo gobierno Juan Ignacio María de Castorena publicó el primer periódico de Nueva España (1722). Juan de Acuña y Manrique (1722-1734) fue un buen administrador que logró el sometimiento definitivo de Nayarit y construyó la Aduana y la Casa de Moneda. En contraste, durante el gobierno de su sucesor, Juan Antonio de Vizarrón y Eguiarreta

(1734-1740), se sufrió la terrible epidemia de matlalzáhuatl, que mató a un elevado número de indígenas. Pedro de Castro y Figueroa (1740-1741) mejoró las minas de Zacatecas y mandó limpiar y profundizar el canal del puerto de Veracruz. Pedro Cebrián y Agustín (1742-1746) reparó el acueducto que iba de Chapultepec al Salto del Agua, así como la calzada de San Antonio Abad, que databa del tiempo de los aztecas. A finales de su gobierno, en 1746, el geógrafo José Antonio Villaseñor y Sánchez publicó su *Teatro Americano*.

Francisco de Güemes y Horcasitas (1746-1755) fue un gran impulsor de la minería, pues fundó en Pachuca el primer banco de avío para su desarrollo, al que seguirían varios más. Siguiendo el ejemplo de su antecesor, Agustín de Ahumada y Villalón (1755-1760) se mostró también como un gran promotor de la minería. Como nota curiosa puede agregarse que durante su gobierno, en 1759, nació el volcán Jorullo. En la misma vena, Francisco Cajigal de la Vega (1760) declaró libre el comercio del hierro y el acero a fin de seguir impulsando la minería.

Al año siguiente, ya en la administración de Joaquín de Monserrat (1760-1766), sobrevino una grave epidemia de viruela. En 1762 estalló de nuevo la guerra contra Inglaterra; los ingleses devolvieron La Habana a cambio de Panzacola y se posesionaron definitivamente de Belice. Durante el periodo de Carlos Francisco de Croix (1766-1771) se llevó a cabo la expulsión de los jesuitas de todos los dominios españoles. Dos años después se estableció la Lotería de Nueva España.

Durante el periodo de Antonio María de Bucareli y Ursúa (1771-1779) se inauguró el Montepío (1775) y se inició el libre comercio entre España y las Indias (1779). Martín de Mayorga (1779-1783), por su parte, atestiguó una nueva epidemia de viruela que provocó numerosas muertes. En el último año del virreinato de Matías de Gálvez (1783-1784) se editó nuevamente la *Gaceta de México* y se fundó la Academia de Bellas Artes. Su sucesor, Bernardo de Gálvez (1785-1786), reedificó el Castillo de Chapultepec y dio inicio a la construcción de las torres de la catedral de la Ciudad de México. Alonso Núñez de Haro y Peralta (1787) fundó el Jardín Botánico y pretendió establecer un juzgado de indios que facilitara la sustanciación de sus causas.

Manuel Antonio Flores (1787-1789) dio un paso importante al reorganizar la milicia en Nueva España, pero Juan Vicente de

Güemes Pacheco de Padilla y Horcasitas (1789-1794) es a quien debe considerarse uno de los grandes virreyes, pues fomentó las investigaciones, abrió escuelas gratuitas, integró el Colegio de Minería, ordenó los archivos, levantó planos de las ciudades y construyó caminos. Miguel de la Grúa Talamanca Branciforte (1794-1798), por su parte, pidió al escultor Manuel Tolsá que realizara la famosa estatua ecuestre de Carlos IV. En 1800, ya como virrey Miguel José de Azanza (1798-1800), se descubrió la conspiración conocida como "de los machetes". Félix de Berenguer de Marquina (1800-1803) presenció la rebelión en Nayarit (1802), en la sierra de Tepic, del indio Mariano, y la del indio Pedro Martín en Teocelo, cerca de Jalapa. José de Iturrigaray (1803-1808) convocó a una junta en la Ciudad de México en la cual se plantearon temas sobre la autonomía de la Nueva España. Pedro Garibay (1808-1809), en cambio, decretó la prisión y el destierro de los precursores de la Independencia Francisco Primo Verdad y Ramos, Melchor de Talamantes y Juan Francisco de Azcárate, entre otros. Como consecuencia, Francisco Javier de Lizana y Beaumont (1809-1810) creó varios cuerpos de milicia con el fin de pacificar el virreinato y evitar su desmembramiento.

Los gobiernos de los últimos virreyes Francisco Xavier Venegas (1810-1813), Félix María Calleja del Rey (1813-1816), Juan Ruiz de Apodaca (1816-1821) y Juan O'Donojú (1821) corresponden al periodo de la lucha por la independencia.

Paralelamente al gobierno virreinal había otro poder conformado por el clero. Las órdenes religiosas se habían expandido por casi todo el territorio novohispano. Como ya se mencionó, los franciscanos ocupaban el centro del país y el norte, a partir de la zona del Bajío. Los dominicos estaban establecidos en el sur y el centro de la Nueva España, y los agustinos ocupaban parte del centro. Los jesuitas misionaban en la zona septentrional, habitada por indígenas indómitos: yaquis, mayos, tarahumaras y otros grupos denominados "chichimecas".

El clero secular creó doctrinas en varios lugares y se ocupó de la evangelización y educación de los indígenas. Los colegios apostólicos fueron instituidos por los franciscanos para la formación de su propio personal. Los jesuitas continuaron su labor educativa y manejaron los mejores colegios de México, Puebla, Michoacán, Durango y Guadalajara. Además de adoctrinar a la población indígena, los colegios formaban a miembros de la clase media para ocupar puestos en la congregación, así como en muchos otros oficios requeridos por la administración religiosa y civil. Un centro educativo importante fue la Universidad de Guadalajara, fundada en este siglo.

La labor educativa y misional de los jesuitas quedó truncada con su expulsión en 1767. La extinción de la Compañía en el Imperio español se debió en buena medida a la influencia de las ideas anticlericales de la Ilustración. En Nueva España hubo resistencia civil y rebeliones por este hecho.

La defensa del reino, que había estado a cargo de los gobernadores de las provincias, fue confiada al ejército virreinal que se había establecido hacia 1765, en el que ocuparon un lugar prominente algunos criollos y mestizos que desempeñaron un papel importante en los movimientos revolucionarios de principios del siglo XIX.

3. Ilustración y reformas borbónicas

La Ilustración impulsó la creación de centros culturales como las academias y los institutos y colegios especializados. En México se fundaron instituciones que favorecieron la minería y la agricultura, como el Real Colegio de Minas y la Administración de Fomento, que apoyó el sistema de trabajo en el campo. Se implantaron nuevos cultivos y se promovieron otros para la producción de frutos muy estimados, como el cacao, la vainilla, la grana y el henequén.

Dentro del palacio virreinal fue establecido un jardín botánico donde se hicieron experimentos para aclimatar diversas variedades de plantas. Viajeros destacados, como el barón de Humboldt, subrayaron la importancia de las plantas tanto por su valor nutricional como por su interés para la ciencia. De América del Sur se trajo la quina, que tanta utilidad tuvo, y al tabaco se le dio gran impulso con el establecimiento del estanco del tabaco mediante el cual la Corona monopolizó su venta.

Para el desarrollo de las artes se estableció la Academia de Bellas Artes y más tarde la Academia de la Lengua. Sin embargo, la institución de mayor auge fue el Real Seminario de Minería, cuyo nivel académico mejoró con la incorporación de científicos europeos.

La construcción experimentó un gran auge. Se terminaron de levantar las catedrales de México, Puebla, Guadalajara y Oaxaca, entre otras, y se abrieron caminos que cruzaron el país de mar a mar, como los de Veracruz y Acapulco, además de los que iban hacia el norte, a Santa Fe, y al sur, que no fue tan favorecido. Puertos como los de Veracruz y Acapulco aumentaron su importancia, y se construyeron nuevos, como los de San Blas, Manzanillo, Guaymas, Topolobampo, La Paz y San Diego.

Durante este periodo mejoró la asistencia pública. Se fundaron más hospitales, dirigidos principalmente por los juaninos, y centros de atención que se ocupaban de la curación de las bubas (sífilis). Asimismo, la Corona impulsó el envío de misiones sanitarias, como la que trajo la implantación de la vacuna para contener las epidemias de viruela. Se abrieron nuevas casas para dementes y colegios especiales dedicados a las mujeres, como los de la Enseñanza y Vizcaínas, y otros, como el de Niñas, encargados de la educación de las mestizas, así como algunos más que sirvieron para atender a las mujeres de "mala conducta".

En el terreno de las ideas hubo una mayor apertura. La sociedad se dinamizó por las revoluciones ocurridas en Estados Unidos y Francia y por el arribo de extranjeros y, con ellos, de modas y costumbres novedosas, algunas un tanto extravagantes. Se empezaron a crear salones a la usanza europea donde las clases aristocráticas se reunían en tertulias, unas políticas y económicas y otras de puro chismorreo.

Aun el clero modificó su forma de vida y tuvo mayor libertad. El alto clero, el que ocupaba los puestos de arzobispo, obispo y canónigos, lo conformaban principalmente españoles, pero los criollos pronto empezaron a figurar en puestos de poder. La Inquisición misma pasó por alto muchas denuncias en torno de supuestas herejías e ideas políticas. A finales del siglo había algunos eclesiásticos que ya contaban con una conciencia nacional, en su mayoría curas y doctrineros que atendían las poblaciones marginales.

En algunas ciudades principales se habían abierto coliseos y sitios de espectáculos en los que se representaban las obras de los autores españoles y de alguno que otro americano. Había corridas de toros y peleas de gallos. El pulque y el alcohol eran la base de una embriaguez solapada por las autoridades, pues los productos se encontraban en manos de personajes importantes que habían formado haciendas muy productivas. Había sitios de recreación pública a los que acudían las clases medias, y barrios con diversiones no muy moderadas.

La inexistencia de mercados fijos era normal, pues aunque la venta de mercancías se hiciera en tianguis populares, donde se expendía toda clase de alimentos vegetales y animales, había también fondas que servían comidas y locales con mercancías de muy diversos tipos y orígenes. Para el comercio menor, la sociedad se servía en gran medida de estos tianguis. Almacenes más grandes, situados en algunas ciudades, vendían especias diversas, chiles de todos colores y sabores, pescado y carne, y toda clase de ingredientes que enriquecían la comida. La bien organizada fabricación del pulque permitía que su venta fuera un buen negocio. De las tierras calientes próximas subía el alcohol (chinguirito) con el que el pueblo saciaba su sed. Las clases altas comían abundante y diversificadamente y, a veces, en demasía.

Las familias eran prolijas en descendencia y, pese al orden monogámico que promovía la Iglesia, el concubinato y las uniones libres abundaban.

La sociedad se inclinaba tanto por las ceremonias civiles como por las religiosas. La existencia de santuarios, principalmente marianos, originaba fiestas y regocijos múltiples. En la Ciudad de México, los santuarios más importantes eran el de Nuestra Señora de Guadalupe y el de Nuestra Señora de los Remedios. En Tlaxcala estaba el Santuario de Ocotlán, y también había santuarios de importancia en San Juan de los Lagos, Zapopan y Oaxaca, por mencionar sólo unos cuantos. Muchos de estos santuarios servían como base a ferias comerciales. Era frecuente que el comercio guardara una fuerte relación con las fiestas religiosas.

La Ilustración asimismo se manifestó en la arquitectura y el arte. Se comenzaron a construir edificios neoclásicos, como el Real Seminario de Minería, el templo de Loreto en México y el del Carmen en Celaya. La pintura dejó de enfocarse preponderantemente en temas religiosos y comenzó a abordar nuevos géneros como el paisajismo y la naturaleza muerta.

La sociedad novohispana no sólo se informó de las transformaciones sociales y políticas ocurridas en otros lugares, sino que absorbió inteligentemente los cambios de las nuevas corrientes del pensamiento. Se había llegado a una madurez y apertura intelectual. Las bibliotecas de instituciones civiles y religiosas se llenaron de obras diversas que motivaron a juristas, eclesiásticos y científicos a comunicarse con los pensadores europeos, solicitándoles información y dando lugar a polémicas dignas de atención. Un miembro del Colegio del Espíritu Santo, de Puebla, tenía intensa e importante correspondencia con el filósofo europeo Athanasius Kircher, a quien le solicitaba libros e incluso instrumentos científicos. Muchas obras magnas del pensamiento ilustrado europeo influyeron en el ideario hispanoamericano. Éste fue el caso de la biblioteca, como se les llamaba entonces a las bibliografías, de Nicolás Antonio *(Nova y Vetus)* que exaltaba el valor del pensamiento. Un rector de la Universidad Real y Pontificia, Juan José de Eguiara y Eguren, versado en todo saber, emprendió la titánica labor de redactar una *Biblioteca mexicana*, obra de gran trascendencia y la primera que representa una reflexión acerca de toda la cultura mexicana, desde el mundo prehispánico hasta mediados del siglo XVIII, pues se publicó en 1775. El cuerpo de la *Biblioteca* es un detallado índice biobibliográfico en el que Eguiara y Eguren dejó constancia de las personalidades más destacadas de Nueva España. Su obra puede considerarse un complemento de la historia mexicana elaborada por fray Bernardino de Sahagún y una base firme de la *Historia antigua de México*, del abate Francisco Javier Clavijero.

Además de esta obra representativa del intelecto en Nueva España, hubo muchas otras que han dejado constancia de la grandeza del pensamiento novohispano. A finales del siglo se produjeron en México cambios profundos que darían paso a un nuevo país, independiente, problemático y lleno de expectativas.

Bibliografía

Aguado Bleye, I., y Cayetano Alcázar Molina, *Manual de historia de España*, 2 vols., Espasa-Calpe, Madrid, 1956.

Alamán, Lucas, *Historia de Méjico*, 3ª ed., 5 vols., Jus, México, 1986.

Bravo Ugarte, José, *Historia de México*, 3 vols., Jus, México, 1946.

Bustamante, Carlos María, *Cuadro histórico de la Revolución de la América Mexicana*, 5 vols., México, 1843.

Mora, José María Luis, *México y sus revoluciones*, 3 vols., Porrúa, México, 1965.

Rubio Mañé, José Ignacio, *Los virreyes de la Nueva España*, UNAM, México, 2004.

Torre Villar, Ernesto de la, *La Independencia de México*, FCE, México, 2007.

Wobeser, Gisela von, *Dominación colonial. La consolidación de Vales Reales, 1804-1812*, UNAM-Instituto de Investigaciones Históricas, México, 2003.

Zavala, Lorenzo de, *Ensayo histórico de las revoluciones de México desde 1808 hasta 1830*, FCE, México, 1985.

VII. La Independencia (1808-1821)

Virginia Guedea

El proceso por el que Nueva España se convirtió en el México independiente forma parte de procesos históricos más amplios. Por un lado, constituye el inicio de la formación del Estado nacional mexicano, que abarca buena parte del siglo XIX. Por el otro, es parte de lo que conocemos como la revolución hispánica, que al tiempo que llevó a España a convertirse en un Estado moderno provocó la desintegración de su imperio, habida cuenta de que no sólo Nueva España se independizó de la metrópoli, sino que también lo hicieron casi todos los territorios españoles de América.

1. La ruptura del pacto colonial (1808)

A lo anterior se añade que la emancipación fue, más que otra cosa, un proceso de índole política, ya que tuvo como eje fundamental la lucha por el poder. Así, fue la crisis política de 1808, originada en el centro mismo de la monarquía española y que repercutió en todos sus dominios, la que motivó su inicio. Al tiempo que se daba un serio enfrentamiento entre el rey Carlos IV y su hijo Fernando, heredero del trono, la Península fue invadida por las tropas francesas con el pretexto de pasar a someter a Portugal por no haber aceptado participar en el bloqueo continental impuesto por Napoleón Bonaparte a Inglaterra. Todo ello llevó a que en marzo de 1808, a consecuencia de un motín popular ocurrido en Aranjuez y provocado por el rumor de que la familia real española saldría rumbo a América, como lo había hecho ya la portuguesa, el rey abdicara en favor del príncipe de Asturias. A principios de mayo, buscando dirimir sus diferencias, Carlos y

Fernando salieron de España con el resto de la familia real para entrevistarse en Bayona con Napoleón, donde ambos abdicaron en su favor, y éste, a su vez, cedió la corona de España e Indias a su hermano José.

Al desaparecer con estas renuncias la base de legitimidad en que se sustentaba toda la organización política de la monarquía española, el pueblo español, en defensa de su rey, de su patria y de su religión, se levantó en armas contra los invasores y decidió tomar el gobierno en sus manos. A partir de entonces, y con la participación popular, se crearon nuevas instituciones de gobierno en la Península, como las juntas gubernativas, movimiento que partió de las localidades, buscó luego conformar gobiernos provinciales y más tarde pretendió incluir a todos los dominios de España.

La respuesta de la América española ante la crisis peninsular se expresó en un principio de manera semejante, como semejantes lo eran sus circunstancias ante la metrópoli. Así, se decidió también actuar en defensa del rey, de la patria y de la religión, e igualmente se pretendió establecer juntas de gobierno. Pero los intereses autonomistas que habían surgido o se habían fortalecido como resultado de las reformas borbónicas comenzaron a condicionar las respuestas de los americanos, por lo que acabó por darse una diversidad en ellas.

En Nueva España sucedió algo que no ocurrió en otros dominios españoles: la ruptura del pacto colonial. La crisis parecía ofrecer una oportunidad tanto de revertir los cambios ocurridos con motivo de las reformas borbónicas —que habían marginado a los americanos del gobierno de Nueva España para conseguir una mayor y más eficiente explotación— como de exigir igualdad con la metrópoli. Se manifestaron entonces los intereses autonomistas, cuyo portavoz fue el Ayuntamiento de México, el cual propuso establecer una Junta de Gobierno novohispana, y para justificarla utilizó los argumentos tanto de los peninsulares en su lucha contra los franceses como los de los ayuntamientos de otras regiones frente a la metrópoli. El Ayuntamiento sostuvo que siendo la Nueva España un reino incorporado por conquista a la Corona de Castilla, al faltar el monarca la soberanía se encontraba representada en todo el reino, en particular en los tribunales superiores que lo gobernaban y en los cuerpos que llevaban la voz pública, por lo que propuso que se estableciera una junta de autoridades mientras se reunían unas Cortes novohispanas. Este discurso, sustentado en ordenamientos legales vigentes, aunque en desuso desde hacía mucho tiempo, pareció muy peligroso a las autoridades superiores del virreinato, en particular a la Audiencia de México, por considerar que amenazaba sus posiciones de poder.

Se manifestaron, entonces, los intereses que podemos calificar como metropolitanos, defendidos por los españoles europeos directamente vinculados con la metrópoli. Su portavoz fue la Audiencia de México, que se ocupó de justificar la condición colonial de los dominios americanos y su total sometimiento a la Península. Ante este enfrentamiento, la élite novohispana, tanto criolla como peninsular, unida después de que la consolidación de los Vales Reales afectara por igual a ambos, se dividió y, al hacerlo, dividió a toda la sociedad del virreinato.

2. Los caminos del descontento (1808-1810)

Las inéditas circunstancias por las que atravesaban tanto la monarquía española como la misma Nueva España abrieron nuevas posibilidades de manifestarse a los novohispanos. Algunas surgieron dentro del sistema por los cambios habidos en la metrópoli, donde los liberales lograron tomar la iniciativa en el proceso, que por entonces se efectuaba, de reorganización de todo el sistema político de la monarquía española, que llevó, primero, a establecer una Suprema Junta Central Gubernativa del Reino, luego una Regencia, más tarde unas Cortes Generales y Extraordinarias y, finalmente, a que se promulgara una Constitución para toda la monarquía.

La elección de un representante de la Nueva España ante la Suprema Junta Central en 1809 constituyó la primera oportunidad que tuvieron los novohispanos de participar en este proceso de reorganización política. Además, la representación americana en el máximo órgano del nuevo gobierno metropolitano vino a avalar en cierta forma las pretensiones de los americanos de que el virreinato fuera parte integrante de la monarquía, mientras que al quedar el proceso electoral a cargo de los ayuntamientos se reivindicó en buena medida la institución municipal, vapuleada por el golpe de Estado. En 1810 se dio otra oportunidad, y de mayor importancia, al elegirse representantes ante las Cortes Extraordinarias, proceso que de nueva cuenta estuvo a cargo de los ayuntamientos.

Fuera del sistema, sin embargo, surgieron también posibilidades de acción, lo que fue tanto o más decisivo. Al recurrir a la fuerza, los defensores de los intereses metropolitanos habían hecho que la violencia apareciera como una alternativa viable para los descontentos novohispanos. Al cobijo de las tertulias y otros espacios de sociabilización que brindaban las ciudades y poblaciones del virreinato, se organizaron conspiraciones para derrocar el régimen colonial, cuyos repetidos fracasos dieron lugar a la aparición de grupos secretos. Así, fueron los sectores urbanos los que tomaron, en una primera instancia, la iniciativa, como ocurrió en Valladolid, donde se descubrió una conspiración en septiembre de 1809.

La represión que ejercieron las autoridades virreinales en contra de toda manifestación de descontento llevó a que la postura de los defensores de la condición colonial y la de los autonomistas, quienes con el paso del tiempo se convertirían en independentistas, se polarizaran y se radicalizaran todavía más. Estas posturas, es necesario aclarar, fueron las extremas, pues entre una y otra hubo toda una gama de posiciones intermedias que no siempre fueron asumidas de manera continua, lo que muestra cuán rica y compleja fue la vida política de Nueva España durante esos años.

3. La insurgencia (1810-1814)

En septiembre de 1810 una nueva conspiración urbana, que surgió en Querétaro y otros puntos del Bajío y que estuvo vinculada con la de Valladolid, abrió la vía de la lucha armada.

La insurrección encabezada por Miguel Hidalgo, al carecer en un principio de planes definidos, no convenció a todos los novohispanos, principalmente a los grupos que conformaban los niveles más altos de la sociedad, pero obtuvo una respuesta muy rápida de otros sectores de la población, en particular de los estratos socioeconómicos de menor nivel. Se dieron entonces interesantes contradicciones dentro de la misma insurgencia. Las propuestas de sus dirigentes de combatir al mal gobierno y defender al reino, al rey y a la religión, así como de abrir espacios para la participación de los americanos en la toma de decisiones, fueron reivindicaciones autonomistas de tradición criolla. Una de ellas, constante durante todo el proceso, fue el establecimiento de una Junta de Gobierno, esa institución tan deseada desde 1808 por los americanos descontentos. Pero al lado de estas reivindicaciones políticas encontramos las reivindicaciones sociales de los sectores que formaron el grueso de las filas insurgentes, campesinos y trabajadores, o los marginados de toda clase y condición, como la tenencia de la tierra o del agua y las condiciones de trabajo, y todo ello impuso al movimiento armado características muy propias, las de una insurrección netamente popular.

Hubo también importantes diferencias regionales, pues la insurgencia fue en muchos casos una respuesta a la problemática particular de localidades y provincias, por lo que se dio de manera un tanto aislada y bastante autónoma en diversas zonas de Nueva España. Surgieron, en realidad, varias insurgencias no siempre vinculadas entre sí, lo que dificultó el establecimiento de un centro común que coordinara a todos los insurgentes. Lo anterior llevó a que la realidad de la insurgencia, sobre todo en sus inicios, fuera de violencia, desorden y ruptura en todos los órdenes, lo que le enajenaría el apoyo de muchos de los descontentos con el régimen colonial.

En contraste, la respuesta de las autoridades del virreinato a la insurgencia fue una sola. Rápidamente organizaron a las fuerzas armadas bajo su control, y para ello contaron con un verdadero ejército, a diferencia de las casi siempre desordenadas y mal armadas tropas insurgentes, que sólo en algunos casos, como el de Ignacio Allende, contaron con jefes militares entrenados y capacitados. Además, las autoridades coloniales y sus defensores, en particular Félix María Calleja, el militar más destacado de las filas realistas, se percataron de la necesidad de crear cuerpos locales para enfrentar un movimiento que se daba al mismo tiempo en diversos puntos del territorio, por lo que se recurrió al sistema preborbónico de las milicias locales. Con estas medidas lograron importantes victorias sobre los insurgentes, como las conseguidas en San Jerónimo Aculco, Guanajuato y Puente de Calderón, que obligaron a los insurgentes a huir hacia el norte, y finalmente tomaron prisioneros a sus principales dirigentes apenas seis meses después de iniciado el movimiento.

Pero el estado de guerra afectó seriamente la forma de vida de los novohispanos, en particular en las zonas donde se dio la lucha armada. Ésta fue sangrienta y destructiva a pesar de las pocas armas de fuego con que se contaba, y provocó una gran mortandad tanto de combatientes como de la población en general, además de que ambos contendientes arrasaron campos y quemaron haciendas y poblaciones. Asimismo la guerra provocó que se deteriorara aún más la economía novohispana, tan vulnerada ya por el envío de dinero a la Península, y que las redes comerciales se vieran seriamente alteradas, por lo que los partidarios de uno y otro bando tuvieron que establecer nuevas formas de comerciar.

Por otra parte, la contrainsurgencia se ocupó también de sofocar las manifestaciones de descontento utilizando todos los recursos a su alcance; entre ellos, uno muy importante, el de la religión, pues el alto clero, aliado del régimen colonial, se ocupó de lanzar contra los insurgentes anatemas y excomuniones, que si bien fueron perdiendo eficacia —entre otras cosas porque el bajo clero en no pocos casos apoyó la insurgencia—, dejaron sentir su efecto en buena parte de los novohispanos.

Otro problema al que se enfrentó el movimiento insurgente fue la dificultad para establecer relaciones con el exterior y conseguir auxilio de otros países. A pesar de los esfuerzos de varios jefes en este sentido, no se obtuvo apoyo alguno digno de consideración, salvo en el caso del norte del virreinato, donde el auxilio conseguido en Estados Unidos llevó no sólo a la entrada en territorio novohispano de un ejército expedicionario compuesto en su mayoría por estadounidenses, sino también al establecimiento de una Junta de Gobierno en San Antonio Béjar, que, además de redactar una Constitución para la provincia de Texas, declaró su independencia en abril de 1813, seis meses antes que el Congreso de Chilpancingo, en un documento que mucho refleja el discurso utilizado por Estados Unidos en su propia acta de independencia y que en buena manera prefiguró el futuro de la región.

Para resolver los problemas que presentaba la insurgencia, varios de sus dirigentes, en particular Ignacio López Rayón primero y poco después José María Morelos, buscaron la manera de convertirla en un movimiento integral y organizado. Para ello comenzaron a buscar, y a conseguir, el apoyo de los descontentos que se encontraban en regiones controladas por el régimen colonial. Lograron así hacerse de una imprenta, con lo que pudieron dar a conocer sus propuestas (y defenderse de los ataques de un régimen que hasta entonces controlaba todas las prensas) a través de distintos, aunque efímeros, periódicos insurgentes. Asimismo, lograron que se les unieran profesionistas preparados, sobre todo abogados, cuya participación fue muy importante para organizar políticamente el movimiento.

Se ocuparon también, y esto resulta de mayor importancia, de crear un gobierno alterno. Desde abril de 1811 Ignacio López Rayón se propuso establecer una Junta de Gobierno que debía coordinar las actividades militares de los insurgentes. Así, el 19 de agosto de ese mismo año se erigió en Zitácuaro la Suprema Junta Nacional Americana, cuya acta constitutiva señalaba que su propósito era cumplir con las ideas de Hidalgo y demás iniciadores de la insurgencia y que respondía a un deseo general de pueblos y habitantes, tropas y oficiales. Si bien se estableció en nombre de Fernando VII, con lo que no se rompían los lazos con España, su instalación derivó de un pacto celebrado por la nación misma a la que pretendía representar, como se puede ver por los *Elementos Constitucionales* que poco después elaboró Rayón. La Junta debía quedar integrada por cinco individuos nombrados por los representantes de las provincias, de los que se eligieron primero tres: el propio Rayón, José Sixto Verduzco y José María Liceaga. Para ello se hizo una amplia consulta que incluyó a los partidarios del movimiento que se encontraban en zonas controladas por el régimen colonial y se llevó a cabo un proceso electoral en el que participaron 13 jefes insurgentes.

La Suprema Junta enfrentó diversos problemas. Además de estar en la mira de las autoridades novohispanas, sus tres vocales originarios, nombrados también capitanes generales, tuvieron que separarse para hacer frente a las fuerzas del régimen colonial en distintos puntos, por lo que comenzaron a surgir divisiones entre ellos, que aumentaron hasta convertirse en un claro enfrentamiento. Así, la insurgencia no logró contar con un verdadero centro común, a pesar de que José María Morelos, quien poco después fue nombrado tanto su cuarto vocal como capitán general, se esforzó por terminar con las diferencias entre sus colegas. Este enfrentamiento, así como el aumento en la extensión de los territorios bajo control insurgente por los éxitos militares de Morelos, llevó a éste a sustituir la Junta por un Congreso en el que hubiera una mayor representación de las provincias insurgentes, representación que debía ser elegida por sus pueblos.

A mediados de 1813 Morelos convocó a extensos y largos procesos electorales en los territorios controlados por los insurgentes: Tecpan, Veracruz, Puebla, México y Michoacán. No lo hizo en Oaxaca, ya que el quinto y último vocal de la Suprema Junta, que acababa de ser electo por dicha provincia, se convirtió en el primer diputado del nuevo Congreso. Para algunos de estos procesos se utilizó el modelo que habían establecido poco antes las Cortes de Cádiz, mientras que para otros se tomaron en cuenta las variadas formas de organización política y social que existían en las distintas regiones. Todos ellos resultan de gran interés porque, independientemente del éxito que tuvieron y de las diferencias que presentaron, se dio en ellos la participación de grandes sectores de la población.

Establecido en Chilpancingo en septiembre de 1813, el Supremo Congreso Nacional Americano constituyó un verdadero órgano de gobierno alterno. Quedó integrado por los representantes de distintas provincias, que abarcaban un vasto territorio, y concentró en sí los poderes, cuyo ejercicio debía dividir y coordinar. Se ocupó entonces de confirmar al Poder Ejecutivo, que se encargaría de coordinar las actividades militares, y al Judicial, escogidos ambos mediante sendos procesos electorales en los que tomaron parte individuos y corporaciones de distintas regiones novohispanas. Además, el 6 de noviembre de 1813 el Supremo Congreso emitió un acta en la que finalmente se declaraba la independencia frente a España. Se ocupó, asimismo, de constituir la nueva nación, para lo cual elaboró, después de una amplia consulta, una Constitución: el Decreto Constitucional para la Libertad de la América Mexicana, proclamado en Apatzingán en octubre de 1814. Pero el establecimiento del Supremo Congreso no resolvió totalmente los conflictos surgidos desde hacía tiempo entre los principales dirigentes de la insurgencia y tampoco logró coordinar del todo a los diversos grupos insurrectos, todo lo cual afectaría gravemente a la insurgencia.

4. El primer régimen constitucional (1810-1814)

Al mismo tiempo que se daba el movimiento insurgente, un nuevo orden político se estableció en España, donde se habían logrado erigir unas Cortes Generales que representaban a toda la nación española y que en marzo de 1812 promulgaron en Cádiz la Constitución Política de la Monarquía Española, que reconocía que la soberanía residía esencialmente en la nación y que ésta era la única con derecho a establecer sus leyes fundamentales. Con su promulgación en la Nueva España, en septiembre de 1812, se abrieron opciones de acción política dentro del sistema colonial que resultaron muy importantes, tanto por permitir la participación de grandes sectores de la población como porque con ellas disminuyó la importancia que la insurgencia había alcanzado como alternativa para el descontento. Además, la libertad de imprenta, decretada desde antes por las Cortes y refrendada por la Constitución, permitió la crítica abierta al sistema colonial.

La reorganización del sistema político español debía darse en tres niveles: en el local, mediante el establecimiento de ayuntamientos provinciales; en el regional, con la instalación de diputaciones provinciales, y en el imperial por medio de las Cortes, y la integración de estas instituciones debía llevarse a cabo mediante sendos procesos electorales. Los procedimientos establecidos para celebrarlos fueron, además de indirectos, largos y complejos. En el caso de los ayuntamientos constitucionales se procedería en dos etapas; primero debían elegirse electores parroquiales, y éstos, a su vez, debían designar a los nuevos alcaldes, regidores y síndicos. El grado de complejidad aumentaba para la designación de diputados a las Cortes y de diputaciones provinciales, pues las elecciones debían hacerse primero por parroquias, después por partidos y, finalmente, por provincias. Si bien la Constitución sólo otorgaba la ciudadanía a los españoles, tanto europeos como americanos, y a los indios, ya que excluía a los originarios de África y con ellos a las castas, en la Nueva España hubo una amplia participación de grandes sectores populares en la primera etapa de todos estos procesos, entre otras cosas porque no siempre resultaba fácil distinguir quién tenía sangre negra y quién no.

El establecimiento de ayuntamientos constitucionales permitió la manifestación de los intereses autonomistas y el fortalecimiento de los grupos locales, pues las poblaciones de más de 1 000 habitantes debían contar con esta institución. De tal manera, fueron numerosos los procesos electorales llevados a cabo en muchas de las ciudades, poblaciones y villas del virreinato. Un interesante ejemplo es el celebrado en la Ciudad de México en noviembre de 1812 para designar a los electores de su Ayuntamiento Constitucional, en el que tomaron parte grandes sectores de la población capitalina, incluidos los indígenas de las parcialidades de San Juan Tenochtitlan y de Santiago Tlatelolco, y no pocos individuos pertenecientes a las castas. Además, las elecciones resultaron muy desfavorables al régimen colonial, ya que todos los electos fueron americanos, muchos de ellos conocidos por su desafecto al sistema o francamente pro insurgentes, por lo que sus triunfos se celebraron con grandes muestras de regocijo popular durante casi dos días. No obstante que las cosas no pasaron a mayores, el virrey decidió suspender tanto la libertad de imprenta como el proceso electoral capitalino, que se reanudaría en abril de 1813, y sólo después de que Francisco Xavier Venegas dejara el cargo de virrey y fuera sustituido por Félix María Calleja.

En el nivel regional, articuló los intereses la Diputación Provincial, institución promovida en las Cortes por varios diputados americanos, entre los que destacaron los novohispanos Miguel Ramos Arizpe y José Miguel Guridi y Alcocer. Si bien no pudieron establecerse en las seis regiones en que para ello se dividió la Nueva España, y aunque las establecidas funcionaron por poco tiempo en el primer periodo constitucional —esto es, de 1812 a 1814—, las diputaciones provinciales permitieron la participación de grandes sectores de la población en la primera etapa del proceso electoral que debía llevarse a cabo para su instalación. Y ocurrió lo mismo en cuanto a la elección de los diputados que debían representar a la Nueva España en las Cortes, porque en su primera etapa debía correr pareja con la elección de los miembros de las diputaciones provinciales.

Los procesos electorales fueron aprovechados por los autonomistas para promover sus intereses, así como por los descontentos con el régimen para manifestar su inconformidad. Por ello, las autoridades coloniales buscaron revertir sus efectos suspendiendo algunos de estos procesos y persiguiendo a autonomistas y descontentos notorios, así como a los partidarios de la insurgencia, ya que tanto unos como otros buscaron conjuntar esfuerzos. Una de las formas que utilizaron, fueron las sociedades secretas, que constituyeron verdaderas organizaciones políticas, lo que muestra, entre otras muchas cosas, que ya se perfilaba una nueva cultura política.

Por carecer de una experiencia previa, fue muy difícil para los novohispanos organizar tanto conspiraciones como sociedades secretas, por lo que eran descubiertas casi siempre, como sucedió con la conspiración denunciada en la Ciudad de México en abril de 1811, que se había propuesto establecer una Junta de Gobierno, y con la descubierta en agosto siguiente, también en la capital, que pretendió apoyar a López Rayón y a la Junta de Zitácuaro.

La sociedad secreta que conocemos como Los Guadalupes, organizada alrededor de un pequeño núcleo director que incluía a destacados capitalinos y que articuló los intereses de numerosos descontentos, entre ellos varios indígenas, se formó para ayudar a los insurgentes que intentaban organizar políticamente el movimiento mediante el establecimiento de un órgano de gobierno alterno. Para ello enviaron, primero a López Rayón y más tarde a Morelos y a Mariano Matamoros, dinero, armas, hombres e información, que fueron de gran utilidad para los insurgentes. Asimismo, esta sociedad aprovechó las opciones que por entonces se presentaban dentro del sistema para promover sus miras autonomistas, de tal manera que sus integrantes tomaron parte, con gran éxito, en los procesos electorales que tuvieron lugar en la capital del virreinato para elegir Ayuntamiento Constitucional, Diputación Provincial y diputados a las Cortes. Los Guadalupes lograron permanecer activos hasta 1814, cuando las derrotas insurgentes pusieron en manos del régimen colonial documentación que le permitió proceder contra ellos.

En Jalapa surgió en 1812 otra sociedad secreta derivada de la Sociedad de Caballeros Racionales que habían fundado en Cádiz varios americanos. Ésta ayudó a los insurgentes de la región enviándoles dinero, armas, hombres e información y se vinculó con un órgano de gobierno alterno insurgente, la Junta Provisional Gubernativa establecida en Naolingo. No obstante, duró escasos tres meses, ya que fue descubierta y muchos de sus integrantes puestos en prisión, mientras que otros más se fugaron de la ciudad y se unieron a la Junta Provisional.

5. El cierre de las opciones (1815-1820)

Los intereses de insurgentes, autonomistas y descontentos no se pudieron articular. Tampoco se lograron conjuntar los esfuerzos de quienes conformaban la directiva insurgente, en la que los abogados predominaban sobre los militares en la toma de decisiones. Esto provocó que la dirección de la lucha armada dejara de estar exclusivamente en manos de los hombres de armas y condujo al fracaso de importantes acciones de guerra y al colapso del movimiento insurgente. Tanto López Rayón como Morelos sufrieron gravísimas derrotas al intentar cumplir con las comisiones que les diera el Congreso. Las derrotas de Morelos, sobre todo, tendrían serias consecuencias, entre otras cosas porque perdió a sus hábiles lugartenientes, Mariano Matamoros y Hermenegildo Galeana, y porque perdió buena parte de su archivo, lo que permitió a las autoridades coloniales enterarse de quiénes eran sus apoyos y contactos y proceder contra ellos, con lo que el movimiento perdió muy buenos soportes. Estas derrotas llevaron a que el Congreso lo despojara del Poder Ejecutivo, con lo que dejó de estar al frente de un importante cuerpo armado y se convirtió en mera escolta del Poder Legislativo.

En el debilitamiento del movimiento insurgente mucho influyeron también los acontecimientos peninsulares, ya que en el mismo año de 1814 Fernando VII regresó a España y abolió el sistema constitucional. Con ello, las autoridades coloniales recuperaron parte del poder que habían perdido al implementarse la Constitución de 1812, al tiempo que vieron desaparecer las trabas que la legislación liberal gaditana les había impuesto para proceder contra autonomistas y descontentos.

A fines de 1815 Morelos cayó prisionero y fue fusilado, mientras que el Supremo Congreso fue disuelto por Manuel Mier y Terán en Tehuacán. A partir de entonces el movimiento insurgente comenzó a desintegrarse. Si bien esto no significó su fin como movimiento militar, pues las actividades insurgentes se incrementaron, repercutiendo negativamente en el régimen colonial, ya que éste tuvo que invertir más dinero y más hombres para hacerle frente, como movimiento político fue perdiendo fuerza al no contar ya con ese centro común que coordinara sus actividades.

Fueron varios los intentos por recuperar esa instancia central. Al disolverse el Congreso prosiguió la Junta Gubernativa de las Provincias de Occidente, o Junta Subalterna de Taretan, que aquél había establecido antes de pasar a Tehuacán. Poco después se estableció la Junta de Jaujilla, derivada de la de Taretan, que se sostuvo hasta 1818, pues aunque fue desconocida por varios jefes insurgentes, entre ellos López Rayón, contó con el apoyo de otros más, como Vicente Guerrero. Además, estuvo en contacto con Xavier Mina, a quien proporcionó ayuda para sus empresas militares. Perseguida por las fuerzas realistas, que pusieron presos a sus integrantes, la Junta de Jaujilla desapareció y le sucedió una nueva junta que Guerrero estableció en la hacienda de Las Balsas, que funcionó por poco tiempo.

La falta de cohesión del movimiento insurgente fue quizá la causa principal del fracaso de la expedición de Mina que en 1817 despertó el terror del régimen colonial. La presencia de tropas profesionales extranjeras al mando de un excelente militar como Mina debió de haber dado un gran impulso a la insurgencia, pero fueron escasos los apoyos que de ella recibió, y en ocasiones incluso fue hostigado por los propios jefes insurgentes con los que pretendió actuar de manera conjunta, quienes vieron en él, más que una ayuda, una amenaza para sus posiciones de poder en las distintas regiones donde se habían fortificado.

Para hacer frente a esta insurgencia desperdigada y regionalizada, además de proseguir con el envío de tropas, las autoridades se encargaron de ofrecer indultos en grandes cantidades, con lo que lograron que numerosos insurgentes dejaran las armas, muchos de los cuales pasaron a formar parte de las filas realistas. Así, la insurgencia perdió fuerza como movimiento militar y acabó por agotarse como movimiento político. Para 1820 el virreinato estaba casi pacificado.

6. El movimiento de Independencia (1821)

De nueva cuenta, lo que ocurrió en España influyó en los acontecimientos novohispanos. La lucha que en ella se dio por muy diversos medios entre constitucionalistas y absolutistas la ganaron aquéllos en 1820, por lo que se restableció el sistema constitucional. En este triunfo influyeron mucho las sociedades secretas que surgieron en la Península durante la lucha por restablecer la Constitución y que también comenzaron a proliferar en Nueva España.

Hay que señalar aquí que, aparte de Los Guadalupes y de la sociedad jalapeña derivada de la de Cádiz, las demás asociaciones secretas novohispanas no tuvieron una vinculación directa con la insurgencia. Una de ellas fue la masonería, pues a partir de 1813 comenzaron a organizarse grupos de masones en algunos centros urbanos, como en la Ciudad de México, y más tarde en Campeche y Mérida, hacia 1818, impulsados todos ellos por oficiales de las tropas expedicionarias realistas venidas de España. Los masones de la capital tuvieron mucho que ver con el restablecimiento del régimen constitucional en 1820 y con la destitución del virrey Juan Ruiz de Apodaca al año siguiente. Algo semejante ocurrió en Yucatán, donde los masones promovieron el restablecimiento de la Constitución al tiempo que destituyeron al gobernador y capitán general de la península yucateca. Así, la masonería fue fortaleciéndose, a lo que ayudó la llegada en 1821 de un distinguido masón, Juan O'Donojú, el último jefe político con que contó la Nueva España.

El retorno al sistema constitucional fue aprovechado por muchos novohispanos para promover sus intereses por medio de los numero-

sos procesos electorales a que dio otra vez lugar para el establecimiento de ayuntamientos constitucionales, diputaciones provinciales
y diputados a Cortes. No obstante, estos procesos convencieron a la
mayoría de que para alcanzar los cambios que deseaban era necesario ya no estar sujetos a los vaivenes de la Península. Como había
sucedido en 1810, una conspiración urbana, la de la Profesa, dio lugar a un nuevo movimiento armado, el de las Tres Garantías. Este
movimiento fue muy distinto al insurgente, pues fue un militar realis-
ta, Agustín de Iturbide, enviado a combatir a los insurgentes en el sur,
quien en vez de atacarlos se alzó con sus tropas en contra del régimen y entró en tratos con sus principales jefes, en particular con
Vicente Guerrero, para proclamar la independencia. Al plan que se
proclamó en Iguala el 24 de febrero de 1821 se unieron tanto buena
parte del ejército colonial como muchos de los antiguos insurgentes,
si bien a éstos se les integró en el Ejército Trigarante en un nivel inferior al de los realistas. Se dieron, además, pocos enfrentamientos
armados, pues el Plan de Iguala sirvió para articular el consenso alrededor del objetivo, muy concreto, de alcanzar la independencia, consenso al que también contribuyó el deseo de poner fin a 11 años de
lucha armada.

El Plan de Iguala, que declaraba la independencia, establecía como
forma de gobierno una monarquía moderada, ofrecía la corona del
Imperio mexicano a Fernando VII o a alguno de sus familiares y hacía un llamado a la unión por ser ésta la base de la felicidad común.
No recogía muchas de las reivindicaciones que había sostenido la insurgencia, por lo que dejaba intactos al clero, a los ramos del Estado
y a los empleados públicos, lo mismo que a la administración de la
justicia. No obstante, sí retomó ese viejo anhelo autonomista de crear
una Junta de Gobierno, pues planteaba el establecimiento de una Junta Gubernativa. Las propuestas del Plan de Iguala fueron recogidas
en los Tratados de Córdoba, firmados por Iturbide y por Juan O'Donojú,
que señalaban que la Junta Provisional Gubernativa debía compo-
nerse "de los hombres más destacados y reconocidos" y que debía
nombrar una regencia que desempeñara el Poder Ejecutivo, mientras
que el Legislativo residiría en la propia Junta hasta que se reunieran
las Cortes mexicanas.

El Acta de Independencia del Imperio Mexicano, fechada el 28 de
septiembre de 1821, no fue firmada por ningún antiguo insurgente y
sí por antiguos autonomistas y desafectos al régimen colonial, así

como por distinguidos jefes realistas, varios de los cuales formarían parte de la Junta Provisional Gubernativa que debía ocuparse, sobre todo, de establecer las bases sobre las que debía construirse el nuevo país.

Iturbide se había encargado de convencer a los novohispanos de obtener la independencia de España mediante un movimiento armado que utilizó más la persuasión que la fuerza. Así logró articular los intereses de autonomistas, descontentos y hasta insurgentes, amén de los de la gran mayoría de los jefes realistas. Y es que el Plan de Iguala, después de todo, algo ofreció a determinados sectores novohispanos. Pero la aparente facilidad con que se logró el consenso, y que permitió en unos cuantos meses no sólo tomar la hasta entonces inasequible ciudad capital sino establecer la tan deseada institución de una Junta de Gobierno, tendría graves consecuencias. Hubo consenso en cuanto a la forma de alcanzar la independencia; una vez lograda ésta, no lo hubo respecto de cómo debía constituirse la nueva nación. De esta manera, el país dio comienzo a su vida independiente sin haber resuelto los conflictos de intereses que se daban entre los distintos grupos, lo que incidiría negativamente en la consolidación del Estado nacional mexicano.

Bibliografía

Alamán, Lucas, *Historia de Méjico desde los primeros movimientos que prepararon su independencia en el año de 1808 hasta la época presente*, 5 vols., Imprenta de J. M. Lara, México, 1849-1852. (Hay edición facsimilar del FCE, México, 1985.)

Archer, Christon I. (ed.), *The Birth of Modern Mexico, 1780-1824*, Scholarly Resources, Wilmington, Delaware, 2003.

Ávila, Alfredo, *En nombre de la nación. La formación del gobierno representativo en México, 1804-1824*, Centro de Investigación y Docencia Económicas/Taurus, México, 2002.

———, y Virginia Guedea (coords.), *La independencia de México: temas e interpretaciones recientes*, UNAM-Instituto de Investigaciones Históricas, México, 2007 (Serie Historia Moderna y Contemporánea, 48).

Guedea, Virginia, *En busca de un gobierno alterno: Los Guadalupes de México*, UNAM-Instituto de Investigaciones Históricas, México, 1992.

Miranda, José, *Las ideas y las instituciones políticas mexicanas. Primera parte, 1521-1820,* 2ª ed., UNAM-Instituto de Investigaciones Jurídicas, México, 1978.

Ortiz Escamilla, Juan, *Guerra y gobierno. Los pueblos y la independencia de México,* Universidad de Sevilla/El Colegio de México/ Instituto de Investigaciones Dr. José María Luis Mora/Universidad Internacional de Sevilla, Sevilla, 1997.

Rodríguez O., Jaime E., *La independencia de la América española,* El Colegio de México/FCE, México, 1996.

Villoro, Luis, "La revolución de independencia", en *Historia general de México versión 2000,* El Colegio de México, México, 2001.

VIII. El establecimiento del México independiente (1821-1848)

Josefina Zoraida Vázquez

Una vez lograda la Independencia, se anexó Guatemala (que comprendía hasta Costa Rica) a la nueva nación mexicana. El territorio llegó a tener cuatro millones y medio de kilómetros cuadrados; contaba con grandes riquezas pero con una población escasa de aproximadamente seis y medio millones, distribuida de manera desigual. Ésta era heterogénea y con grandes contrastes raciales y sociales, y su composición comprendía un millón de criollos, 30 000 españoles, tres y medio millones de indígenas y millón y medio de castas.

Con las leyes de expulsión de finales de la década de 1820, los criollos monopolizaron los niveles superiores de esa sociedad, compartidos con algunos mestizos e indígenas. En su mayoría era una población rural y muy diseminada, con 30 ciudades y un centenar de villas. La capital contaba con 150 000 habitantes —llegarían a 200 000 para mediados de siglo—, y le seguían Puebla con 68 000 y Guanajuato con 41 000, cifras contrastantes con los 9 000 habitantes de Taos, la más poblada del lejano norte. Diferentes eventos políticos y guerras extranjeras redujeron el territorio: en 1823 Guatemala se separó; en 1836 Texas se independizó; en la guerra con Estados Unidos, en 1848, el norte fue conquistado y se perdieron Nuevo México y Alta California, y en 1853 se vendió La Mesilla. Cambiaron también los estados, pues Sinaloa se separó de Sonora en 1823, Aguascalientes de Zacatecas en 1835 y Guerrero de México en 1848.

1. El Imperio mexicano

El 27 de septiembre de 1821 se realizó el milagro: los enemigos de 11 años entraron unidos a una Ciudad de México engalanada y jubilosa. Los festejos disimulaban las contradicciones de la unión, pues los anhelos de realistas e insurgentes eran diferentes; a los primeros les bastaba la independencia para recuperar el brillo novohispano, pero para los insurgentes lo importante era la igualdad, que sería obstaculizada por la unión ofrecida por Agustín de Iturbide. Todos confiaron en que la prosperidad se recuperaría a pesar del terrible legado de la guerra: el país estaba destrozado, la administración y el cobro de impuestos desarticulados; existía una deuda de 45 millones de pesos; las minas y las haciendas estaban abandonadas y los caminos infestados de bandidos; además, la guerra había dejado un saldo de 600 000 muertos. Es decir, la realidad contrastaba con el optimismo general con que se fundaba un imperio.

Al día siguiente se firmó un Acta de Declaración de Independencia y se nombró una Junta Provisional Gubernativa, que a su vez eligió una Regencia de cinco miembros presidida por Iturbide. En medio de apuros financieros, la Regencia convocó a elecciones para el Congreso que redactaría la Constitución del Imperio. Los problemas no opacaron las esperanzas, y la noticia de la anexión de la Capitanía de Guatemala al Imperio se recibió con alegría. No obstante, poco antes de que se inaugurara el Congreso Constituyente, en febrero, llegó la noticia de que las Cortes y Fernando VII no reconocían el tratado firmado por Juan O'Donojú. Esto se tradujo como una amenaza de reconquista y dio lugar a la formación de facciones en el Congreso, lo que, aunado a su falta de experiencia política, lo hizo distraerse en cuestiones menores, sin ocuparse del urgente arreglo de la hacienda pública y la redacción de la Constitución.

La falta de recursos y los desacuerdos provocaron fricciones entre el Congreso e Iturbide, quien llegó a amenazar con la renuncia. El rumor de que el Congreso reduciría el ejército llevó al regimiento que comandaba el sargento Pío Marcha a iniciar un motín la noche del 18 de mayo de 1822 al grito de "¡Viva Agustín I, emperador de México!" El populacho y los soldados exigieron al Congreso que se reuniera y, en medio de una gritería, Valentín Gómez Farías, a nombre de un grupo de diputados, leyó la propuesta de coronar a Iturbide como emperador, que fue aprobada finalmente por una votación de 67 contra 15.

MAPA 7. *México durante el Imperio
de Agustín de Iturbide*

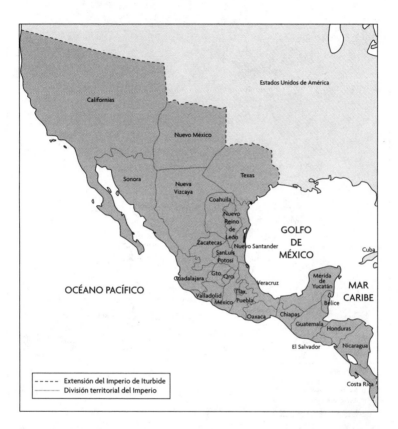

La coronación se llevó a cabo el 21 de julio siguiente, pero la pompa se vio limitada por la escasez de recursos. Y mientras tanto, los enfrentamientos entre Iturbide y el Congreso se agravaron con la llegada de Servando Teresa de Mier, republicano que, apoyado por las logias masónicas, empezó a conspirar contra el emperador.

En realidad, Iturbide contó con mayores facultades como regente que como emperador. La ineficiencia del Congreso para resolver los problemas hizo que muchos diputados le aconsejaran disolverlo, lo que Iturbide hizo el 21 de octubre. El Congreso fue sustituido por una Junta Nacional Instituyente, formada con algunos de los diputados.

MAPA 8. *México después de la separación de Centroamérica*

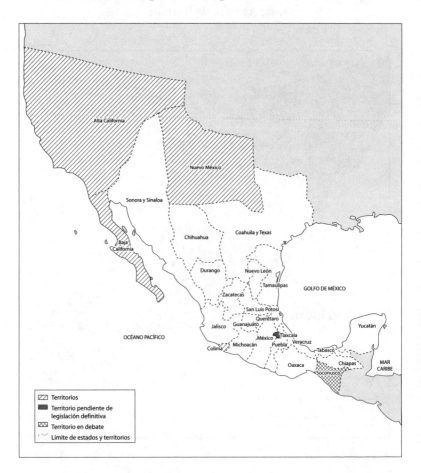

Pero el descontento estalló en las provincias, resentidas por los intentos centralistas del emperador y por la imposición de préstamos forzosos a fin de obtener recursos para pago de salarios. Este malestar lo aprovechó Antonio López de Santa Anna para pronunciarse el 2 de diciembre de 1822 en contra de Iturbide. El emperador envió tropas para someterlo, pero éstas, instigadas por las logias masónicas, se pronunciaron con el Plan de Casa Mata y exigieron la elección de un nuevo Congreso, lo que llevó a que todas las diputaciones provinciales y ayuntamientos aprobaran el plan y se adhirieran. En consecuencia, a principios de marzo de 1823 Iturbide reinstaló el Congreso que había disuelto, abdicó la corona el 22, y se exilió.

2. La Primera República federal

El Congreso se negó a convocar a uno nuevo, y después de desconocer el imperio que lo había aprobado, nombró un Supremo Poder Ejecutivo formado por tres generales —Guadalupe Victoria, Nicolás Bravo y Pedro Celestino Negrete—, al que las provincias le negaron obediencia. El territorio pareció fragmentarse al declararse cuatro estados libres y soberanos. Por fortuna, el movimiento federalista salvó la unidad, con excepción de Guatemala, que decidió separarse. El Congreso se vio forzado a convocar la elección de uno nuevo, más representativo, que se reunió en noviembre de 1823 y permitió la redacción del Acta Constitutiva, en enero del siguiente año, y la Constitución de 1824, que establecieron una república representativa, popular y federal formada por 19 estados, cuatro territorios y un Distrito Federal.

Jurada en octubre, la Constitución garantizaba la católica como religión de Estado, un gobierno dividido en tres poderes, con el Legislativo como poder dominante, y un presidente y un vicepresidente que se harían cargo del Ejecutivo, elegidos por las legislaturas estatales, mientras que el Judicial lo desempeñarían los tribunales y una Suprema Corte de Justicia. El sistema electoral durante todo el siglo XIX sería indirecto, aunque en el primer nivel votaban casi todos los hombres mayores de edad por electores. El federalismo mexicano fue más radical que el de Estados Unidos, pues el gobierno federal no tuvo facultades fiscales sobre la población, y quedó dependiente del pago de los estados más el producto de las aduanas, condenando al país a una gran debilidad. Antes de inaugurarse el primer gobierno, México se había enlutado con el fusilamiento de Iturbide, pues el Congreso había decretado considerarlo fuera de la ley si tocaba territorio mexicano. Sin conocer dicho decreto, Iturbide desembarcó en Soto La Marina y la legislatura de Tamaulipas lo declaró traidor sin tomar en cuenta sus inapreciables servicios a la Independencia. Fue fusilado el 19 de julio de 1824.

Así, la nueva república enfrentó la falta total de recursos, la necesidad de reconocimiento de las potencias y del Vaticano y las ambiciones del ejército, que se sintió con derecho a expresar la voluntad nacional mediante pronunciamientos. Por lo pronto, resultaba indispensable conseguir el reconocimiento de Gran Bretaña que, como principal potencia económica y política, podía mediar con España y otorgar un muy requerido préstamo.

En 1822 sólo Perú, Colombia, Chile y Estados Unidos reconocieron la independencia del país. El primer ministro plenipotenciario, Joel R. Poinsett, llegó a México en 1825. La especulación de los banqueros ingleses hizo que los préstamos se adelantaran al reconocimiento inglés y se concedieron en 1824. Al año siguiente, el ministro George Canning extendió el reconocimiento y en 1827 se firmó el Tratado de Amistad y Comercio con Gran Bretaña, país que dominó el comercio exterior y fue considerado como principal aliado.

Los préstamos ingleses permitieron que el gobierno presidido por Guadalupe Victoria funcionara durante dos años en paz, pues la economía del país y el cobro de impuestos continuaban sin regularizarse y el contrabando se había generalizado. Esto impidió al gobierno pagar los intereses de los préstamos, de manera que volvieron a escasear los recursos; además, la libertad de comercio terminó con la incipiente industria mexicana, pues los textiles ingleses eran más baratos. La falta de comunicaciones, la inseguridad, el costo de la arriería y la falta de un banco y de moneda flexible obstaculizaron el comercio. Iturbide había introducido el papel moneda, pero, tras su caída, el Congreso lo suprimió.

En 1825 se fundó una nueva logia masónica, la yorkina, que no tardó en chocar con la escocesa, que había sido introducida por las tropas españolas en 1814. Los problemas comenzaron en 1827 con la conspiración del padre Arenas, que pretendía restablecer el dominio español en México. Denunciado, se le juzgó y fusiló junto con los otros implicados. Este hecho reforzó el movimiento, impulsado por los yorkinos, que pedía la expulsión de españoles y que generó enfrentamientos con los escoceses, que paralizaron el funcionamiento del Congreso. Al agravarse la situación, el vicepresidente Nicolás Bravo se pronunció con un plan que pedía la abolición de las logias, la expulsión del ministro Poinsett por su intervención en la política mexicana y la aplicación de las leyes. Derrotado por Guerrero, Bravo fue exiliado, pero la crisis de la república afectó la sucesión presidencial.

Para 1828, al realizarse las elecciones para el Ejecutivo, no se respetaron los votos de las legislaturas. Manuel Gómez Pedraza obtuvo el mayor número de votos de las legislaturas, mas los yorkinos radicales se pronunciaron contra ese resultado y exigieron el reconocimiento del perdedor, Vicente Guerrero. Tras una serie de disturbios y del saqueo del Parián, edificio que amparaba las tiendas de lujo, Pedraza renunció y el Congreso, sin autoridad, reconoció a Guerrero y a Anastasio Bustamante como presidente y vicepresidente, respectivamente. La jura del cargo se hizo en abril de 1829.

El gobierno enfrentaba una situación delicada, pues el país, carente por completo de recursos, se encontraba bajo la amenaza de ser reconquistado, situación agravada por la expulsión de españoles ricos que se llevaban sus fondos y de españoles pobres que tenían familias mexicanas. Se intentó solucionar el problema financiero decretando impuestos sobre las propiedades y préstamos forzosos a los estados, cuyos gobiernos opusieron resistencia. Las fiebres tropicales y las fuerzas de los generales Mier y Terán y Santa Anna lograron derrotar a las tropas encabezadas por Isidro Barradas, erróneamente convencido de que los mexicanos ansiaban volver a la dependencia de España. De todas maneras se había extendido un gran descontento, que el ejército aprovechó para desconocer a Guerrero y apoyar al vicepresidente Bustamante para ocupar el Ejecutivo.

El nuevo gobierno deseaba establecer el orden para favorecer la economía. El ministro Lucas Alamán logró poner en orden la hacienda pública, normalizar el pago de la deuda con Gran Bretaña y tomar medidas para favorecer la industrialización, la agricultura y la ganadería. Para terminar con los movimientos rebeldes se gobernó con mano dura, y aquellos que se levantaron en armas fueron fusilados sin consideración. El propio Vicente Guerrero, apresado mediante traición, fue juzgado y condenado por un tribunal de guerra. Fue fusilado en Cuilapa (en el estado que hoy lleva su nombre) el 14 de febrero de 1831. Temerosos de un posible centralismo, el malestar en los estados volvió a manifestarse. Confiaban en que las elecciones de 1832 recuperarían la legalidad, y favorecieron la candidatura de Mier y Terán frente a los otros candidatos, Nicolás Bravo y Lucas Alamán.

Santa Anna, que no había sido mencionado como candidato, aprovechó en su favor el descontento y se pronunció en enero de 1832. La lucha se extendió por todo el país, arruinando tanto la hacienda pública que el gobierno, para poder funcionar, quedó definitivamente a merced de los préstamos de los usureros. Desilusionado y temeroso de la pérdida de Texas, Mier y Terán se suicidó en julio.

Los estados que desconfiaban de Santa Anna exigieron que Gómez Pedraza regresara y terminara el periodo para el cual había sido electo, lo que hizo de diciembre de 1832 a abril de 1833.

En las elecciones de 1833 resultaron electos Santa Anna como presidente y Valentín Gómez Farías como vicepresidente. Santa Anna dejó el Ejecutivo en manos de Gómez Farías durante casi todo un año, pues fue a combatir el movimiento de religión y fueros que estalló a raíz de la violación de los votos y la venta de bienes del clero en algunos estados. Esto generó temor en los diputados radicales del Congreso que habían aprobado un decreto mediante el cual se desterraba a ciudadanos que se temía pudieran oponerse a las reformas y, según decía, "a todo aquel que estuviera en el mismo caso", sin especificar a qué caso se refería.

Santa Anna tardó en vencer a los rebeldes, pues en todo el país se había generalizado una epidemia de cólera que causó grandes estragos en la población. En noviembre el Congreso empezó a promulgar las reformas: supresión de coacción civil para el pago del diezmo y el cumplimiento de los votos monásticos, marginación del clero en la educación superior, clausura de la universidad y provisión de curatos vacantes; es decir, ejercicio del Real Patronato. La provisión de los curatos provocó la resistencia de los obispos y su destierro, lo que a su vez generó la alarma popular.

El Congreso sólo discutió la desamortización. Santa Anna había aprobado las reformas con la esperanza de que resolvieran los problemas de la hacienda pública, pero como el Congreso intentó discutir reformas al ejército, Santa Anna aprovechó el malestar para reasumir el poder y, en julio de 1834, suspender las reformas —con excepción de la supresión del diezmo, que tanto favorecía a los hacendados—. Dadas estas circunstancias, era evidente para todos que el sistema federal no funcionaba y la mayoría pedía su reforma. El Congreso nacional elegido en 1834 se dispuso a hacerlo, pero publicó un decreto que reducía las milicias cívicas, tropas que los estados consideraban la garantía de su soberanía, por lo que Zacatecas, Coahuila y Texas se negaron a obedecer. El gobierno tuvo que someter a Zacatecas con un ejército, sin que éste tuviera que enfrentar a las milicias, pues huyeron. Otro ejército fue movilizado para someter a Coahuila y Texas. El desafío zacatecano y las amenazas texanas de independencia de la provincia alarmaron a muchos federalistas moderados que, temiendo que el federalismo estuviera favoreciendo la desintegración del territorio, se resignaron a establecer un sistema centralista.

3. Colonización e independencia de Texas

El hecho de tener una población concentrada en el centro y el sur, un norte casi deshabitado y colindar con un país dinámico y expansionista provocó que las extensas fronteras resultaran vulnerables ante la carencia de recursos humanos y materiales para vigilarlas. Así, aventureros, indios desplazados por los norteamericanos y colonos sin tierra entraban y se establecían sin que nadie se los impidiera. Esto hizo de la colonización una verdadera obsesión desde los últimos años del virreinato. España logró negociar la frontera entre Nueva España y Estados Unidos a cambio de la cesión de las Floridas en el Tratado Adams-Onís de 1819, pero no llegó a marcar la frontera, de la que sólo existían mapas inexactos. El gobierno español, preocupado por sus súbditos de las partes perdidas, les ofreció la posibilidad de establecerse en Texas. Esta oferta inspiró a Moisés Austin, ex súbdito español, a pedir un permiso para establecerse allí con 300 familias. La concesión, aprobada en 1820, era generosa: 640 acres de tierra para cada colono jefe de familia, 320 a la esposa y 100 por cada hijo, y exención de impuestos por siete años en todos los artículos que necesitaran importar, a condición de que las familias fueran católicas, no introdujeran esclavos y juraran las leyes españolas. Al morir Moisés Austin, su hijo Esteban llegó a Texas, y como se había consumado la Independencia, debió refrendar el permiso, primero con el Imperio y luego con la República. Puesto que Estados Unidos vendía la tierra para pagar las deudas del gobierno y que en Texas era prácticamente gratis, pues sólo se pagaba el deslinde que hacían los concesionarios y la escrituración al estado, la afluencia de norteamericanos fue constante; para 1830, por cada mexicano había ya 10 angloamericanos que, debido a la falta de vigilancia, no eran católicos y habían introducido esclavos. Cuando se conoció el informe del general Manuel Mier y Terán, el gobierno mexicano, preocupado por el interés de Estados Unidos en obtener Texas, promovió una nueva ley de colonización —6 de abril de 1830— que prohibía la entrada de estadounidenses y ordenaba establecer guarniciones para vigilar las fronteras.

La colonización de angloamericanos, con diferente cultura y religión, provocó tensiones, aunque los verdaderos problemas derivaron de la actitud mexicana contra la esclavitud y la apertura de aduanas al vencer los plazos de libre importación. Como la Constitución del estado declaraba que nadie nacía esclavo, la esclavitud adquiría carácter temporal, lo que inquietó a los colonos, que la consideraban indispensable para producir algodón. Al declararse en 1829 la abolición total de la esclavitud en México, aumentó la alarma no obstante haberse exceptuado a Texas. La nueva ley de colonización de 1830, que la ponía en manos del gobierno nacional y prohibía la entrada de angloamericanos, agudizó la inquietud, lo que condujo a que en 1832 se organizaran dos convenciones en las que se expresaron tendencias separatistas. Se decidió que Austin viajara a México para pedir la separación de Texas de Coahuila, la extensión del periodo de exención de impuestos y que se cancelara la prohibición de entrada de angloamericanos. Austin contaba con amigos en el Congreso radical de 1833 y logró una extensión de tres años y la cancelación de la prohibición de colonos angloamericanos. Santa Anna le prometió, además, que pediría a los estados de Coahuila y Texas que hicieran reformas favorables a los colonos, lo que se efectuó en 1834. El estado aprobó el uso del inglés y el juicio por jurado, amplió el número de ayuntamientos y aprobó el nombramiento de un angloamericano como representante del Poder Judicial estatal. De todas maneras, la apertura de la aduana al vencerse el nuevo plazo y la reducción de las milicias sirvieron para que los anexionistas empezaran a agitar a los colonos, de manera que la noticia del posible establecimiento del centralismo sirvió de pretexto para que en septiembre de 1835 los texanos desconocieran al gobierno mexicano y por la frontera comenzara a cruzar una avalancha de voluntarios que llegaban para "luchar por la libertad".

Santa Anna emprendió la marcha a Texas con un ejército improvisado y la victoria lo acompañó en las primeras batallas. El 6 de marzo de 1836 los colonos declararon la independencia, nombraron presidente y vicepresidente y redactaron una constitución esclavista. Santa Anna emprendió la persecución de las autoridades, pero un descuido lo hizo caer prisionero en San Jacinto, el 21 de marzo, y se vio obligado a firmar los Tratados de Velasco, que reconocían la independencia de Texas. El general Vicente Filisola recibió la orden de Santa Anna de retirar las tropas mexicanas del otro lado del Río Bravo; a pesar de tratarse de órdenes dictadas por un prisionero, Filisola obedeció y aseguró así el éxito de los texanos, pues México no tendría recursos para emprender la reconquista.

Los texanos no sólo enajenaron la tierra que se les había concedido con generosidad y privilegios especiales, sino que reclamaron la frontera hasta el Bravo, cuando Texas llegaba al Río Nueces; además, se desató una campaña de descrédito contra México, acusándolo de militarista y centralista —sin tomar en cuenta que las primeras concesiones las habían recibido de gobiernos monárquicos centralistas— y de falta de tolerancia para su religión, olvidando que habían ingresado como católicos. No mencionaron la esclavitud porque los estadounidenses del norte les hubieran negado su apoyo. El presidente Andrew Jackson, que estaba detrás del movimiento, no se atrevió a reconocer la independencia de Texas sino hasta poco antes de dejar el poder, en marzo de 1837.

4. Se experimentan sistemas centralistas

En México el Congreso suspendió parte del orden federal en octubre de 1835, mientras se debatía una nueva ley suprema durante más de un año. Las Siete Leyes, listas a finales de 1836, fueron recibidas con esperanzas. El centralismo era liberal pero el sistema resultaba complicado; mantenía la división de poderes pero creaba uno nuevo, el Poder Conservador, de cinco miembros, encargado de vigilar a los otros tres; el Ejecutivo mantenía su debilidad, ahora sin vicepresidencia, pero su cargo se extendía a ocho años; los estados se convertían en departamentos y los gobernadores eran nombrados por el presidente de una terna enviada por las nuevas juntas departamentales de sólo siete miembros. Para fortalecer al gobierno nacional se le daba el control de todo el presupuesto de la República. Se estableció el voto censitario; es decir, sólo votarían y serían votados quienes tuvieran propiedades o capital. No obstante, la carencia de recursos y las amenazas externas volvieron a obstaculizar el funcionamiento del nuevo orden constitucional.

Anastasio Bustamante fue electo presidente y, aunque federalista, juró ante el nuevo orden. Tenía esperanza de que la Iglesia le hiciera un préstamo para hacer frente a los gastos administrativos, lo que no sucedió.

A los pocos días de tomar la presidencia Bustamante, estalló un movimiento federalista que se extendió por casi todo el norte; al año siguiente el ministro francés lanzó un ultimátum desde Veracruz: o México pagaba las reclamaciones de sus nacionales o sus puertos serían bloqueados por la flota francesa. Algunas de las reclamaciones eran injustas, como la de un pastelero que pedía una cantidad estratosférica por pérdidas sufridas durante un motín. A finales de 1838 Veracruz fue bombardeada; en uno de los incidentes Santa Anna perdió una pierna, suceso que logró su rehabilitación ante la opinión pública, que ya había olvidado su actuación en el episodio de Texas. Después de un año de bloqueos y bombardeo, gracias a un préstamo México pagó lo exigido para firmar la paz.

Aunque el movimiento en el norte se fue controlando, en 1840 se produjo otro en plena capital, dirigido esta vez por Gómez Farías. Como una vez solucionado se perdonó a los implicados y no se tomaron en cuenta los cuantiosos daños, el descontento con la administración se agudizó y se extendió la certeza de que el centralismo tampoco funcionaba. Entonces surgieron propuestas para solucionar la situación: el monarquismo con un rey europeo o la dictadura militar. Los militares se ocuparon de hacer un gran escándalo sobre los peligros de tener una monarquía y después, en connivencia con los comerciantes extranjeros, promovieron tres pronunciamientos para establecer la dictadura. En octubre de 1841 Antonio López de Santa Anna asumió el Ejecutivo, con facultades extraordinarias para gobernar y legislar, mientras se reunía un Congreso que redactaría una nueva Constitución.

Tras ser elegido, el Congreso Constituyente debatió durante 1842 un proyecto constitucional que resultó federalista; esto selló su destino: fue disuelto en diciembre y sustituido por una Junta de Notables que redactó las Bases Orgánicas, juradas en junio de 1843. Éstas mantuvieron el centralismo, pero concedieron mayor representación a las nuevas asambleas legislativas departamentales, que participaban en la elección de los gobernadores así como en la administración interna. Se eliminó el Poder Conservador y se aumentaron las facultades del Ejecutivo. Nuevamente el problema financiero imposibilitó el funcionamiento del gobierno, ensombrecido por la inminente guerra con Estados Unidos, que no sólo negociaba la anexión de Texas sino que ponía su mirada en California.

De acuerdo con las Bases Orgánicas, se eligió presidente a Santa Anna, con un Congreso decidido a exigirle el cumplimiento de la ley, tanto que cuando en 1844 Santa Anna intentó disolverlo, la legislatura promovió un movimiento popular y lo desaforó. Fue sustituido conforme a la Constitución por José Joaquín de Herrera, quien se esforzó por establecer un gobierno honesto que conciliara a todos los partidos y evitara la guerra. Santa Anna fue exiliado porque desde su prisión en Perote, Veracruz, había comenzado a conspirar. Herrera, consciente de que Texas se había perdido, intentó negociar el reconocimiento para evitar su anexión a Estados Unidos, pero era demasiado tarde.

El país no sólo vivía bajo la amenaza de Estados Unidos, sino que una conspiración española intentaba establecer una monarquía y los federalistas radicales buscaban traer a Santa Anna de nuevo al poder. Los opositores acusaron a Herrera de intentar vender Texas y California, mientras Mariano Paredes y Arrillaga, comandante de la división de reserva, en lugar de obedecer las órdenes de partir a la frontera amenazada, se dirigió a la capital para asaltar la presidencia y establecer una dictadura. Paredes y Arrillaga confiaba en que Gran Bretaña apoyaría a México, por lo que, en lugar de preparar la defensa, combatió a los federalistas. Las noticias de las primeras derrotas ante las tropas norteamericanas del 8 y 9 de mayo de 1846 terminaron por desprestigiarlo; así, su gobierno duró sólo siete meses.

5. Se restablece el federalismo durante la guerra con Estados Unidos

Mientras la inestabilidad política había paralizado el crecimiento económico y demográfico, para 1840 Estados Unidos contaba con casi 20 millones de habitantes en comparación con los 7.5 millones de México. Su dinámica economía, alimentada por el arribo constante de inmigrantes, más las ambiciones de sus gobiernos, convirtieron al expansionismo estadounidense en una verdadera fiebre que para esa década exigía California, Nuevo México, Oregon y Canadá. El presidente John Tyler inició las negociaciones para anexar Texas, objetivo logrado en 1845, mientras el candidato a sucederlo, James Polk, declaraba sus intenciones de adquirir California, Nuevo México y Oregon a cualquier costo, aunque prefería conseguirlo por compra o soborno. Como sus planes no funcionaron, en enero de 1846 ordenó al general Zachary Taylor avanzar hacia el Río Bravo, hacia territorio mexicano. En abril un choque entre las tropas de los dos países produjo algunos muertos. Al recibir la noticia de este incidente, Polk envió su mensaje de declaración de guerra al Congreso. En él acusó a México de constantes "insultos" y de haber derramado sangre norteamericana en territorio de Estados Unidos, lo cual era falso.

Los preparativos para la guerra estaban listos. La respetable flota de Estados Unidos y su ejército —pequeño pero profesional, pues contaba con artillería moderna— estaban listos. Como país de gran inmigración, también logró enrolar a miles de voluntarios. De inmediato se ordenó el bloqueo de los puertos mexicanos y el avance de un ejército hacia Nuevo México y California, que para enero de 1847 había conquistado y anexado esas provincias. Otro ejército partió rumbo a Chihuahua y uno más seguiría la ruta de Hernán Cortés, de Veracruz a México, al mando de Winfield Scott.

México se encontraba en condiciones desastrosas: sin recursos, sin ejército profesional y con armas obsoletas, y para colmo, dividido en facciones que olvidaban los intereses nacionales. Cuando Paredes y Arrillaga partía a combatir a los invasores, en agosto de 1846, los federalistas radicales se pronunciaron en la capital y restablecieron la Constitución de 1824. El cambio de gobierno en plena guerra dificultó la organización de la defensa, pues algunos estados confundieron las prioridades y, en lugar de apoyar al gobierno federal, reservaron sus fuerzas para su propia defensa. Santa Anna llegó antes de terminar el mes y logró cruzar el bloqueo estadounidense gracias a que le ofreció a un enviado del presidente Polk, que lo visitó en La Habana, facilitar la firma de un tratado. El 20 de agosto, ya en México, se apresuró a marchar a San Luis para preparar la defensa. Después sería elegido presidente y desempeñaría el cargo hasta el 15 de septiembre de 1847.

Una vez iniciada la guerra, el resultado era previsible. Las esperanzas que el gobierno había puesto en la Gran Bretaña se esfumaron cuando ésta se repartió Oregon con Estados Unidos. Así, México debió enfrentar solo la guerra. Las condiciones contrastantes de los dos

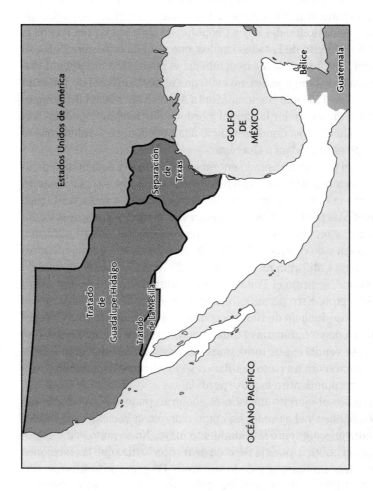

MAPA 9. *Territorios que México perdió a raíz de la guerra con Estados Unidos (Tratado de Guadalupe Hidalgo), la venta de La Mesilla y la separación de Texas*

países se tradujeron en derrotas sucesivas tras la costosa batalla de la Angostura, en febrero de 1847. Para agosto, las tropas invasoras estaban ya en el Valle de México; un armisticio permitió a los comisionados mexicanos entrevistarse con Nicholas Trist, su par estadounidense, y enterarse de las condiciones que éste imponía para la paz, considerándolas inaceptables. Al reanudarse la lucha, las batallas de Churubusco, Molino del Rey y Chapultepec abrieron las puertas de la capital al ejército de Estados Unidos, que el 14 de septiembre hizo su entrada a la Ciudad de México; aunque el pueblo intentó defenderla, con resultados sangrientos, no evitó que el día 15 la bandera invasora ondeara en el Palacio Nacional. Santa Anna se dio cuenta de lo imposible que era defender la capital y ordenó que el ejército saliera a la Villa de Guadalupe, donde renunció a la presidencia, y ordenó que el gobierno se trasladara a Querétaro.

Manuel de la Peña asumió entonces el cargo, y con algunos federalistas moderados partió a Querétaro, donde consiguió establecer un gobierno que, milagrosamente, logró mantenerse y negociar la paz. En medio de penurias y problemas arribaron los gobernadores y congresistas, y en enero se negoció la paz. Nuevo México y California, que habían sido conquistados, fueron cedidos a los norteamericanos, no así Baja California ni Tehuantepec. El 2 de febrero, en la Villa de Guadalupe, se firmó el Tratado de Guadalupe, enviado de inmediato a Washington. Esto permitió organizar elecciones, tras las cuales se eligió a José Joaquín de Herrera como nuevo presidente y un Congreso que en mayo ratificaría el tratado en Querétaro. Hay que insistir en que no se vendía el territorio, pues éste había sido conquistado; la indemnización era un pago por daños y el prorrateo de la deuda exterior correspondiente a la parte perdida.

Retirado el ejército invasor, el gobierno pudo reorganizar la hacienda pública y el ejército, así como reanexar a Yucatán, que experimentaba un sangriento levantamiento maya. No se pudo evitar la polarización política, pues la pérdida de territorio hizo que las facciones se acusaran mutuamente de lo sucedido. De esta confrontación surgiría en 1849 el primer partido verdadero, el Conservador, frente al cual se definiría el Liberal, con sus versiones moderada y radical o pura. Los moderados permitieron que Herrera terminara su periodo y entregara a Mariano Arista la presidencia para la que fue elegido; pero Arista no tendría la misma suerte.

6. Sociedad y cultura

La población mexicana se caracterizaba por un ominoso contraste: 68% vivía con 50 pesos anuales, 22% lo hacía con entre 50 y 300 pesos, mientras el 10% restante contaba con riquezas impresionantes. Los extranjeros recién llegados acapararon el comercio, la industria y la minería, aunque el camino más seguro al enriquecimiento fue hacer préstamos usureros al empobrecido gobierno. Los criollos mantuvieron el dominio de la agricultura e incursionaron en el comercio y, en menor escala, en la minería. La Iglesia, aunque debilitada ante los embates gubernamentales que exigían préstamos, continuaba en posesión de sus riquezas; no obstante, en su interior había grandes contrastes. Un capital estancado de 180 millones así como 7.5 millones de renta lo disfrutaban sólo 10 obispos y 177 canónigos, mientras que los párrocos y frailes vivían en la pobreza, aunque había excepciones. La falta de vocación los había reducido a tan sólo 3 500 individuos.

Los mineros, víctimas de grandes pérdidas durante la guerra independentista, no lograron reponerse, por lo que vendieron o se vieron forzados a asociarse con capitalistas extranjeros. El ejército, por el contrario, se vio favorecido por las luchas y las guerras que habían infestado la República, y a raíz de esto llegó a tener demasiados oficiales, que ascendían mediante pronunciamientos y se beneficiaban con las contratas de vestuario, mulas y alimentos. Los 75 000 hombres se redujeron a 30 000, sin duda insuficientes para vigilar un territorio tan grande. La tropa era de leva y, sometida a condiciones desastrosas, desertaba a la primera oportunidad.

La burocracia, víctima de la falta de presupuesto, avalaba los cambios de gobierno con la esperanza de recibir sus sueldos atrasados. Algunos profesionistas prosperaron, en especial abogados y médicos, pero la mayor parte permaneció en las filas de la burocracia. El resto de la población —rancheros, peones, trabajadores de minas, obreros, artesanos, sirvientes, vendedores, aguadores, eloteros, léperos, etc.— sobrevivió como pudo, acomodándose a las limitaciones impuestas por los tiempos.

En buena parte, la sociedad mantuvo los usos y las costumbres virreinales, aunque lentamente se fue secularizando. Hubo cambios notables en los puertos y la capital, donde se asentaron muchos extranjeros importadores de novedades. Una compañía de diligencias comunicó la capital con las principales ciudades de provincia, en viajes que tomaban siete días para ir a Veracruz, 13 para llegar a Guadalajara y casi un mes para arribar a Santa Fe.

La convicción de que la educación era el camino al progreso llevó a un grupo de notables a fundar la Compañía Lancasteriana, cuyo sistema mutuo permitía que un maestro, apoyado en los alumnos más avanzados, enseñara a un gran número de niños. Las familias ricas pagaron tutores o escuelas particulares de maestros renombrados, mientras que las de recursos modestos recurrieron a las "amigas", viudas o solteras que enseñaban el catecismo, a leer y alguna otra cosa a cambio de una pequeña cuota.

Las universidades de México y Guadalajara languidecieron, pero los seminarios secularizados de los estados se convirtieron en institutos científicos y literarios, donde se formaron los profesionistas republicanos que irrumpirían en la vida política del país a mediados del siglo. El prestigioso Colegio de Minería decayó por falta de recursos, pero se fundaron otras instituciones, como la Academia de Medicina en 1838. La Academia de San Juan de Letrán y el Ateneo Mexicano se convirtieron en vehículos de difusión, a la que también contribuyeron publicaciones como los calendarios y almanaques con sus cápsulas históricas y científicas. No obstante, las publicaciones de mayor circulación fueron los periódicos, folletos y hojas volantes de carácter político, leídos con avidez en barberías, pulquerías, cafés y plazas. También floreció la historia en las obras de Servando Teresa de Mier, Carlos María de Bustamante, José María Luis Mora, Lorenzo de Zavala y Lucas Alamán; la literatura, con novelas, dramas, ensayos y memorias de José Joaquín Fernández de Lizardi, *el Pensador Mexicano;* Fernando Calderón, Manuel Eduardo de Gorostiza, Guillermo Prieto, Bernardo Couto e Ignacio Ramírez, *el Nigromante;* las artes plásticas tardaron en recuperarse. La Academia de San Carlos entró en decadencia, pero se recuperó en 1847 gracias a una lotería y al esfuerzo de los españoles Pelegrín Clavé y Manuel Vilar.

7. Deudas y bancarrota del gobierno

Como ya se había mencionado, el país entró a la vida independiente sin capital y con una deuda de 45 millones, pero como confiaba en recuperar el esplendor de la época virreinal, declaró la libertad de comercio y rebajó los impuestos. Aun así, resultó difícil reorganizar el cobro fiscal. El gobierno nacional contaba sólo con los impuestos aduanales. Como la defensa del país demandaba grandes cantidades de dinero que fueron en aumento, el resultado fue el endeudamiento con bancos británicos y la imposición de préstamos forzosos, obligándolo a depender de los usureros para pagar a empleados y mantener los gastos del ejército. Como el país no pudo pagar los intereses de los préstamos ingleses, la deuda ascendió constantemente y el gobierno perdió crédito. La indemnización de 15 millones que otorgó el Tratado de Guadalupe permitió al gobierno salir de algunos apremios, reorganizar las finanzas, ayudar a Yucatán —que sufría la llamada "guerra de castas"— y defender la frontera de los filibusteros.

8. Una economía estancada

La minería, que atrajo a británicos y alemanes, tuvo una recuperación lenta debido al atraso tecnológico y al alto precio del azogue. Zacatecas, que había mantenido su productividad durante la Independencia, se convirtió en el estado estrella por los excelentes proyectos de su gobernador, Francisco García, quien organizó una exitosa y moderna compañía que explotó las minas con presos y máquinas de vapor importadas para el desagüe. Aunque las quejas de los inversionistas fueron constantes, legalmente se produjo un promedio de 15 millones anuales de plata más otro tanto que salió de contrabando.

Muchos mexicanos soñaron en industrializar el país. Durante su ministerio de Relaciones de 1830 a 1832, Lucas Alamán fundó el Banco de Avío, importó maquinaria textil, semillas de algodón, cabras y vicuñas finas. Por su parte, Esteban de Antuñano estableció fábricas en Puebla y escribió tratados para difundir sus conocimientos. Para mediados de siglo la industria textil, impulsada por Alamán y Antuñano, se había desarrollado a pesar del alto precio del algodón y la dura competencia inglesa.

La agricultura tardó en reponerse. Con la pérdida de fuerza de trabajo a causa de las luchas, el viejo paisaje de tierras cultivadas dio lugar a grandes extensiones abandonadas por largo tiempo. Al principio de la vida nacional se hicieron intentos de reforma agraria en varios estados; en Zacatecas el gobierno compró haciendas para darle tierra a los que no la tenían; las grandes haciendas se repusieron muy lentamente y continuaron creciendo a costa de los pueblos; en el sur del Estado de México, hoy parte de Guerrero, varios grupos se levantaron en armas en forma constante en demanda de la devolución de tierras y la restitución de sus municipios.

La inseguridad de los caminos, las malas comunicaciones, el alto costo de la arriería y la falta de un banco y de moneda flexible obstaculizaron el comercio. Antes de 1804, la Corona ordenó que el dinero del juzgado de capellanías —que servía de banco y prestaba a comerciantes, hacendados y mineros con bajos intereses— saliera a España, de manera que el país quedó sin capital y los empresarios sin crédito. Por otra parte, las monedas de plata y oro no se prestaban para las grandes transacciones, por eso se canjeaban propiedades o se pagaba con libranzas, especie de letras de cambio que hicieron las veces de papel moneda. Para el comercio menor, a partir de 1829 se acuñaron monedas de cobre, cuya falsificación a gran escala obligó a retirarlas en 1841, con enormes pérdidas para la hacienda pública.

Los grandes proyectos para construir ferrocarriles fracasaron y sólo se colocaron 18 kilómetros de vía férrea. Tampoco fructificó el sueño de dotar al país de una flota mercante, pues todo quedó en la adquisición de pequeños barcos, en gran parte yucatecos, dedicados al comercio de cabotaje. Los grandes barcos eran todos extranjeros, con excepción de dos de guerra adquiridos en 1842 y rematados por Paredes y Arrillaga en 1846 por una bicoca. A pesar de todo, se abrieron rutas comerciales, especialmente hacia el norte. Santa Fe, Chihuahua y Texas iniciaron un rico comercio con Estados Unidos, que serviría a los norteamericanos para familiarizarse con el territorio.

El comercio de menudeo se prohibió a los extranjeros, pero franceses y españoles se opusieron a la medida y en 1842 se les dio autorización. El comercio de mayoreo lo dominaron los británicos, en especial de textiles baratos, hilazas, instrumentos y maquinaria, mientras que los franceses monopolizaron el comercio de artículos de lujo. Los españoles no tardaron en recuperar la venta de vinos y otros productos a los que se habían acostumbrado los mexicanos. El fuerte de las exportaciones mexicanas radicaba en los metales preciosos, pero también tenían importancia el palo de tinte, el añil, la vainilla, la cochinilla y el henequén. No obstante los vaivenes de una economía inestable, pudieron surgir grandes fortunas.

Bibliografía

Escalante Gonzalbo, Pablo, *et al.*, *Nueva historia mínima de México*, El Colegio de México, México, 2004.

Hamnett, Brian, *Historia de México*, Cambridge University, Madrid, 2001.

Hernández Chávez, Alicia, *México: una breve historia. Del mundo indígena al siglo xx*, México, FCE, 2000 (Colección Popular, 580).

————, *Historia general de México*, El Colegio de México, México, 2000.

Vázquez, Josefina Zoraida (coord.), *De la rebelión de Texas a la guerra del 47*, Nueva Imagen, México, 1994 (Interpretaciones de la Historia de México).

———— (coord.), *Interpretaciones de la independencia de México*, Nueva Imagen, México, 1997.

———— (coord.), *La fundación del Estado mexicano, 1821-1855*, Nueva Imagen, México, 1994 (Interpretaciones de la Historia de México).

IX. La consolidación nacional (1853-1887)

Andrés Lira

La característica más acusada del periodo que ahora nos ocupa es el logro de la estabilidad política después de reiteradas crisis. Entre 1821 y 1853 hubo cinco constituciones vigentes, un emperador efímero y más de 30 personas que asumieron el Poder Ejecutivo. De 1853 al final de nuestro periodo prevalecieron unas bases administrativas de orden dictatorial, una constitución republicana liberal (la de 1857) y un Estatuto Imperial de corta vigencia —de 1865 a principios de 1867—; ocho presidentes, cinco de los cuales fincaron su autoridad en la Constitución de 1857, y un emperador que expidió el estatuto apoyado por fuerzas extranjeras y las mexicanas de la reacción conservadora, que había sido derrotada en 1860. Pero lo más notable es que la Constitución liberal de 1857 estaría vigente hasta bien entrado el siglo xx y que, de los cinco presidentes que basaron su autoridad en ella, cuatro terminaron el periodo para el que fueron electos y, de éstos, dos —Benito Juárez y Porfirio Díaz— se mantuvieron en el poder por largo tiempo, alegando necesidades de orden político-institucional o reformas constitucionales.

Esa relativa estabilidad correspondió a progresos materiales que se fueron haciendo evidentes a medida que transcurría el tiempo. Pese a bajas y mermas coyunturales, la población pasó de ocho a nueve millones y medio de habitantes en los años que nos ocupan y rebasó los 12 millones a finales del siglo xix; la economía creció y las vías de comunicación se modernizaron y ampliaron notablemente con el desarrollo del telégrafo y del ferrocarril, uniendo ciudades, puertos y la frontera del norte con el interior del país, al tiempo que la navegación hacía lo suyo en el comercio trasatlántico, permitiendo la circulación de mayores y más variados artículos.

Sin embargo, debido a la persistencia y la acentuación de diferencias sociales, económicas y regionales, la cuestión clave para la estabilidad política siguió siendo la de épocas anteriores: ¿cómo consolidar un gobierno efectivo sin detrimento de la democracia y del respeto a los derechos del gobernado? Era el viejo dilema entre *La Constitución y la dictadura* —como llamó Emilio Rabasa a su célebre estudio sobre la organización política de México, publicado en 1912—.

1. De la dictadura al orden constitucional (1853-1857)

Los años que siguieron a la guerra con Estados Unidos, en la que México perdió más de la mitad de su territorio, fueron de desorden y desilusión. ¿Cómo sostener el sistema democrático de la república federal, restaurado en 1846 y reformado en 1847, cuando los signos para un gobierno estable eran contradictorios? Los levantamientos de indígenas asolaron diversos lugares del país, como la llamada "guerra de castas" de los mayas en Yucatán y la guerra social en la Sierra Gorda (Guanajuato, Querétaro y San Luis Potosí), que se extendía por otras partes; los nómadas del norte pasaban la frontera adentrándose en el territorio nacional, robaban y mataban sin que las improvisadas defensas de los vecinos pudieran detenerlos en su ir y venir. Los levantamientos de militares y grupos inconformes ponían en jaque al gobierno, y éste, carente de medios, tenía que acudir al Congreso solicitando dinero y facultades extraordinarias, que los legisladores le negaban. En ese ambiente, el presidente Mariano Arista, electo para el periodo 1851-1854, renunció el 5 de enero de 1853, advirtiendo la imposibilidad de gobernar cuando todo contradecía el orden público y las instancias encargadas de facilitar los medios para establecerlo se empeñaban en negarlos, poniendo al país en un estado de perpetua anarquía.

La oportunidad para los conservadores había llegado. Ya a finales de la década de 1840 se hablaba de ellos, y Lucas Alamán, su líder indiscutible, asumió el epíteto diciendo que se llamaban "conservadores" porque querían rescatar lo que quedaba de la patria despojada de su nacionalidad y de su integridad territorial por los federalistas, empeñados en imponer un sistema de gobierno contrario a la unidad política indispensable. Se fraguó así la dictadura de Antonio López de Santa

Anna, inspirada en la presidencia vitalicia de Luis Napoleón Bonaparte —recientemente proclamado "emperador de los franceses"— y en el sistema de centralización administrativa francés, excluyendo cualquier tipo de elecciones y de órganos legislativos, pues el orden legal sería dictado por el presidente de la República, investido de facultades omnímodas y asesorado por los secretarios y por un Consejo de Estado, que él nombraría. Debía cuidar del culto católico, único permitido en el país por considerarse el lazo que unía a los mexicanos, y del ejército, instrumento indispensable en la imposición del orden. Tal era el plan de Alamán expresado en las "Bases para la Administración de la República, hasta en tanto se Publica la Constitución", del 22 de abril de 1853. Se trataba, pues, de un orden administrativo que excluía toda participación y representación política por considerarlas contrarias al orden del gobierno. "Menos política y más administración", palabras en boga en la Francia de mediados del siglo XIX, parecía ser el lema de aquel régimen instaurado en México y que contaba con personalidades notables, como Alamán y José María Tornel, nacidos en la última década del siglo XVIII y que formaban parte de una generación que llegaba a su fin (ambos murieron ese año), y de generaciones más jóvenes, como la de Teodosio Lares, jurista notable, que optaron por el programa conservador. A hombres como éstos se debe una legislación admirable sobre diversos puntos, como la relativa a la solución de conflictos administrativos y a la administración de justicia civil y penal; orden fiscal; fomento de la economía; educación primaria, preparatoria, profesional y estudios superiores en un plan bien articulado; pero tan interesante sistema implicaba la negación de la libertad de expresión (se estableció la censura y las imprentas fueron controladas) y se impidió la participación y representación política de los pueblos.

Este sistema tan estricto resultó insuficiente para controlar la arbitrariedad del presidente investido de facultades omnímodas, quien dio en llamarse "Alteza Serenísima" y anteponer sus grados y condecoraciones en las disposiciones que dictaba, adoptando maneras de tinte monárquico. Bajo esa apariencia se decretaron medidas que perjudicaron intereses de pueblos y personajes en diversas partes del país, y se ordenó la persecución y el destierro de los desafectos al régimen, quienes condenaron muchos actos del gobierno, señalando entre los más graves la venta a Estados Unidos del territorio de La Mesilla, que pasó a formar parte del estado de Nuevo México (algo inevitable, dado el expansionismo norteamericano que amenazaba con otra guerra, pero de cualquier manera condenable). Esta situación fue uniendo a gobernantes, líderes locales y liberales notables, quienes por una u otra razón habían sido desconocidos, perseguidos y desterrados. Muchos de ellos se adhirieron al Plan de Ayutla, firmado en ese lugar el 1° de marzo de 1854 y modificado en Acapulco a los pocos días. El movimiento cobró importancia y se extendió desde las costas de Guerrero hasta el norte del país, uniendo a quienes se consideraron liberales por principios y, particularmente, por su empeño en echar abajo la dictadura de Santa Anna y el proyecto monárquico que prosperaba a su sombra.

Cuando la revolución de Ayutla triunfó en agosto de 1855, aparecieron las diferencias que separaban a los liberales, pues mientras los radicales proponían que las reformas se hicieran cuanto antes, los moderados advertían que era conveniente dar tiempo para no crear situaciones extremas y evitar la mala disposición de una sociedad, como era la de entonces, apegada a intereses y principios tradicionales. Cumpliendo con el principal propósito de la revolución, el general Juan Álvarez, presidente interino, convocó al Congreso General Extraordinario, encargado de elaborar la nueva Constitución del país y de revisar los actos del gobierno de Santa Anna.

El Congreso Constituyente se reunió en febrero de 1856 y concluyó su labor un año después, cuando aprobó la Constitución federal de 1857, en la que se establecían las garantías individuales y un sistema para protegerlas mediante el juicio de amparo. Por lo que hace a la organización de los poderes públicos, el Congreso imponía serias limitaciones para el Ejecutivo y el predominio del Legislativo, pues creó un Congreso sin Cámara de Senadores —órgano revisor y representante de los estados, necesario en la federación— y le negó el poder de veto al Ejecutivo, pues aunque el presidente de la República podía hacer observaciones a las disposiciones del Congreso y devolvérselas para su revisión y eventual reforma, quedaba al arbitrio de éste considerarlas o no. El Ejecutivo se hallaba así más limitado que en épocas anteriores, lo cual tiene una explicación circunstancial si tomamos en cuenta que el Congreso Constituyente era a la vez órgano revisor de los actos de la dictadura de Santa Anna y se hallaba dominado por los radicales, quienes pese a ser minoría lograron imponer su proyecto constitucional y de reformas políticas y económicas, para asombro y disgusto de los moderados.

No faltaban razones a uno y otro bando liberal, pues si bien las reformas eran necesarias, también era patente el malestar y la reacción de la sociedad. Éstos eran notorios desde que, triunfante la revolución de Ayutla, el presidente Álvarez promulgó la Ley sobre la Administración de Justicia y Orgánica de los Tribunales de la Nación, el 23 de noviembre de 1855 (obra del secretario de Justicia, Benito Juárez), por la que se abolieron los fueros eclesiástico y militar en materia civil y penal y se establecieron los tribunales federales, deslindándolos de los del fuero común de los estados y territorios. Después, el 25 de junio de 1856, cuando el Congreso discutía el proyecto de Constitución, se aprobó la Ley de Desamortización de las Fincas Rústicas y Urbanas de las Corporaciones Eclesiásticas y Civiles, en virtud de la cual las comunidades tenían que deshacerse de sus propiedades raíces para ponerlas en manos de propietarios individuales, con excepción de las dedicadas directamente al objeto de su institución (como colegios, hospitales, espacios públicos y ejidos de los pueblos), a fin de que la propiedad de la tierra no quedara estancada en corporaciones de duración y propósitos indefinidos, pues se consideraba que el individuo responsable, velando por sus propios intereses, activaba la producción y el comercio, lo que no ocurría con las comunidades tradicionales (llamadas por esto "manos muertas"), en las que el interés y la responsabilidad desaparecían. La idea era antigua, se nutría del racionalismo individualista de siglos anteriores, y se había tratado de poner en práctica bajo la dominación española y también en el Distrito y en algunos estados de la Primera República federal, provocando abusos y disgustos. Pese a que se tomaron precauciones para evitar efectos negativos en los intereses de quienes disfrutaban de esos bienes, dando preferencia a los arrendatarios de las corporaciones, no faltaron los abusos de especuladores, ni tampoco grandes alteraciones en los pueblos indígenas, cuyas comunidades se vieron afectadas. De tal suerte que, cuando el Congreso Constituyente se reunía y avanzaba en su trabajo, el gobierno de Ignacio Comonfort, liberal moderado que se hizo cargo de la presidencia de la República desde finales de 1855, tuvo que enfrentar alarmantes levantamientos.

El primero y más grave fue el que surgió en la Sierra de Puebla contra la Ley sobre Administración de Justicia y que ocupó la capital del estado, ciudad natal del presidente, sometido sólo después de un largo y brutal sitio que terminó en marzo de 1856 con la intervención de los bienes del clero poblano para resarcir los daños causados. Tras aprobarse la ley de desamortización, el gobierno tuvo que combatir levantamientos de pueblos indígenas en diversas partes del país. Miguel Lerdo de Tejada, secretario de Hacienda y autor de la ley, procuró aplicarla y dar constancia de sus efectos; así, en la *Memoria de Hacienda* advirtió que de julio a diciembre de 1856 se habían desamortizado bienes cuyo valor superaba los 23 millones de pesos y que se habían creado más de 9 000 propietarios individuales en operaciones que cubrían casi todo el territorio del país. Si esto había provocado disgustos y levantamientos, lo cierto es que los intereses creados se afirmaban y los beneficiados por la desamortización estaban dispuestos a defenderlos contra la reacción de las corporaciones afectadas. Era evidente que hombres de nuevas generaciones, nacidos entre 1810 y 1830, habían llegado a los cargos públicos y estaban dispuestos a reformar la sociedad. La caída de Santa Anna marcaba el eclipse político de su generación, nacida en la última década del siglo XVIII. Sin embargo, los años más difíciles estaban por venir, pues la Constitución de 1857 fue rechazada por una parte considerable de la sociedad, que contaba con el apoyo del clero y del ejército, y también de hombres y mujeres de generaciones jóvenes apegadas a los usos y costumbres de sus mayores.

2. La guerra civil (1858-1861)

Siendo presidente sustituto, Comonfort promulgó la Constitución aprobada por el Congreso el 5 de febrero de 1857, en virtud de la cual fue electo presidente constitucional para el periodo que iniciaba en diciembre. Consciente de las limitaciones que el régimen imponía al Ejecutivo y de la manifiesta oposición a la libertad religiosa —implícitamente establecida en esa carta, que, a diferencia de todas las anteriores, no declaraba al catolicismo como culto nacional—, a la libertad de educación —declarada en el artículo 3º— y a otros principios que entonces se debatían, el presidente propuso algunas reformas para fortalecer el gobierno y atenuar las medidas radicales, pero no fue atendido. La oposición se hizo más clara cuando se publicaron la Ley del Registro Civil, que obligaba al clero a dar cuenta a las autoridades estatales de nacimientos, matrimonios y defunciones registrados en los libros parroquiales; la Ley sobre los Derechos y Obvenciones parroquiales, que moderaba su cobro y declaraba su gratuidad para los pobres, y —la gota que derramó el vaso— la disposición que ordenaba el juramento obligatorio de la Constitución a los empleados públicos de cualquier jerarquía.

Comonfort juró la Constitución, pero no dejó de mostrar su desacuerdo ante el sesgo radical de la situación, y fue convencido por el general Félix Zuloaga y otros amigos para que la desconociera y convocara a otro Congreso que organizara a la nación conforme a sus usos y costumbres. Esto ocurrió el 17 de diciembre, cuando Comonfort cambió su investidura constitucional por la de revolucionario. Días después, viendo los extremos a que estaban dispuestos a llegar los militares, liberó a Benito Juárez, presidente de la Suprema Corte de Justicia y, de acuerdo con la Constitución, vicepresidente de la República. Así, cuando Comonfort, desconocido por los militares golpistas, salía al exilio, Juárez asumió la presidencia y abandonó la capital para establecer su gobierno en Guanajuato, donde llamó a defender el régimen constitucional, mientras en la Ciudad de México Zuloaga se proclamaba presidente del gobierno reaccionario. La suerte de uno y otro partido, ahora claramente definidos como reaccionario y constitucionalista, dependería del control del territorio durante la guerra civil que se prolongó de enero de 1858 a diciembre de 1860, conocida como Guerra de Reforma, pues en ella se continuaron y radicalizaron las medidas liberales propuestas durante la revolución de Ayutla.

Al principio de la lucha los conservadores tuvieron la ventaja, pues estaban en la Ciudad de México, lo que les aseguraba el trato con los representantes de las potencias extranjeras, y además contaban con el ejército y con el apoyo del clero, deseoso éste de recuperar sus bienes y prerrogativas. A la reacción se habían adherido los gobiernos de los estados de México, Puebla, San Luis Potosí, Chihuahua, Durango, Tabasco, Tlaxcala, Chiapas, Sonora, Oaxaca, Veracruz y Yucatán. El gobierno constitucional de Juárez logró el apoyo de los gobernadores de Guerrero, Jalisco, Guanajuato, Querétaro, Michoacán, Nuevo León y Coahuila (bajo el mando de Santiago Vidaurri), Tamaulipas, Colima y Veracruz —que originalmente se había pronunciado por Zuloaga—. Este cambio fue importante, pues el gobierno juarista contaría con el principal puerto del país, lo que en momentos de guerra era tanto o más importante que la posesión de la capital.

Sin embargo, Juárez carecía de un ejército profesional y tenía que valerse de las milicias nacionales reclutadas en los estados para luchar contra fuerzas de militares expertos, muy superiores en el campo de batalla. Tuvo que salir de Guanajuato a Guadalajara, donde estuvo a punto de ser ejecutado por la guarnición de la plaza, y de ahí a Colima para llegar, cruzando por Panamá, a Veracruz, donde estableció su gobierno hasta el final de la guerra y donde logró el reconocimiento de Estados Unidos, lo que vino a darle una ventaja en el terreno internacional.

Esa guerra de tres años fue de carácter civil, pues dividió a la sociedad en el seno mismo de las familias, en las cuales el arraigo religioso y el respeto a las autoridades eclesiásticas pesaba frente a quienes, como muchos sinceros creyentes, advertían que la Iglesia en cuanto organización social debía someterse al "orden temporal" de la autoridad política, dejando fuera los principios de fe propios del "gobierno espiritual". El problema se venía discutiendo desde tiempos de la dominación española, durante la cual "católicos monarcas" tomaron enérgicas medidas contra la jerarquía eclesiástica cuando consideraron que ésta interfería en asuntos del gobierno político del reino. Pero el deslinde de los órdenes "espiritual y temporal", propio de una discusión conceptual, tendría que esclarecerse en los campos de batalla. Así, la guerra movilizó a amplios sectores de la población, de grado o por la fuerza de la leva, dando pie a la destrucción de la propiedad y a la inseguridad en los caminos y en los lugares más apartados del territorio.

Todo llevó a la radicalización de las medidas que dictaron los gobiernos. Como la jerarquía eclesiástica declaró su apoyo al gobierno de la reacción, a cuyo frente estuvieron primero Zuloaga y luego Miguel Miramón —su más joven y activo general—, Juárez decretó en Veracruz, el 12 de julio de 1859, la nacionalización de los bienes del clero, con los que pudo ofrecer una garantía a prestamistas ansiosos de sacar ventajas mayores que las que podían ganar con menor riesgo en tiempos de paz.

La Iglesia, por su parte, advirtió que el costo de la guerra era mayor y menos prometedor de lo que parecía al principio, pues no consistía en triunfos, sino en el dominio de un territorio que se había convertido en escenario de una guerra civil. Así, las ventajas logradas en un inicio por el ejército profesional se diluyeron en una larga confrontación, en la que no faltaron las intrigas diplomáticas. Habiendo logrado el reconocimiento de los Estados Unidos, el gobierno de Juárez aseguró el frente que se le abría desde el mar. Dos veces Miramón asedió Veracruz, una en 1859 y otra en 1860, y las dos tuvo que levantar el sitio para replegarse al interior del país, donde las derrotadas fuerzas constitucionalistas se rehacían y llegaban a amenazar a la capital, mientras que en Veracruz el gobierno de Juárez continuó dictando medidas reformistas que iban más allá de lo económico, desde las leyes de matrimonio civil y de secularización de camposantos hasta las de libertad de cultos y separación de Iglesia y Estado del 4 de diciembre de 1860.

Esto ocurría mientras las tropas de la reacción eran derrotadas y abandonaban los lugares que aún conservaban. Miramón fue derrotado en Silao y, finalmente, en Calpulalpan, el 22 de diciembre de ese año, por Jesús González Ortega, gobernador de Zacatecas y general en jefe —militar improvisado como muchos otros— del ejército constitucionalista.

La lucha militar fue costosa y dejó saldos negativos en los campos, caminos, ciudades y pueblos del país. Ocurrió lo mismo en el terreno diplomático. El 26 de septiembre de 1859, Juan Nepomuceno Almonte, representante del gobierno de Miramón en París, firmó con el de España, Alejandro Mon, un tratado por el que, a cambio de reconocimiento y ayuda, México se comprometía a cumplir la negociación de la deuda española firmada por Santa Anna en 1853, en virtud de la cual se reservaría 8% de los ingresos aduanales para su pago, y además, a castigar a los culpables de los asesinatos de súbditos españoles en diversas partes del país e indemnizar a las víctimas sobrevivientes y a los perjudicados. Por su parte, el gobierno de Juárez en Veracruz suscribió, en diciembre de ese año, el tratado MacLean-Ocampo por el que concedía derecho de paso a las tropas norteamericanas por los estados fronterizos del norte y por el Istmo de Tehuantepec. Este tratado no fue ratificado por el Senado de Estados Unidos y no se llevó a efecto, pero dejó el talante entreguista que tanto se ha reprochado al gobierno constitucionalista.

Por otra parte, durante la guerra civil unos y otros contendientes cometieron arbitrariedades afectando intereses particulares de mexicanos y extranjeros. Préstamos forzosos y confiscaciones que dieron lugar a reclamaciones e incluso desconocimientos; además, se contrajeron deudas a todas luces desproporcionadas, que comprometieron el erario nacional. La más sonada fue la de Miramón, quien firmó con el banquero suizo Juan Bautista Jecker un préstamo por 15 millones de pesos, de los cuales sólo recibió 750 000. El trato sería objeto de reclamaciones mucho después, como parte de la deuda contraída con Inglaterra. Pues bien, todo ello estaba en la agenda de los gobiernos extranjeros cuando el presidente Juárez se trasladó de Veracruz a la Ciudad de México, en enero de 1861.

3. La intervención extranjera y el Segundo Imperio (1862-1867)

La ocupación de la capital por el gobierno constitucional no significó el fin de la guerra civil. Ésta continuaría, como veremos, complicada con los intereses de acreedores y gobiernos extranjeros, y en la lucha se enfrentarían dos proyectos políticos de nación: el republicano y el monárquico, que harían del país un campo de batalla.

En 1861, cuando el presidente Juárez ocupó la Ciudad de México, expulsó a los representantes de España, Guatemala y Ecuador, al nuncio papal, al arzobispo de México y al obispo de Michoacán, por participar abiertamente en favor del gobierno de Zuloaga y Miramón. Después, el 17 de julio, decretó la suspensión de pagos de la deuda extranjera hasta que se superara la escasez de recursos que había obligado a dar este paso. Esto provocó la protesta de los representantes de Francia e Inglaterra, quienes salieron del país dando por terminadas las relaciones con México. Así, la difícil y contradictoria vida diplomática se convirtió en un frente que el gobierno tuvo que atender al tiempo que luchaba con el que le imponía la guerrilla de la reacción, cuya actividad era terrible (en junio de ese año, grupos que obedecían a Leonardo Márquez dieron muerte a Melchor Ocampo, a Santos Degollado y a Leandro Valle); lidiaba, además, con los desacuerdos del Partido Liberal, pues algunos reclamaron desde el Congreso que Juárez entregara la presidencia por haber cesado la situación extraordinaria que lo había llevado a hacerse cargo del Poder Ejecutivo. Hubo elecciones y Juárez fue electo para el periodo que debía concluir a fines de 1864, pero las complicaciones y desacuerdos hacían ver la debilidad del orden republicano y alentaban a los monarquistas. El ambiente internacional parecía favorable a su proyecto.

En Londres, los gobiernos de España, Francia y Gran Bretaña acordaron ocupar el territorio mexicano para intervenir las aduanas —única fuente de recursos líquidos—, presionar al gobierno para asegurar el pago de la deuda y garantizar la seguridad e indemnización de sus nacionales perjudicados por la guerra y la insolvencia. Proclamaron que no había intención de adquirir parte alguna del territorio ni de influir en el régimen político del país.

Las consecuencias de la convención de Londres, realizada en octubre de 1861, se materializaron en diciembre, cuando las tropas extranjeras ocuparon Veracruz. El gobierno mexicano decretó una ley el 25 de enero de 1862 para declarar enemigos a los invasores y traidores a quienes secundaran sus acciones, que serían sujetos al fuero militar y reos de la máxima pena. También procuró la negociación, que llevaron a cabo Manuel Doblado, secretario de Relaciones, y la comisión tripartita, encabezada por el representante español, el general Juan Prim, conde de Reus, hombre de ideas liberales y casado con mexicana, quien firmó los Acuerdos de la Soledad, en virtud de los cuales se permitió a las tropas de ocupación subir a Orizaba para que no sufrieran los daños del "vómito prieto" (fiebre amarilla, endémica en las costas), con el compromiso de que se retirarían al puerto de no llegar a un acuerdo. Éste se dio cuando Doblado convenció a los representantes extranjeros de que el gobierno mexicano reiniciaría el pago de la deuda en cuanto la situación del país lo permitiera.

Las tropas españolas e inglesas honraron el compromiso y se retiraron para embarcar, no así las francesas —más numerosas que las otras—, que permanecieron en Orizaba y se dispusieron a ocupar el interior del país. Su propósito era otro: apoyar la instauración de una monarquía con príncipe católico y extranjero. El proyecto se había expuesto tiempo atrás en México y en Europa y su realización se había fraguado con la activa participación de los exiliados de la guerra civil y, lo que resultó determinante, con el apoyo de Napoleón III, emperador de los franceses, en cuyas miras estaba la salvación de la raza latina frente al expansionismo anglosajón en América, palpable desde hacía muchos años, pero detenido ahora debido a la Guerra de Secesión que enfrentaba Estados Unidos por la separación de 13 estados esclavistas del sur, confederados contra la Unión, que abolió la esclavitud en 1863. La guerra había comenzado en 1861 y, dados los recursos de uno y otro bando, parecía que daría tiempo suficiente para la afirmación de la monarquía en México, sin peligro de obstáculos para la intervención de las potencias europeas.

Por su parte, los monarquistas mexicanos aseguraban que las tropas extranjeras serían recibidas y aclamadas como libertadoras y pacificadoras. No ocurrió así, como sabemos. Las fuerzas francesas que avanzaban hacia la Ciudad de México fueron derrotadas el 5 de mayo de 1862 en Puebla por las tropas que mandaba el general Ignacio Zaragoza, auxiliadas por los zacapoaxtlas, y aunque la derrota no fue grave en cuanto al número de bajas, sí fue un serio revés para "el mejor ejército del mundo", que se vio obligado a retirarse y aguardar refuerzos de Francia y confirmar el apoyo de los aliados mexicanos, pues el ánimo en la sociedad, dividida, conflictiva o como fuera, no correspondía a lo anunciado por los monarquistas.

Al año siguiente, el 17 de mayo de 1863, tras dos meses de resistencia, la ciudad de Puebla cayó en poder de las fuerzas de ocupación, que iban asegurando puertos de mar y tierra, caminos y poblados para llegar a salvo a la Ciudad de México. Juárez salió hacia el norte acompañado de los secretarios y los miembros de los otros poderes para establecer el gobierno en las ciudades que quedaban libres y organizar la defensa de la República. Dependía de la voluntad y alianza de los gobiernos de los estados y de la organización de un ejército carente de recursos y de pericia, de guerrillas conocedoras de sus lugares, pero desprovistas de armamento, para enfrentar al ejército de ocupación, que contaba con 30 000 franceses y 20 000 mexicanos bajo el mando francés y auxiliado por cuerpos especializados en el combate contra la guerrilla. Francia era entonces una potencia colonial y México un país dividido, en el que el espíritu nacional, ausente, según se decía, en los años de la guerra contra Estados Unidos, se afirmaba pese al conflicto entre dos proyectos de nación: el monárquico, que contaba con apoyo en fuerzas extranjeras, y el republicano, carente de ese apoyo, pues el aliado posible, Estados Unidos, se debatía en su propia guerra civil.

El conflicto que ahora dividía a México era la continuación de la guerra civil que había dividido a la sociedad desde 1858, complicada con la intervención de una potencia extranjera; como aquélla, esta guerra calaba en las entrañas de la sociedad, pues tan mexicanos eran los republicanos como los monarquistas partidarios de un imperio con príncipe extranjero, entre los cuales había, como en el bando republicano, diferencias importantes. Hubo entre los imperialistas personajes de diversa posición, desde conservadores-reaccionarios, derrotados en la guerra civil, hasta liberales más o menos moderados, partidarios de las reformas que se habían venido imponiendo y que veían en la monarquía la posibilidad de un gobierno estable, a salvo de las disputas político-electorales, capaz de conducir el país conforme a los dictados de la época.

La corona del Imperio mexicano se ofreció a Maximiliano de Austria, hermano del emperador, nacido en 1832 y quien, como muchos de su generación, era de ideas liberales. Aceptó tras exigir muestras de voluntad del pueblo mexicano, lo que no fue difícil conseguir, y llegó a México en abril de 1864, cuando era evidente la división entre los partidarios del Imperio, pues si por una parte se encontraba un amplio sector del clero, del ejército y de conservadores recalcitrantes que exigía la abrogación de las Leyes de Reforma y la restitución de los bienes de la Iglesia, por otra parte había quienes profesaban ideas liberales, partidarios de la desamortización en general y de la nacionalización de los bienes del clero, que procuraban el establecimiento de un gobierno firme, capaz de llevar a cabo esos principios con el menor costo social. Las diferencias empezaron a verse antes de la llegada de Maximiliano, cuando los jefes de las fuerzas francesas de ocupación hicieron saber que se respetarían los derechos de quienes habían adquirido bienes de la Iglesia en virtud de la desamortización y de la nacionalización, y se hicieron más evidentes cuando Maximiliano, habiendo ratificado esa postura, rechazó las exigencias del papa Pío IX en el sentido de restablecer derechos y privilegios de la Iglesia y de declarar al catolicismo como religión de Estado, lo cual ocasionó la salida del nuncio papal, portador de tales exigencias.

Esto ocurría en 1865, año en que Maximiliano dictó disposiciones conciliadoras para equilibrar intereses en aquella desigual e injusta sociedad, como era la mexicana de entonces (y no sabemos hasta qué grado ha dejado de serlo). Se creó así la Junta Protectora de las Clases Menesterosas, encargada de oír a los necesitados y proponer soluciones a las correspondientes instancias del gobierno. A través de la junta se conocieron, entre otras, pero mayoritariamente, las quejas de pueblos afectados por las leyes de desamortización, y si bien en éstas no se dio marcha atrás, se procuró que se llevaran a cabo de manera que los pueblos aseguraran la posesión de su fundo legal y el reparto de las tierras entre las familias que los componían. Estas y otras disposiciones relativas a los pueblos de indígenas se publicaron en náhuatl y en español.

Por otra parte, el Imperio continuó las tareas de codificación civil emprendidas por el gobierno republicano, y puso en vigor la parte relativa a las personas y la familia, con novedosos preceptos en lo tocante al reconocimiento de los hijos habidos fuera de matrimonio y a los derechos de la madre en la patria potestad. También puso en vigor la parte de la legislación modernizante del régimen de Santa Anna, como la relativa a la materia contencioso-administrativa, el Código de Comercio de 1854 y otras; retomó el proyecto de una nueva división territorial, esbozado por Alamán en 1852, que organizaba el país en 50 departamentos, en los cuales habría autoridades nombradas desde el centro, pero —y esto era una innovación contra las indicaciones del desaparecido líder conservador— en su interior habría municipios regidos por ayuntamientos de elección popular directa. Dio impulso a la construcción del ferrocarril México-Veracruz, a las líneas de telégrafo y a la introducción del sistema métrico decimal, iniciadas en regímenes anteriores, y en materia educativa y cultural se impuso el proyecto liberal, llegando a la supresión de la universidad en 1866. En pocas palabras, ese Imperio, cuyo lema era "Equidad en la Justicia", tuvo como meta los avances de la civilización y los hizo objeto de una dictadura liberal —término y proyecto muy en boga y aconsejado aquí y allá en esos tiempos—, a la que aspiraban también los gobiernos republicanos. Sólo que su apoyo principal era un ejército extranjero, al que se habían unido las fuerzas de la reacción, y de esa suerte, al desaparecer el sustento militar francés, el Segundo Imperio mexicano estaba condenado a desaparecer para dar lugar a la República, cuyo gobierno se había refugiado en la frontera norte del país.

La relación de las fuerzas internacionales cambió cuando en abril de 1865 terminó la guerra civil de Estados Unidos, con la rendición de la Confederación del Sur, y cuando en Europa, en julio de ese año, triunfaron las fuerzas prusianas sobre las austriacas en Sadowa. Con el surgimiento de un imperio alemán poderoso cambiaba desfavorablemente para Francia la geopolítica europea, y por lo que toca a América, el gobierno de Estados Unidos hizo saber al de Napoleón III que llevaría a la práctica la doctrina Monroe; es decir, que no toleraría fuerzas de ocupación ni influencia directa de potencias extrañas en el continente americano. Las tropas francesas se retiraron en el otoño de 1866 y a principios de 1867; el Imperio mexicano se redujo a las ciudades de México, Puebla y Querétaro, donde cayó después de tres meses de sitio, el 15 de mayo, y sucumbió con el fusilamiento de Maximiliano y sus generales Miguel Miramón y Tomás Mejía, ejecutados en el Cerro de las Campanas el 19 de junio, tras haber sido juzgados conforme a la ley del 25 de enero de 1862.

El presidente Juárez entró triunfante a la Ciudad de México el 15 de julio de 1867. El Partido Liberal, plenamente identificado como republicano y nacional, se unía en el momento del triunfo, pero tenía que enfrentar los problemas suscitados por los desacuerdos y desavenencias surgidos durante la guerra, y por las exigencias del sistema constitucional republicano, sumamente incómodas en momentos en que la disputa sobre la culpa de la guerra dividía a la sociedad.

Los desacuerdos entre los republicanos se manifestaron en diversos momentos de la lucha contra la intervención. Los más graves fueron los que enfrentó el presidente Juárez con Santiago Vidaurri y Jesús González Ortega. Vidaurri, gobernador de Coahuila y Nuevo León, se negó a entregar la plaza y los recursos cuando Juárez, acosado por las fuerzas de intervención, entró en Monterrey en 1864. Luego de sancionar a Vidaurri —quien acabaría sus días en la Ciudad de México combatiendo por el Imperio, en 1867—, separando Coahuila de Nuevo León y ordenando que los derechos aduanales, que el gobernador controlaba, ingresaran a la tesorería de la República, Juárez pasó a Chihuahua, donde fue bien recibido por el gobernador Luis Terrazas, y tuvo después que refugiarse en Villa del Paso del Norte (hoy Ciudad Juárez), pues las tropas republicanas, al mando de Jesús González Ortega, presidente de la Suprema Corte de Justicia y general en jefe del ejército, habían sido derrotadas en una desastrosa batalla. Esto creó un ambiente de desconfianza. El periodo para el que Juárez había sido elegido terminaba en diciembre de 1864 y González Ortega señaló que, como vicepresidente, estaba en posibilidades de asumir el Poder Ejecutivo; se le hizo saber que, dadas las circunstancias, el mandato del presidente se prolongaría un año más. González Ortega salió del país y Juárez, consciente de que el general volvería a reclamar el cargo, decretó el 8 de noviembre de 1865 que continuaría en la presidencia hasta que cesaran las causas que habían llevado a la prórroga de su mandato. Además, González Ortega fue puesto fuera de la ley, acusado de haber abandonado el país sin licencia estando al mando del ejército. Este acto de Juárez dividió al Partido Liberal; hombres que lo habían seguido en los difíciles momentos de la guerra civil y en las peores circunstancias de la Intervención lo abandonaron, considerando el acto como un golpe de Estado; mientras que otros —como los militares Porfirio Díaz y Mariano Escobedo, y los juristas Sebastián Lerdo de Tejada e Ignacio Vallarta—, advirtiendo la gravedad de la situación que enfrentaban en la lucha, le dieron su apoyo. Con esas cargas y desavenencias, además de las impuestas por la destrucción del país durante la guerra, entraba Juárez a la capital.

Como haya sido, el triunfo de la República frente al Imperio significó la victoria del Partido Liberal identificado plenamente como nacional, pues había derrotado a la reacción, que con el apoyo de fuerzas extranjeras había tratado de imponer el régimen monárquico. Se comprendió entonces la razón que asistió a Juárez al sobreponerse a la legalidad constitucional cuando decretó la prórroga de su mandato. Ahora, después de la entrada triunfal en la capital de la República, tocaba el turno a la legalidad, algo sumamente difícil para el gobierno dados los rígidos principios de la Constitución de 1857 y de la legislación penal dictada en tiempos de guerra para sancionar a los enemigos de la República, enemigos en muy diverso grado de intención y culpabilidad, surgidos en una prolongada y cruel guerra civil.

4. La difícil afirmación del orden republicano (1867-1876)

En tales circunstancias, urgía restablecer el gobierno sobre la plena vigencia de la Constitución y hacer en ésta reformas para lograr el equilibrio de los poderes públicos, a fin de que el Ejecutivo contara con los medios indispensables para asumir su responsabilidad sin tener que depender del Congreso en la marcha ordinaria del gobierno.

En agosto de 1867 el Ejecutivo convocó a la elección de los poderes de la Unión, según lo establecido, pero agregando a la convocatoria una consulta sobre la reforma de la Constitución para organizar al Congreso en dos cámaras, estableciendo el Senado (órgano indispensable en un sistema federal); dar al Ejecutivo el derecho de veto y definir las relaciones entre él y el Legislativo, de acuerdo con el carácter presidencial del régimen (pues los legisladores se atribuían facultades propias de un gobierno parlamentario, siguiendo la reglamentación interna de la Primera República federal); limitar la facultad que tenía la Comisión Permanente del Congreso para convocar a periodos extraordinarios, y darle forma a un sistema adecuado para sustituir al presidente de la República en caso de que faltara el presidente de la Suprema Corte de Justicia. La consulta se limitaba a preguntar si el Congreso ordinario que se iba a elegir podría o no ocuparse de esos puntos sin pasar por las formalidades que exigía la Constitución, pues ello entorpecería la posibilidad de tan necesarias reformas. Además, iba acompañada de una circular en la que se explicaba la pertinencia de las reformas y del procedimiento, y se ponía de manifiesto el ánimo conciliador del gobierno, a fin de incorporar a la vida política de la República a quienes se habían visto obligados a permanecer y a ocupar cargos ordinarios en el Imperio, a diferencia de quienes habían ejercido puestos de mayor responsabilidad, y de otorgar el derecho de voto a los miembros del clero secular.

Las rivalidades políticas, exacerbadas por el proceso electoral, hicieron ver en la propuesta una falta a la Constitución por la que se había luchado desde 1858. La prensa, que en esos años gozó de libertad sin precedentes, avivó el debate y los ánimos se exaltaron, ante lo cual el gobierno retiró la propuesta de reforma.

Juárez fue electo presidente constitucional para el periodo 1868-1871, en el que la normalidad constitucional tuvo que postergarse debido a la inseguridad en los caminos, infestados de asaltantes y plagiarios cuyas bandas se nutrían de ex combatientes, y por la amenaza de otra guerra a causa de brotes imperialistas, como el que surgió en Yucatán, y a descontentos en diversas partes del país. Así, diversas leyes de excepción y suspensión de garantías tuvieron que ser negociadas en el Congreso, desgastando la energía y el buen concepto del Ejecutivo. No obstante, los gobiernos federal y estatales se asentaron y fomentaron la educación, restableciendo y creando escuelas e institutos y dando atribuciones a los ayuntamientos municipales para hacerse cargo de obras de asistencia social que en tiempos anteriores cumplían las corporaciones afectadas por la desamortización y nacionalización de sus bienes. En estos campos hubo problemas, pero el gobierno federal, habiendo logrado el control del proceso desamortizador, echó mano en muchos casos de medios conciliadores que había puesto en juego "el llamado gobierno imperial" —como se le denominaba para no darle espacio de legitimidad en la historia patria, que entonces se escribía—, y siguió adelante en el empeño desamortizador y secularizador de la sociedad. Algunos beneficios eran directos y visibles en las ciudades, en las clases altas y medias, pero no en el campo ni en los lugares más o menos apartados (algunos en los suburbios de las ciudades), donde los pueblos y barrios de indígenas luchaban legalmente y también por las vías de hecho para recuperar sus tierras y mantener costumbres y devociones propias de la organización corporativa que el liberalismo, hijo legítimo del racionalismo individualista, se había empeñado en destruir desde tiempo atrás.

Había ahora una legalidad propicia, derivada de un régimen constitucional que poco o nada atendía situaciones creadas por el lucro y la competencia. Tanto en haciendas agrícolas, trapiches e ingenios y otras empresas del campo como en panaderías, tocinerías, talleres y fábricas de las ciudades seguían vigentes los sistemas ancestrales de endeudamiento de peones y trabajadores, así como de sujeción de aprendices. No deja de llamar la atención que fueron hombres de ideas liberales, actuando como autoridades estatales y municipales, quienes fortalecieron esos mecanismos, pues se consideraba que ellos serían los medios para vigorizar la economía y el sentido de responsabilidad en cada uno de los habitantes de la República. Lo más visible era la necesidad de reconciliación política, mientras que la conciliación social se postergaba argumentando la necesidad de disolver las diferencias raciales y de formas de vida, lo que para los pesimistas era imposible, en tanto que para los optimistas más o menos sinceros sólo podría ocurrir por obra del mestizaje y de la educación e identidad cultural en manifestaciones compartidas.

Lo cierto es que no faltaron empeños en este camino; la educación, hemos advertido, fue uno de los objetivos de los gobiernos desde tiempo atrás, y tuvo en los años que ahora nos ocupan nuevo impulso. En 1867 se creó la Escuela Nacional Preparatoria, inspirada en el positivismo comteano, que predicaba la armonía social fincada en el conocimiento científico; se impulsó la expresión de una literatura nacional, dejando atrás las posiciones que separaron a los mexicanos en épocas de guerra, y prueba de ello es la obra de Ignacio Manuel Altamirano, particularmente la revista *El Renacimiento*, que animó y recogió la obra de autores viejos, maduros y jóvenes.

En 1871 terminaría el periodo constitucional de Juárez. A las elecciones concurrieron tres candidatos: el propio Juárez, oaxaqueño, nacido en 1806; Sebastián Lerdo de Tejada, veracruzano, nacido en 1823, y Porfirio Díaz, oaxaqueño, héroe triunfador en la guerra reciente, nacido en 1830. La diferencia generacional era relativa, los tres habían participado en el proceso de la Reforma y en la lucha contra el Imperio.

Juárez triunfó en la contienda. Lerdo ocuparía la presidencia de la Suprema Corte de Justicia, lo cual lo situaba en la vicepresidencia. Díaz, despechado, se levantó con el Plan de la Noria, pero fue derrotado y abandonó el país. Juárez había atraído disgustos y oposiciones en el periodo anterior, y la oposición arreció en éste, que fue el último para él, pues murió el 18 de julio de 1872, en una época en que el país estaba al borde de otra guerra civil. Nos dejó por ello proyectos propuestos y pospuestos debido a la falta de recursos y oportunidad, como la construcción del ferrocarril México-Veracruz y la reforma de la Constitución, objeto de un acuerdo pactado la mañana del día en que murió. Lerdo se hizo cargo de la presidencia y, en su momento, fue elegido para el periodo que debía concluir en 1875. Logró importantes avances en la reforma de la Constitución en 1873, elevó a rango constitucional las Leyes de Reforma y promulgó las leyes reglamentarias para afirmar el carácter laico del régimen con la separación de la Iglesia y el Estado. Al año siguiente se aprobó la creación del Senado, por lo que el Congreso pasó a ser un órgano bicameral, con la representación de la población en la Cámara de Diputados y de los estados de la federación en la de Senadores. Logró también el restablecimiento de relaciones con Gran Bretaña y atrajo capital inglés para concluir el ferrocarril México-Veracruz. Éstos fueron logros incuestionables que reflejan la experiencia y buenas relaciones de aquel avezado político, compañero y consejero de Juárez en los días difíciles de la guerra contra la Intervención. Sin embargo, al igual que Juárez, tuvo que valerse de facultades extraordinarias y de la suspensión de garantías para poder mantener el orden y la seguridad en distintas partes del país.

Confiado en su prestigio y afanoso de llevar a cabo los proyectos que se había propuesto, Lerdo de Tejada concurrió a las elecciones en 1875 y logró que el Congreso lo declarara presidente para el periodo 1876-1879, pero tuvo que enfrentar dos impugnaciones; por una parte, la de José María Iglesias, reconocido jurista y presidente de la Suprema Corte de Justicia, quien reclamó el mando considerando que las elecciones que dieron el triunfo a Lerdo eran nulas, pues se realizaron en lugares en los que había suspensión de garantías; por otra, la de Porfirio Díaz, quien se levantó en Tuxtepec proclamando la "No Reelección". Tras la derrota de las fuerzas del gobierno en Tecoac, Lerdo abandonó el país y dejó el campo abierto al triunfador militar, pues el legalista Iglesias hizo lo mismo al no llegar a un acuerdo con Porfirio Díaz para que lo reconociera como presidente de la República. El orden constitucional invocado por los contendientes estaba sujeto a los vaivenes de la política, cuya última instancia —muy socorrida en aquellos días de malograda estabilidad institucional— era la fuerza. Así, la vigencia de la Constitución se postergaba haciendo ver la necesidad de un acomodo de fuerzas verdaderamente político, pues el diálogo entre la fuerza militar y la razón de la carta liberal era imposible.

5. Hacia el liberalismo conservador (1876-1889)

Para los legalistas fue difícil superar la derrota, pero con el tiempo se hicieron a la idea de que urgía establecer el orden que diera al país la tranquilidad necesaria para aprovechar el crecimiento económico y la estabilidad del momento, y poder atraer capitales e industrias que prosperaban en Europa y en Estados Unidos. El campo empezó a modernizarse; con la expansión del ferrocarril era posible atender la demanda de granos y de otros productos en lugares lejanos. Las compañías mineras y de ferrocarriles retomaron y aumentaron sus actividades. En 1868 había poco más de 500 kilómetros de vía; en 1888 llegaron a los 5 500, que unieron a las ciudades y lugares del interior y a la capital de la República con Estados Unidos a través de Paso del Norte; se tendieron ramales que comunicaban puntos lejanos, que abrieron otras vías de comercio con aquel país y facilitaron la comunicación interoceánica a través del Istmo de Tehuantepec, en la que sólo hubo avances parciales en el tendido de vías (la vía completa tendría que esperar al siglo xx). Los avances materiales exigían una política estable, y ésta los requería y fomentaba.

A fines de 1878, penúltimo año del primer periodo presidencial de Porfirio Díaz, apareció *La Libertad*, periódico "liberal-conservador" cuyos editorialistas no ocultaban el apoyo oficial, que, según ellos, no obraba en detrimento de la libertad de prensa, sino que, por el contrario, favorecía la discusión abierta y responsable con diarios de posición doctrinaria liberal, como *El Monitor Republicano* y *El Siglo XIX*, partidarios de mantener intocados los principios de la Reforma y los mecanismos de la Constitución de 1857, pese a que las evidencias hacían ver la necesidad de reforzar y actualizar la administración pública.

Notable fue la polémica entre José María Vigil, distinguido hombre de letras y editorialista de *El Monitor Republicano*, nacido en Guadalajara en 1829, y Justo Sierra Méndez, nacido en Campeche en 1848, editorialista responsable de *La Libertad*. Ferviente republicano como Vigil, sólo que, como hombre de generación posterior, atento a las condiciones que marcaban la modernidad científica y cultural, Sierra propuso desde las páginas de su periódico un programa de reformas a la Constitución para lograr que el Partido Liberal dejara de ser una organización de combate y se asumiera como partido de gobierno, y para hacer que los derechos consagrados como garantías individuales se ejercieran con responsabilidad, cumpliendo con los deberes que implicaban. También propuso que el Ejecutivo, responsable del orden público, tuviera los instrumentos adecuados al sistema presidencial, y que, llegado el caso, para fines determinados y específicos, fuera autorizado por el Congreso a legislar en materias concretas mediante comisiones, sometiendo el proyecto al Congreso para su aprobación; la autorización cesaría una vez cumplido el objetivo. Se trataba, decía Sierra, de "trasmutar la libertad en orden", a fin de hacer efectivos los principios constitucionales. Cuestiones como éstas, según hemos visto, se habían planteado a lo largo de la vida del México independiente durante los diversos regímenes constitucionales, en los que se advirtió la rivalidad del Legislativo y el Ejecutivo y la imposibilidad de lograr el acuerdo entre ambos poderes.

Quedaba, además, el problema de la brevedad del periodo presidencial y la exigencia de la no reelección, proclamada por Díaz cuando se alzó con el poder. Pero las cosas iban cambiando. A Díaz lo sucedió el general Manuel González, héroe de la batalla de Tecoac y compadre suyo, quien gobernó hasta 1884 y resolvió problemas difíciles, como la renegociación de la deuda inglesa, en la que había reclamos dudosos pero imposibles de eludir si se quería mantener e incrementar la credibilidad financiera que se iba logrando. La pérdida de popularidad de González no obró en perjuicio de Díaz, quien fue elegido presidente para el periodo que concluiría en 1888, considerando que esta elección no era reprobable, pues no era inmediata. Sin embargo, en este segundo cuatrienio se reformó la Constitución para permitir la reelección inmediata, y luego, a partir de 1892, la reelección inmediata se permitiría indefinidamente.

Al tiempo que se lograban estas reformas se actualizaron las leyes ordinarias: en 1884 el país contaba con nuevos códigos civil y de comercio; se actualizó la legislación minera, se aseguró la jurisdicción de la autoridad federal en ese campo así como en materia de propiedad territorial y en otras, pues por vía de interpretación constitucional, a través del juicio de amparo, podían y debían llegar a la Suprema Corte los asuntos más diversos. El Congreso, por su parte, dio preferencia a las iniciativas del Ejecutivo federal, y Díaz, por la suya, proclamando respeto al régimen federal y a las autoridades locales, supo establecer y mantener el contacto directo con las cabezas de los diversos ámbitos de autoridad.

Paralelamente a la instrumentación institucional y a la actividad política, se fue elaborando una justificación ideológica sustentada en los avances de la ciencia y en la explicación de la historia patria. En efecto, en los años ochenta del siglo XIX México contaba con historias monumentales en las que se daba cuenta de cómo se había formado la nación republicana. Una de tipo conservador y conciliador, debida a Niceto de Zamacois, *Historia de Méjico desde sus tiempos más remotos hasta nuestros días*, publicada en 20 volúmenes entre 1876 y 1882, y otra de corte liberal y republicano, *México a través de los siglos*, en cinco grandes tomos que fueron apareciendo en fascículos entre 1882 y 1889. El último tomo, correspondiente a la Reforma y al triunfo de la República, fue escrito por José María Vigil en un tono beligerante. Hubo muchas otras publicaciones menores, que en conjunto confirmaron el hecho de que México contaba ya con un recuento de su historia política en el que se asumían el triunfo y la consolidación de la República como destino de la patria mexicana.

Sin desmentir el aserto, pero moderando exaltaciones, Justo Sierra hizo su interpretación de la historia y advirtió la necesidad de una "política científica" sustentada en el conocimiento de la realidad social; gracias a ello se hacía evidente el proceso de evolución, en el que las revoluciones presentaban situaciones patológicas del "organismo social"; el conocimiento de este complejo organismo permitiría prever y evitar esos momentos de exaltación destructiva. Hablaba de la necesidad de un partido "liberal-conservador" capaz de aprovechar la experiencia histórica en la construcción del porvenir. El texto al que aludimos es un ensayo que apareció en 1889, *México social y político*, que marca el paso del Porfirismo al Porfiriato, en el que si bien hubo un relevo generacional, no se logró crear el partido "liberal-conservador" responsable de la política científica, pues quienes andando el tiempo habrían de reconocerse como "los científicos" no pudieron prescindir del caudillo, ni éste de ellos. Vivieron una suerte de simbiosis, en la que el viejo caudillo se hizo anciano y los maduros científicos se hicieron viejos.

Bibliografía

Hale, Charles A., *El liberalismo mexicano en la época de Mora, 1821-1853*, trad. de Sergio Fernández Bravo y Francisco González Aramburu, Siglo XXI, México, 1972. (Hay reimpresiones recientes.)
————, *La transformación del liberalismo en México a fines del siglo XIX*, trad. de Purificación Jiménez, México, Vuelta, 1991. (Hay una edición reciente del FCE.)
Rabasa, Emilio, *La Constitución y la dictadura. Estudio sobre la organización política de México*, 3ª ed., prólogo de Andrés Serra Rojas, Porrúa, México, 1956. (Hay reimpresiones recientes.)
Sierra, Justo, "México social y político. (Apuntes para un libro)", en *Ensayos y textos elementales de historia*, ed. coordinada y anotada por Agustín Yáñez, UNAM, México, 1948, pp. 125-169 (*Obras completas de Justo Sierra*, tomo IX). (Hay reimpresiones recientes.)
————, *Evolución política del pueblo mexicano*, ed. de Edmundo O'Gorman, UNAM, México, 1953 (*Obras completas de Justo Sierra*, tomo XII). (Hay reimpresiones recientes.)
Villegas Revueltas, Silvestre (comp.), *Antología de textos de la Reforma y el Segundo Imperio (1853-1867)*, UNAM, México, 2008 (Colección del Estudiante Universitario, 145).

X. El Porfiriato (1876-1911)

Javier Garciadiego

1. El impacto biográfico

El periodo de nuestra historia que se prolongó del último cuarto del siglo XIX al término del primer decenio del siglo XX tuvo un gran protagonista, Porfirio Díaz. Fue tal su dominio sobre la vida pública nacional que dicho periodo histórico lleva su nombre: el Porfiriato, también conocido como el Porfirismo. Ningún otro periodo de nuestra historia se identifica con el nombre de su gobernante. El Porfiriato duró poco más de 30 años, de finales de 1876 a mediados de 1911. Para comprenderlo mejor es preciso reflexionar primero sobre la biografía del propio Díaz. Además, se debe dividir en tres etapas, pues cada una tuvo características distintivas.

Porfirio Díaz nació en Oaxaca en 1830, en una familia mestiza de la clase media pueblerina, y puede decirse que su adolescencia y juventud coincidieron con una etapa muy turbulenta de la historia del país, dominada en buena medida por Antonio López de Santa Anna y caracterizada por la debilidad del gobierno central, evidenciada por varios conflictos internacionales, como la guerra de Texas (1836), la llamada Guerra de los pasteles (1838) y muy especialmente la guerra con Estados Unidos (1846-1848), que dio lugar a la pérdida de la mitad del territorio. También fue característica de esos años la notable inestabilidad política provocada por los numerosos cuartelazos e insurrecciones militares, por las graves diferencias entre los poderes Ejecutivo y Legislativo, por la insuficiencia presupuestal para mantener una burocracia estable y tranquila y por la falta de un proyecto mayoritario de país, pues todavía a mediados del siglo XIX se debatía sobre la forma de gobierno idónea para México: entre monarquía o república, federalismo o centralismo.

Desde joven Porfirio Díaz se involucró en los conflictos políticos y militares del país, incorporándose a los contingentes liberales que lucharon en la rebelión de Ayutla (1854-1855) y luego en la Guerra de Reforma (1858-1860), en la que obtuvo el grado de coronel. Díaz alcanzó la fama nacional en la guerra contra la Intervención francesa (1862-1867). De hecho, fue él quien recuperó la Ciudad de México, en junio de 1867, entregándosela a Benito Juárez. Con el triunfo del grupo liberal dio inicio el periodo conocido como República Restaurada, que duró hasta la llegada de Díaz al poder.

Durante esos 10 años ocurrió una clara división en el bando liberal. Por un lado quedaron Juárez y sus principales colaboradores civiles, convencidos de que, lograda la paz y restaurado su gobierno, el equipo gubernamental debía concentrarse en dirigir la reconstrucción del país, con los hombres capacitados para ello. Al margen quedaron caudillos militares, como Díaz, seguros de merecer los más altos puestos políticos por ser los verdaderos artífices de la victoria militar sobre las tropas francesas y el bando conservador mexicano. Así se explica que Díaz haya contendido contra Juárez en las elecciones presidenciales de 1867 y 1871. Puesto que en ambas ocasiones fue vencido, Díaz abandonó los procedimientos electorales y acudió al levantamiento armado: a finales de 1871 encabezó la rebelión de La Noria, pero la muerte de Juárez meses después dio lugar a la llegada al poder de Sebastián Lerdo de Tejada, quien otorgó la amnistía a Porfirio Díaz. En 1874 fue elegido diputado, pero no hizo propuesta legislativa alguna y sólo una vez subió a la tribuna. En 1876 Lerdo intentó reelegirse, lo que provocó la oposición de José María Iglesias, presidente de la Suprema Corte de Justicia. Por su parte, Díaz se alzó en armas contra Lerdo, proclamando el Plan de Tuxtepec —que se oponía a la reelección presidencial—, para lo que aprovechó la división entre los principales liberales civiles, Lerdo e Iglesias.

Fue así como Díaz alcanzó la anhelada presidencia, la que había buscado infructuosamente por casi 10 años. Su experiencia biográfica había sido su principal fuente de enseñanzas y definiría su concepción gubernamental. Al contrario de Santa Anna, Díaz desconfiaría de los gobiernos breves y frívolos; por eso su permanencia en el poder fue prolongada y siempre fue enemigo de incurrir en irresponsabilidades. La experiencia vital también le había enseñado lo costoso que era para México vivir entre alzamientos, rebeliones y pronunciamientos. Por eso se esforzó en imponer la paz en el país, así fuera una "paz forzada". Otra enseñanza consistía en ser consciente de lo gravoso que eran para el país los conflictos internacionales. De ahí su esmero en tener buenas relaciones diplomáticas con los demás países del mundo. Finalmente, su propia experiencia política lo llevaba a despreciar los procesos electorales y las instituciones legislativo-parlamentarias.

2. Ascenso y consolidación

Si bien estas características definirían su largo dominio del país, éste debe dividirse en tres etapas. La primera fue la toma del poder y su consolidación en él, desde su arribo a la presidencia, entre finales de 1876 y mayo de 1877, hasta el momento en que pudo controlar cabalmente todas las instituciones e instancias políticas del país; o sea, cuando llegó a dominar con plenitud el aparato político nacional, lo que sucedió hacia 1890, aproximadamente.

Para comenzar, debe quedar muy claro que llegó al poder cuatro años después de la muerte de Juárez, por lo que el grupo liberal estaba acéfalo; esto es, carecía de un líder indiscutido, sobre todo después de que los principales colaboradores directos de Juárez, Sebastián Lerdo de Tejada y José María Iglesias, acababan de dar pruebas claras de no tener las cualidades necesarias para asumir dicho liderazgo. En cambio, Porfirio Díaz pronto se convertiría en el líder del grupo liberal, aunque en un nuevo contexto, nacional e internacional, y con un proyecto que incluía continuidades pero también cambios notables.

El contexto nacional en el que inició su largo gobierno era propicio. Para comenzar, el grupo conservador había sido finalmente vencido, por lo que Díaz no tuvo que enfrentar el enorme desafío que padecieron los líderes republicanos de mediados del siglo. En términos ideológicos, sus propuestas habían mostrado graves limitaciones y dificultades. Por ejemplo, que era imposible establecer un régimen plenamente democrático con una sociedad tan poco educada, sin tradición democrática y sin las instituciones políticas pertinentes; en otro sentido, era imposible establecer un régimen cabalmente democrático sin una extendida clase media. Así, Díaz tuvo que cambiar el objetivo anterior, consistente en la concesión de algunas libertades y cierto grado de democracia, por uno más adecuado a una etapa previa e inevitable, en la que se buscaría primero el orden y el progreso. Para lograr este doble objetivo, puso en práctica una doble mecánica: centralizar la política y orquestar la conciliación. Para los renuentes habría represión.

El contexto internacional también le fue favorable. El enojo por el fusilamiento de Maximiliano había menguado. Además, Europa gozaba de un periodo de paz y crecimiento económico, lo que se tradujo en un notable incremento de su comercio exterior y de sus inversiones. Por su parte, Estados Unidos experimentaba dos procesos definitorios: un gran desarrollo industrial en su costa noreste y la modernización de su región fronteriza con México, lo que sería determinante para el crecimiento económico que experimentaría el norte mexicano durante el Porfiriato.

Una vez triunfante la rebelión tuxtepecana, en noviembre de 1876, Díaz encargó por unos meses la presidencia a Juan N. Méndez. El objetivo era doble: acabar con la resistencia militar de lerdistas e iglesistas y llegar a la presidencia legitimado por unas elecciones, en lugar de como un exitoso "golpista". Su primera presidencia, de 1877 a 1880, tuvo como prioridades la pacificación del país —recuérdese la existencia de varios pueblos indígenas rebeldes, así como la de numerosos bandoleros—; el control del ejército, en el que varios caudillos militares podían rivalizar con él, por lo que apoyó el ascenso de una nueva jerarquía, así como la obtención del reconocimiento diplomático de las principales potencias del mundo.

Puesto que Díaz no tenía experiencia en los ámbitos gubernativo y administrativo, carecía, comprensiblemente, de un equipo político propio. Por ello su gabinete contó con varios civiles destacados que no podían ser considerados porfiristas, alguno de los cuales llegó a creer que alcanzaría la presidencia al término del cuatrienio. A su vez, dio gubernaturas a jefes tuxtepecanos, como Rafael Cravioto, en Hidalgo, y a Manuel González, en Michoacán, y reconoció algunos liderazgos previos, como el de Trinidad García de la Cadena en Zacatecas y el de Gerónimo Treviño en Nuevo León.

Contra quienes pronosticaron que no tendría la capacidad para encabezar la política nacional, Díaz pronto demostró tener un instinto político inigualable, que sumado a sus experiencias biográficas y a las condiciones nacionales e internacionales, fueron suficientes para consolidarlo en el poder. Debido a que el Plan de Tuxtepec tenía como bandera la no reelección, promesa que elevó a rango constitucional, Díaz no pudo permanecer en la presidencia al término de su primer mandato. Sin embargo, conservó el poder real al colocar en ese puesto a su compadre, el general tamaulipeco Manuel González, quien había luchado en las filas conservadoras hasta que la Intervención francesa lo hizo pasarse al bando liberal y luchar bajo las órdenes de Díaz. Lograr una sucesión pacífica era inusitado en el siglo XIX. Ser sucedido, además, por un elemento de su entera confianza, permitía a Díaz permanecer en la política y posibilitaba su regreso al poder.

El gobierno de Manuel González (1880-1884) bien podría llamarse un "interregno". En buena medida continuaron las políticas porfiristas de pacificación y de reconciliación internacional, en particular con Inglaterra. A su vez, la estabilidad y la continuidad conseguidas permitieron el inicio de la reconstrucción económica nacional. De hecho, durante esos años se establecieron las líneas férreas que unieron la Ciudad de México con El Paso, Texas; se fundó el Banco Nacional de México, y se promulgaron nuevos códigos que sirvieran para modernizar la minería y el comercio.

La presidencia de González no implicó que Díaz se retirara de la política. Su fuerza en el ejército era mucha, lo mismo que su ascendencia sobre numerosos legisladores y sobre la mayoría de los gobernadores. Además, González enfrentó al final de su cuatrienio varios conflictos políticos, como la renegociación de la deuda inglesa, la impopular introducción de las monedas de níquel y ciertas acusaciones de corrupción, lo que posibilitó el regreso de Díaz a la presidencia, y que su vuelta al poder fuera aplaudida mayoritariamente por el desprestigio final de González.

El segundo cuatrienio de Díaz, de 1884 a 1888, prolongó la continuidad gubernamental: siguió el control sobre caudillos y caciques, y los que no aceptaron disciplinarse fueron combatidos; el saneamiento de la hacienda pública; la construcción de vías férreas y el establecimiento de instituciones bancarias. Más aún, comenzaron a recibirse nuevas inversiones europeas, surgió la agricultura de exportación, y la minería industrial —especialmente de cobre— comenzó a desplazar a la minería de metales preciosos, como el oro y la plata. Otra característica de esos años fue la tolerancia concedida a los asuntos religiosos. En efecto, consciente Díaz de los enojos que provocaba en la sociedad mexicana la aplicación de los artículos más jacobinos de la Constitución, como lo prueban las insurrecciones de 1874, optó por una política de relajación: no derogó ni modificó tales artículos, pero tampoco los aplicó. El resultado fue que, además de estabilidad política y crecimiento económico, el país empezó a vivir años de reconciliación social, lo que traería una auténtica "paz orgánica".

3. Auge porfirista: "poca política y mucha administración"

Este lema suele ser malentendido. En realidad se refiere a tres condiciones propias de aquellos años intermedios del Porfiriato. Primero que todo, no es que se hiciera poca política, sino que la política la hacía un grupo muy pequeño. Segundo, que a diferencia de lo sucedido en todos los decenios anteriores del siglo XIX, durante los años del auge porfiriano hubo muy poca oposición desde bandos contrarios al gobierno, como también fueron pocos los conflictos graves dentro del grupo gobernante. Por último, la frase "poca política" también alude a que Díaz estaba convencido de que la actividad política sólo entorpecía la marcha del país, por lo que redujo al mínimo toda forma de actividad política, como las contiendas electorales, los debates parlamentarios y las pugnas ideológicas en la prensa. De hecho, la opinión pública fue ahora dominada por un periódico llamado *El Imparcial*, creado en 1896, que se dedicaba a lanzar elogios al gobierno por sus logros económicos, pero sin hacer crítica alguna a su naturaleza política.

Lo significativo es que logró dicha despolitización de la vida mexicana sin mayores reparos; al contrario, lo hizo con la mayor anuencia y con un altísimo respaldo de los mexicanos de entonces. Es necesario recordar que durante esos años Díaz gobernó más con una "paz orgánica" que con una "paz forzada". El periodo de auge porfiriano abarca desde 1890, aproximadamente, hasta los primeros años del siglo XX. Su inicio puede ubicarse en el momento en que Díaz pudo reelegirse en forma inmediata no sólo una vez sino indefinidamente. Además, el procedimiento del reeleccionismo no fue sólo indefinido, sino generalizado; esto es, permanecerían largo tiempo en sus puestos los miembros del gabinete, los gobernadores, los legisladores y los jefes políticos. Obviamente esta pirámide estaba encabezada por Porfirio Díaz. Hubo mucha disciplina y se manejaron cada vez mejor las responsabilidades del puesto. Sin embargo, su gente fue envejeciendo en los cargos y los jóvenes con vocación política no tuvieron acceso al aparato gubernamental, lo que reclamarían airadamente tiempo después.

A riesgo de incurrir en comparaciones simplistas, el país pasó de un decenio y un gobierno broncos a tiempos menos violentos. Esto es, si durante la primera etapa del Porfiriato la prioridad había sido la pacificación y la consolidación en el poder, ahora lo sería la administración. Ello implicaba que Díaz ya no tenía ni competidores ni desafectos y que el control del ejército era pleno. Si al principio Díaz había gobernado con el apoyo negociado de diversos grupos, como los ex lerdistas y los ex iglesistas que aceptaron reciclarse —la famosa política de "pan o palo"—, con los militares liberales desilusionados del grupo más cercano a Juárez y con los caudillos y caciques regionales, para el periodo de auge gobernó ya con un equipo propio, el de los "científicos".

En términos sociales, los "científicos" eran miembros de las clases medias urbanas, aunque sus años en el gobierno les permitieron ascender en la escala social, asemejándose algunos a la oligarquía, con extensas propiedades rurales y con gran poder político. En términos intelectuales, estaban esmeradamente educados en las escuelas profesionales de jurisprudencia, ingeniería y medicina, y antes en la Escuela Nacional Preparatoria; en lo ideológico eran liberales, pero no del tipo doctrinario, casi jacobino: se decían liberal-positivistas o liberal-moderados.

Los "científicos" propusieron al gobierno de Díaz un proyecto gubernamental, que en buena medida se cumplió hasta el final del régimen. En materia económica, reconocían la necesidad de la inversión extranjera ante la falta de ahorro interno, aceptaban la conveniencia de exportar productos naturales y urgían el establecimiento de un sistema racional y nacional de impuestos, eliminando, en 1896, las alcabalas, especie de pagos por trasladar productos de una región a otra, lo que había obstaculizado la integración de la economía nacional. En materia política, aceptaban que el régimen tuviera como forma de gobierno la dictadura, pero alegaban que se trataba de una dictadura benéfica; en todo caso, este dictador —Díaz— debía ser sustituido, cuando llegara el momento, por instituciones y leyes, no por otro dictador, y menos aún por uno militarista (clara alusión a su competencia, el general Bernardo Reyes). En materia sociocultural, los "científicos" proponían que se ampliara el sistema de educación pública y que la educación que se impartiera fuera "científica". Por último, recomendaban que no se escindiera a la sociedad mexicana por causas religiosas.

Además de los "científicos", el aparato gubernamental porfirista contaba con otros grupos que lo completaban y estructuraban. El segundo grupo en importancia era el reyista, encabezado por el general Bernardo Reyes, una especie de "procónsul" para todo el noreste; también había liberales más clásicos, sobrevivientes o seguidores de los liberales de mediados del siglo XIX, así como porfiristas independientes; por último, incluso había conservadores reciclados. Durante los años de auge, la existencia de estos grupos no paralizó al gobierno de Díaz en tanto que no había mayores rivalidades entre ellos; eran más bien complementarios, si bien competían por aumentar su influencia y sus cuotas de poder. La razón de esto era el sistema reeleccionista indefinido y generalizado. No había una "manzana de la discordia", pues la presidencia no estaba disponible. Todos sabían que Díaz permanecería en la presidencia hasta el final de sus días y que si ellos aceptaban ese principio básico también permanecerían en sus puestos. Las competencias y rivalidades aflorarían hasta que Díaz dejara el puesto.

La estabilidad política, la paz orgánica nacional y el adecuado contexto internacional coadyuvaron a que durante esos años hubiera en México un impresionante crecimiento económico: continuó desarrollándose la agricultura de exportación; con la desaparición de los indígenas levantados en armas, y gracias al ferrocarril, la ganadería creció en el norte del país, pudiendo abastecer a poblaciones urbanas distantes; también crecieron la industria mediana en los ramos textil y papelero, y la minería industrial. Gracias a la instalación de varios miles de kilómetros de vías férreas, al mejoramiento de los principales puertos, al desarrollo de las comunicaciones telefónicas y telegráficas y a la desaparición de las alcabalas, durante aquellos años aumentó notablemente el comercio, tanto nacional como internacional. De hecho, la exportación de productos naturales fue superior a la importación de manufacturas, por lo que el país consiguió tener un superávit comercial por primera vez en su historia.

Reconocer el auge porfiriano no implica desconocer que el sistema político y el modelo económico porfiristas enfrentaban —más bien posponían— graves problemas. En cuanto a lo político, al basarse en las reelecciones indefinidas y generalizadas, el aparato gubernamental se hizo excluyente y gerontocrático, sin cabida para los jóvenes, los que años después reclamarían su ingreso con violencia. A su vez, el modelo económico prevaleciente imponía una grave dependencia del exterior, los beneficios se concentraron en una parte minoritaria de la población y hubo sectores económicos y regiones del país que se mantuvieron al margen del progreso. Sobre todo, desde mediados del siglo XIX los pueblos campesinos padecían severas presiones políticas y económicas; lo grave es que en esos pueblos vivía la gran mayoría de la población. Aunque con el crecimiento de la industria y de algunas ciudades muchos campesinos se urbanizaron y se proletarizaron, mejorando su nivel de vida, y si bien es cierto que las clases medias aumentaron su número, pronto los años de auge se acabarían, comenzando los tiempos del declive porfiriano.

4. Decadencia y caída

La tercera y última etapa del periodo porfirista abarcó el primer decenio del siglo XX. La decadencia fue total y hubo crisis en casi todos los ámbitos de la vida nacional, aunque comprensiblemente unos resultaron más afectados que otros. Resultó evidente que el gobierno de Díaz no tenía la capacidad de respuesta que exigía la gravedad de la situación.

Probablemente la crisis más grave fue la enfrentada en el sector político. Hasta 1900 el sistema dependía de las reelecciones de Díaz. Sin embargo, luego de cumplir 70 años —recuérdese que había nacido en 1830— se tuvo que diseñar un procedimiento para resolver el problema de su probable desaparición sin que el país padeciera un grave vacío de poder. Lo que se buscaba era cambiar el aparato político pero seguir con el mismo modelo económico, diplomático y cultural. El cambio debía limitarse a lo político, y obviamente se buscó que fuera un cambio controlado. Para ello, en 1904 se resolvió restaurar la vicepresidencia para que el propio Díaz eligiera a su compañero de mancuerna electoral, quien sería su sucesor.

El resultado fue radicalmente contrario a lo esperado. Si con la vicepresidencia se esperaba no padecer inestabilidad alguna a la muerte de Díaz y garantizar en cambio la continuidad de su modelo, en realidad con esa decisión comenzó el declive del Porfiriato. El problema surgió porque Díaz eligió como vicepresidente a Ramón Corral, ex gobernador de Sonora y miembro del grupo de los "científicos". Comprensiblemente, de inmediato los reyistas resintieron haber sido relegados, pues ello ensombrecía su futuro. Comenzaron por cuestionar las preferencias de Díaz y luego se dedicaron a criticar abiertamente a los "científicos", lo que generó los primeros problemas graves dentro del equipo porfirista, antes bastante disciplinado. De hecho, hasta entonces Díaz había sido árbitro incuestionado en los conflictos entre estos grupos, pero ahora había optado en favor de uno, perdiendo su carácter neutral. Luego vendrían las represiones a los obreros de Cananea y Río Blanco, y los reyistas culparon de la primera de ellas a la incapacidad de los políticos sonorenses del grupo de Corral. Posteriormente se padeció una severa crisis económica, y los reyistas culparon de ella a uno de los principales "científicos", el secretario de Hacienda y responsable de la economía nacional, José Ives Limantour.

En 1908 Díaz anunció, en una entrevista concedida al periodista norteamericano James Creelman, que no se reelegiría y que permitiría elecciones libres en 1910. Los reyistas aprovecharon tales declaraciones y comenzaron a movilizarse y organizarse. Crearon clubes, agrupaciones y partidos; publicaron periódicos, folletos y libros; utilizaron la tribuna en el Congreso. Su objetivo era demostrar a Porfirio Díaz que los "científicos" eran los causantes de los recientes problemas nacionales, y que ellos eran —en particular el general Reyes, gobernador de Nuevo León— mejores políticos y mucho más populares entre la población mexicana. Por esas tres razones, creían ellos, Díaz debía cambiar de compañero en la mancuerna electoral de 1910. La respuesta de Díaz fue contundente: se postularían otra vez él y Corral, a pesar de lo prometido a la nación en 1908 a través de Creelman.

Los reyistas replicaron aumentando sus críticas a los "científicos" e incrementando sus labores organizativas. Sobre todo, pronto se radicalizaron. Muchos reyistas pretendieron presionar a Díaz, buscando que aceptara que en 1910 compitieran dos fórmulas electorales: una con Díaz y Corral, otra con Díaz y Reyes. Algunos incluso propusieron que este último asumiera una candidatura presidencial independiente. Sin embargo, el general Reyes rechazó tal reto. Era un hombre formado en el sistema porfirista: creía que Díaz era imprescindible, y sólo aceptaría heredar el puesto si el propio Díaz accedía a designarlo vicepresidente suyo. Nunca intentó confrontarlo. El problema era que para esos momentos —finales de 1908 y primera mitad de 1909— Díaz estaba convencido de que los "científicos", con Corral a la cabeza, representaban la única opción para la continuidad de su proyecto gubernamental. Confiado en que así acabaría con la molesta insistencia de los reyistas, envió comisionado a Europa al general Reyes con el pretexto de que hiciera ciertos estudios militares. Obviamente se trataba de un exilio temporal con el que buscaba impedir el crecimiento del movimiento reyista.

El resultado fue catastrófico para Díaz y los "científicos". Al perder a su jefe, pues Reyes no tuvo los arrestos necesarios para rechazar dicha comisión y asumir una postura independiente, muchos de sus partidarios se radicalizaron, pasándose a otro movimiento político entonces naciente, el antirreeleccionismo. Este proceso fue definitivo, pues el cambio implicó no sólo el simple crecimiento numérico del antirreeleccionismo, sino la llegada a éste de gente con gran experiencia política, tanto gubernamental como administrativa; más aún, de gente con prestigio local, regional e incluso nacional. Recuérdese que el reyismo, antes de convertirse en movimiento oposicionista, era una parte sustantiva del equipo gubernamental porfirista. Por eso el efecto fue múltiple: se redujo y debilitó el aparato político y gubernamental de Díaz, se incrementaron los ataques a los "científicos" y creció en calidad y cantidad el antirreeleccionismo. Además, dejaron de cumplirse las funciones políticas y gubernamentales asignadas al reyismo cuando era parte del equipo de Díaz, tales como el control del noreste del país y las vinculaciones con la burguesía nacional, con las clases medias e incluso con los obreros organizados, además del control del ejército. No es casual, entonces, que el reclamo electoral contra Díaz haya iniciado en Coahuila; que en este desafío hayan participado clases altas de la región, sectores medios y trabajadores organizados de las poblaciones urbanas del país, los que no se sentían representados por los "científicos", por lo que su llegada al poder los amenazaba directamente.

La crisis del sistema porfirista no se redujo al aspecto político. También la economía entró en una grave crisis coyuntural, que vino a sumarse a sus debilidades estructurales, como su dependencia del exterior, las disparidades regionales y sectoriales, y la concentración de los beneficios en muy pocas personas. Sucedió que entre 1907 y 1908 hubo una crisis internacional que provocó la reducción de las exportaciones mexicanas y el encarecimiento de las importaciones, imprescindibles como insumos de gran parte de la producción manufacturera mexicana.

Para colmo, los préstamos bancarios se restringieron. Por lo tanto, sin mercado ni insumos ni créditos, los industriales disminuyeron su producción, lo que los obligó a hacer reducciones salariales o recortes de personal, tanto de empleados como de obreros. En el mundo rural los hacendados enfrentaron problemas similares, pero intentaron resolver la falta de préstamos bancarios aumentando las rentas a sus rancheros y arrendatarios y endureciendo el trato que daban a sus peones, medieros y aparceros. Por otra parte, los hacendados y los rancheros acomodados redujeron el número de jornaleros agrícolas que solían contratar temporalmente.

En resumen, la crisis económica golpeó los dos escenarios, industrial y rural, y afectó a todas las clases sociales. Más aún, el declive de la actividad económica afectó los ingresos del gobierno, pues disminuyeron los cobros por aranceles, los derechos de exportación y los impuestos que se aplicaban a las transacciones de compraventa. El gobierno de Díaz respondió con dos estrategias a la reducción de sus ingresos: congeló los salarios y las nuevas contrataciones de burócratas y buscó aumentar algunos impuestos, medida que resultó, como era previsible, muy impopular. Para colmo, dado que la crisis económica tenía carácter internacional, regresaron al país muchos braceros que perdieron sus empleos en Estados Unidos, pero como la situación económica nacional no permitía integrarlos al mundo laboral mexicano, vinieron a aumentar las presiones sociales y políticas que planteaban los desempleados del país.

En el sector social, la crisis también afectó los escenarios rural e industrial. Por lo que se refiere al campo, numerosas comunidades perdieron parte de sus tierras desde las Leyes de Reforma, las que fueron adquiridas o usurpadas por algunos caciques y hacendados, quienes buscaban aumentar su producción estimulados por el crecimiento de la demanda de las ciudades —incluso extranjeras—, por la posibilidad de enviar lejos sus productos mediante el ferrocarril y por la aparición de novedosos elementos tecnológicos. En las extensas praderas del norte mexicano muchos hacendados comenzaron a impedir el libre acceso a sus pastizales, vieja tradición que posibilitaba la alianza militar entre hacendados, rancheros, aldeanos y campesinos contra los indios belicosos de la región. El resultado fue la politización y organización de las comunidades rurales al no encontrar ayuda en las autoridades gubernamentales, claramente aliadas con los hacendados.

En el escenario industrial, a finales del Porfiriato hubo dos importantes movimientos huelguísticos. El primero tuvo lugar a mediados de 1906 en una mina de cobre de propiedad norteamericana, ubicada en la población sonorense de Cananea. Los salarios eran comparativamente buenos, pero se daban las mejores condiciones laborales a los trabajadores estadunidenses, lo que generó un clima de creciente tensión entre mexicanos y norteamericanos. La violencia estalló, como era previsible, por lo que para garantizar las vidas e intereses de estos últimos —directivos, empleados y trabajadores— penetraron al país contingentes militares —*rangers*— del vecino país. El enojo contra el gobierno mexicano —estatal y federal— fue tan grande como su desprestigio.

El otro conflicto tuvo lugar seis meses después, entre diciembre de 1906 y enero de 1907, en la población industrial de Río Blanco, vecina de Orizaba, en Veracruz. En este caso se trataba de una fábrica textil, y los reclamos obreros los motivaban el rechazo a un nuevo reglamento de trabajo redactado por los patrones y la obtención de mayores salarios y mejores condiciones laborales. El gobierno de Díaz incluso reconoció algunas de sus peticiones, pero fue incapaz de forzar a los empresarios a concederlas. Además, intentó obligar a los trabajadores a reiniciar sus labores, lo que provocó el estallido de la violencia, ante lo cual el gobierno reaccionó con una dureza inusitada, apelando al ejército y a los temidos "rurales"; como antes había sucedido en Cananea, fueron varios los trabajadores muertos y mayor el número de encarcelados.

Si bien el gobierno de Díaz no enfrentó después ningún movimiento obrero de envergadura, lo cierto es que aquellas represiones trajeron la politización de los trabajadores mexicanos, lo que explica que muchos de éstos hayan simpatizado con los movimientos oposicionistas que surgieron después, primero el magonista, luego el reyista, y al final el antirreeleccionista. Las represiones en Cananea y Río Blanco aumentaron el creciente desprestigio del gobierno, el cual se concentró en el grupo de los "científicos", no sólo encargados de la política económica del país sino también responsables de la gubernatura sonorense y del uso de los "rurales", por lo que se les asoció con la represión de Cananea. Este desprestigio de los "científicos" justificó que los reyistas alegaran que eran mejores compañeros electorales de Díaz, lo que de aceptarse los convertiría en sus sucesores.

También entró en crisis la política exterior porfirista. Hasta entonces había tenido dos fases y una característica. Primero se había dedicado a restablecer relaciones diplomáticas con los principales países del mundo, y luego había logrado que dichas relaciones fueran buenas y fluidas, lo que se expresó en intercambios comerciales crecientes y en el cumplimiento del gobierno mexicano de sus obligaciones internacionales. La característica básica de la política exterior porfirista fue que Estados Unidos había dejado de ser una amenaza para el país, pero comenzó otra vez a serlo después de la guerra hispanoamericana de 1898, cuando pasó a dominar el Caribe, luego de tomar el control de Puerto Rico y Cuba. Al terminar ese conflicto bélico, México descubrió que estaba rodeado por países con los que tenía muchas fricciones (como Guatemala) y por países abiertamente pro estadounidenses (como Cuba). Descubrió también que las inversiones económicas norteamericanas en México, lo mismo que sus relaciones comerciales, habían rebasado a las europeas. Como consecuencia, Díaz pasó los últimos años de su larga gestión intentando balancear y contrapesar la relación con Estados Unidos mediante el procedimiento de aumentar los tratos políticos y las relaciones económicas con Europa. Un caso ejemplar fue la naciente industria del petróleo, pues suscitó una enorme competencia entre las compañías británicas y las norteamericanas. Estados Unidos inmediatamente resintió la actitud de Porfirio Díaz, y es indiscutible que éste dejó de ser, para los ojos norteamericanos, el vecino ideal.

5. 1910: la coyuntura del derrumbe

Obviamente, las crisis que enfrentó el régimen de Díaz se manifestaron a través de grupos opositores. Además de los campesinos usurpados, los mineros de Cananea y los obreros de Río Blanco, cierto sector de católicos y jerarcas de la Iglesia se sensibilizó ante las severísimas condiciones laborales en las haciendas del México porfirista, lanzando algunas críticas a la estructura agraria en importantes periódicos católicos nacionales, como *El País* y *El Tiempo*.

Por otra parte, varios jóvenes liberales comenzaron a denunciar, hacia 1900, el alejamiento de Díaz de los principios liberales. Entre ellos destacaba Ricardo Flores Magón, hijo de un soldado oaxaqueño juarista y quien, junto con sus hermanos y otros colaboradores, publicaba el periódico *Regeneración*. La radicalización de estos liberales, que comenzaron a exigir libertad de imprenta y elecciones auténticas, trajo como consecuencia la represión gubernamental, manifestada en la clausura de periódicos y el encarcelamiento de periodistas. Los Flores Magón y otros líderes del movimiento —como Camilo Arriaga, sobrino de Ponciano, destacado constituyente de 1857— tuvieron que huir del país y exiliarse en Estados Unidos. Allí continuaron su oposición a Díaz y siguieron publicando el influyente *Regeneración*. Al principio propusieron la organización de un Partido Liberal para presionar a Díaz a que retomara los planteamientos ideológicos originales de mediados del siglo xix, o para competir en una futura contienda electoral, en tanto que eran contrarios a los potenciales sucesores de Díaz, los "científicos" o el general Reyes.

Su permanencia en Estados Unidos los hizo vivir en otra realidad social y conocer otro tipo de actores políticos. Sus lectores dejaron de ser los liberales mexicanos; ahora lo fueron los trabajadores mexicanos que radicaban, temporal o definitivamente, en Estados Unidos, así como los obreros mexicanos, sobre todo los que trabajaban en el norte del país, quienes leerían ejemplares de *Regeneración* introducidos clandestinamente a México. En el exilio los magonistas entraron en contacto con el elemento obrero norteamericano, en el que había numerosos trabajadores inmigrantes de todas partes del mundo, muchos de los cuales simpatizaban con el anarquismo o el socialismo. Comprensiblemente, los magonistas se internacionalizaron y se radicalizaron, a la vez que se distanciaron del debate político mexicano. En efecto, comenzaron a convocar a la lucha armada en México como la única vía para un cambio auténtico y posible. De hecho, en 1906 y 1908 hubo algunos levantamientos ligados al magonismo, pero fueron vencidos sin mayores consecuencias, siendo que el país, contrariamente, comenzaba a aprestarse a una contienda electoral. Al margen de que su diagnóstico sobre los males del Porfiriato fuera el más completo y riguroso, y de que sus recomendaciones de solución hayan tenido gran influencia en varias propuestas revolucionarias, comenzando por la propia Constitución de 1917, lo cierto es que su radicalización y su alejamiento del territorio nacional los hizo perder importancia militar y política en la Revolución mexicana.

Hacia 1908, al tiempo que declinaba la influencia del magonismo, creció la del reyismo. Sin embargo, este movimiento opositor, de origen gubernamental y objetivos ambiguos, entró pronto en declive. Contra los pronósticos más generalizados, un movimiento denominado antirreeleccionista, conformado por clases medias urbanas y por algunos trabajadores organizados, aunque encabezado por un muy importante empresario del noreste del país sin mayores antecedentes políticos, se convirtió en el principal desafío que enfrentaría Díaz a lo largo de sus cerca de 30 años en el poder. De hecho, a pesar del desprecio que el propio Díaz mostró por el naciente antirreeleccionismo, este movimiento terminó derrocándolo.

Acaso Díaz pensó que las elecciones de 1910 no le generarían mayores dificultades, con los magonistas exiliados y contrarios a cualquier contienda electoral, y con Reyes comisionado en Europa y aparentemente disciplinado ante la decisión reeleccionista de Díaz. Sin embargo, las elecciones de 1910 tenían que ser muy diferentes a todas las demás del periodo. Por primera vez la élite porfirista estaba escindida; además, Díaz no habría de contar con el apoyo que siempre le había otorgado el numeroso grupo reyista. Por otra parte, la sociedad mexicana se había politizado durante los años de crisis, ya fuera por las represiones en Cananea y Río Blanco, por el enfrentamiento entre los "científicos" y Reyes o por las esperanzadoras pero falsas promesas hechas por Díaz en su entrevista con Creelman.

Lo más singular de las elecciones de 1910 fue que en ellas participó un contendiente auténtico, Francisco I. Madero, quien realizó una campaña de enorme repercusión en el plano nacional. Hizo giras en las que visitó algunas de las principales poblaciones del país. Era un hombre ya maduro pero aún joven, de 37 años, mientras que Díaz era un hombre envejecido, de 80 años. Obsesionado por mantenerse en el poder, no dio concesiones a la oposición: muy al contrario, encarceló a Madero —por un cargo insostenible— y se declaró reelecto otra vez. Puso oídos sordos a los reclamos de fraude electoral, y con ello dio lugar a que un proceso que los opositores deseaban pacífico se tornara violento. Así empezó la Revolución mexicana.

Bibliografía

a) Testimonios de la época, tanto los favorables como los críticos a Díaz

Bulnes, Francisco, *El verdadero Díaz y la Revolución*, Eusebio Gómez de la Puente, México, 1920. (Consúltese la versión publicada por el Instituto Mora en 2008.)

López-Portillo y Rojas, José, *Elevación y caída de Porfirio Díaz*, Librería Española, Méjico [1921]. (También existe una edición de 1975 publicada por Porrúa.)

Molina Enríquez, Andrés, *Los grandes problemas nacionales*, Imprenta de A. Carranza e Hijos, México, 1909. (Consúltese la publicada por Ediciones Era en 1999.)

Sierra, Justo, "La era actual", en *Evolución política del pueblo mexicano*, La Casa de España en México, México, 1940, pp. 413-458. (Véase la edición de Conaculta de 1993.)

Turner, John Kenneth, *México bárbaro*. (Existen varias ediciones accesibles, por ejemplo, la de Porrúa de 2000.)

Zayas Enríquez, Rafael de, *Apuntes confidenciales al presidente Porfirio Díaz*, Citlaltépetl, México, 1967.

También debe consultarse la antología *Regeneración 1900-1918. La corriente más radical de la revolución de 1910 a través de su periódico de combate*, con prólogo, selección y notas de Armando Bartra, Hadise, México, 1972.

b) Primeras revisiones historiográficas

Cosío Villegas, Daniel, *et al.*, *Historia moderna de México*, 10 vols., Hermes, México, 1955-1972. (Existe una útil antología de esta inmensa obra: Enrique Krauze [comp.], *Daniel Cosío Villegas. El historiador liberal*, FCE, México, 1984. Los interesantísimos prólogos a cada uno de los tomos fueron reproducidos en Daniel Cosío Villegas, *Llamadas*, El Colegio de México, México, 2001.)

Valadés, José C., *El Porfirismo. Historia de un régimen*, 2 vols., Patria, México, 1948. (También puede consultarse la edición publicada por la UNAM en 1987, o la síntesis *Breve historia del Porfirismo, 1876-1911*, Editores Mexicanos Unidos, México, 1971.)

c) Monografías académicas recientes

Garner, Paul, *Porfirio Díaz: del héroe al dictador: una biografía política*, Planeta Mexicana, México, 2003.

Guerra, François Xavier, *México: del Antiguo Régimen a la Revolución*, 2 vols., FCE, México, 1988.

Krauze, Enrique, y Fausto Zerón-Medina, *Porfirio*, 6 vols., Clío, México, 1993.

Tenorio, Mauricio, y Aurora Gómez Galvarrioto, *El Porfiriato*, FCE, México, 2006.

XI. Los años revolucionarios (1910-1934)

Álvaro Matute

1. La lucha armada

El llamado de Francisco I. Madero en el Plan de San Luis a levantarse en armas el 20 de noviembre de 1910, a las seis de la tarde, como protesta por la violación a la voluntad ciudadana en las elecciones presidenciales, fue minimizado por la opinión pública, ya que apenas hubo unos cuantos brotes aislados. Sin embargo, mes a mes aumentaban los levantamientos, principalmente en los estados del norte del país. Para el mes de abril ya eran muchos los focos encendidos. Pueblos y ciudades pequeñas sucumbían ante el ataque de los rebeldes, que voluntariamente habían tomado las armas. Muchos de ellos eran trabajadores del campo, de los bosques y de las minas, que sin preparación militar previa descontrolaron al ejército federal poniendo en evidencia la falta de motivación de una tropa reclutada por el sistema de leva. Muchos de los nuevos revolucionarios eran hábiles en el manejo de los caballos y las carabinas. Uno de ellos, Pascual Orozco, destacó por sus dotes en esos menesteres. El ejército fue incapaz de enfrentar a una pluralidad de grupos, que no habían, sin embargo, ofrecido un frente de batalla unido. Esto último, o lo más parecido a ello, ocurrió en Ciudad Juárez, en la frontera de México con Estados Unidos, a principios del mes de mayo. Los rebeldes amagaron y las tropas federales se defendieron hasta caer derrotadas, y con ello forzaron al gobierno a negociar su capitulación. Porfirio Díaz renunció a la presidencia y se expatrió de manera voluntaria, a la vez que se formó un gobierno de transición compuesto por revolucionarios y representantes del régimen depuesto. Madero marchó en ferrocarril a la Ciudad de México, a la que llegó el 6 de junio, pocas horas después de que un severo terremoto la sacudiera. Francisco León de la Barra sería presidente interino hasta noviembre, mientras Madero y otros candidatos —entre ellos el propio León de la Barra— buscaban el voto popular.

2. La experiencia maderista

El llamado de Madero fue atendido por una gran variedad de grupos sociales. La amplitud de temas que tocaba en el Plan de San Luis hacía que lo secundaran tanto quienes buscaban el establecimiento de la democracia como quienes se interesaban en la justicia social, principalmente las reivindicaciones agrarias. Así, desde hacendados hasta peones, profesionistas, obreros, profesores y empleados respondieron positivamente a su plan, aunque no fue seguido por igual en las distintas regiones del país. Mientras en algunos estados la actividad revolucionaria fue intensa, en otros pasó inadvertida.

Un movimiento independiente fue el acaudillado por Emiliano Zapata en el estado de Morelos. Su lucha se fincaba fundamentalmente en la restitución de las tierras comunales que les habían sido despojadas a los campesinos por el abuso de la Ley de Terrenos Baldíos y que había destruido las comunidades. El zapatismo representa un tipo de lucha distinto al que se observó en otras partes de la República, ya que su fin consistía en restablecer la vida comunitaria tradicional. Al ver que Madero no respondía con rapidez a sus demandas, Zapata proclamó el Plan de Ayala, en el que, además de desconocer al nuevo presidente, intensificaba su lucha agrarista.

Por lo que respecta a los núcleos urbanos, los trabajadores industriales y de servicios se organizaron en la Casa del Obrero Mundial, que seguía los lineamientos sindicalistas de corte internacional, los cuales procuraban la regulación de la situación laboral. Los católicos, a su vez, acudieron al llamado de la encíclica *Rerum Novarum* y se organizaron para reclamar satisfacción a necesidades laborales justas. Al mismo tiempo, los profesionistas de clase media se organizaban en partidos como el Antirreeleccionista, el Liberal, el Constitucional Progresista, el Católico Nacional y el Evolucionista. Ellos canalizarían su lucha hacia la obtención de la representación nacional en las cámaras de Diputados y Senadores.

Desde luego que no todos los mexicanos coincidían en cuanto a los medios y los fines que se perseguían para conseguir los cambios. El candidato y después presidente Madero generó mucha oposición, tanto en el terreno legal, propio del juego democrático, como en el militar. En cuanto al primer tipo de oposición, ésta se manifestó en la prensa, que después de decenios volvía a tener la garantía de su libertad, así como en la obtención de escaños en la XXVI Legislatura de la Cámara de Diputados, tras unas elecciones libres, lo que tampoco se había visto en el antiguo régimen. En relación con la oposición militar, los movimientos armados contra Madero fueron varios y de distinta consideración. Primero, un grupo de anarquistas, seguidores del precursor Ricardo Flores Magón, invadió el Distrito Norte de Baja California en lo que se conoce como "expedición filibustera", la cual fue derrotada relativamente rápido. Lo mismo sucedió con la encabezada por el general Bernardo Reyes, cuya intención era restaurar el régimen caído. Reyes fue hecho prisionero y conducido a la capital. El otrora revolucionario Pascual Orozco se puso al frente del que sin duda fue el más difícil conjunto enemigo del gobierno maderista. Tras varios meses de lucha, con algunos resultados desastrosos para el ejército, pudo ser derrotado por el general Victoriano Huerta, entonces fiel a Madero. Por último, el también general Félix Díaz, sobrino de Porfirio Díaz, organizó su propia rebelión en el estado de Veracruz, donde fue combatido, hecho prisionero y, al igual que el general Reyes, trasladado a la Ciudad de México.

Otro frente adverso al presidente Madero fue el internacional, especialmente el tocante a las relaciones con Estados Unidos. Gravar con un módico impuesto la explotación petrolera provocó una protesta enconada de parte del embajador Henry Lane Wilson, quien no cejó en sus presiones al gobierno.

Al finalizar el año de 1912, el presidente Madero creía haber dominado la situación, a pesar de que un bloque de diputados le advirtió que se corrían peligros. Al comienzo de 1913 una nueva crisis estalló cuando fueron liberados de sus prisiones los generales Bernardo Reyes y Félix Díaz. El primero murió el 9 de febrero, al inicio del enfrentamiento en la Ciudad de México conocido como Decena Trágica. El embajador Wilson reunió a los generales Félix Díaz y Victoriano Huerta, quien debía encabezar la defensa del gobierno, para derrocar al presidente, lo que sucedió el 19 de febrero, cuando Madero y el vicepresidente José María Pino Suárez fueron hechos prisioneros. Huerta tomó el poder al ser nombrado presidente tras la renuncia de Pedro Lascuráin, quien fue titular del Poder Ejecutivo durante 45 minutos. Con Huerta la contrarrevolución se hizo del poder. El 22 de febrero Madero y Pino Suárez fueron asesinados frente a la cárcel de Lecumberri.

3. El movimiento constitucionalista y la caída de Huerta

Para combatir al usurpador Huerta, el gobernador de Coahuila, Venustiano Carranza, organizó un ejército que se llamó "Constitucionalista" y expidió el Plan de Guadalupe. Por su parte, Emiliano Zapata tampoco reconoció al nuevo gobierno. Al llamado de Carranza se sumaron antiguos maderistas como Francisco Villa y un grupo de sonorenses que habían combatido a Orozco, entre los cuales destacaba Álvaro Obregón. La organización carrancista se fortaleció en los estados del norte. Con esto se desarrolló la fase más violenta de lo que entonces ya se identificaba como "Revolución".

Muchos personajes notables, tanto porfiristas como revolucionarios, apoyaron al general Huerta y trataron de promulgar leyes de beneficio social, entre las cuales sobresalen algunas reformas educativas y de normatividad higiénica, pero les resultaba difícil entenderse con el presidente, cuya tarea principal consistía en combatir a los constitucionalistas. En la persecución a los opositores a su gobierno, destacó el asesinato del senador Belisario Domínguez y de los diputados Serapio Rendón y Adolfo Gurrión, así como el encarcelamiento de los integrantes de la legislatura, con el fin de elegir otra que aprobara todas sus medidas. Huerta se enfrentó al problema de que a los pocos días de tomar el poder hubo cambio de gobierno en Estados Unidos. El nuevo presidente, Woodrow Wilson, no aprobó la manera mediante la cual Huerta había llegado al poder y no le otorgó reconocimiento diplomático. Más adelante, ya en 1914, un incidente en Tampico, donde fue atacado un barco de Estados Unidos, propició el desembarco de tropas de ese país en Veracruz. Así, el gobierno de Huerta tenía que atacar varios frentes: la intervención naval, el Ejército Constitucionalista, que avanzaba del norte al centro del país, y los zapatistas en el sur.

Durante 1914 Carranza envió tropas a lugares lejanos, como Yucatán y Oaxaca, para extender su movimiento. La situación no pudo esperar. Tras las derrotas en las batallas de Zacatecas, ante la División del Norte, que comandaba Villa, y de Orendáin, ante la División del Noroeste, comandada por Obregón, que culminó con la toma de Guadalajara, Huerta huyó del país y un gobierno provisional firmó los Tratados de Teoloyucan en agosto; así, los constitucionalistas entraron triunfantes a la Ciudad de México.

4. Los revolucionarios divididos

La Revolución comenzó a escindirse a partir del reparto de tierras llevado a cabo en Las Palomas (Tamaulipas) por el general Francisco J. Múgica, que molestó a Carranza por acelerar la cuestión social antes de dar por concluidos los objetivos políticos de su movimiento, consistentes en acabar con el gobierno de Huerta. No bastó el pacto firmado en Torreón, que posponía la cuestión social, para impedir la división, con el compromiso de atenderla al alcanzar la victoria. Al triunfar, duró poco tiempo la unión. Por una parte, los generales revolucionarios convocaron a una convención que tendría por objeto formular el plan de reformas sociales y políticas del movimiento; por otra, Carranza creía peligroso llevar a cabo tal programa antes de consolidar lo ganado hasta ese momento. La convención se instaló en la capital, pero al crecer la división se trasladó a Aguascalientes, donde se declaró soberana. Villistas y zapatistas dieron su apoyo a la convención, que nombró un gobierno encabezado por Eulalio Gutiérrez y marchó a la Ciudad de México, mientras Carranza trasladaba su gobierno a Veracruz. Villa y Zapata se encontraron en Xochimilco y marcharon a la ciudad con el gobierno de Gutiérrez, quien trató de quitarse de encima el peso que significaba el general Villa. Al no conseguir su cometido, Gutiérrez y sus partidarios salieron de la capital, mientras los convencionistas nombraban presidente a Roque González Garza. Entre tanto, el general Obregón apoyaba a Carranza y se organizaba para combatir a los villistas.

Hasta ese momento, a principios de 1915, se habían despertado muchas expectativas. La lucha no era solamente armada, sino que los distintos grupos en pugna buscaban atraerse a la mayoría de los ciudadanos a través de ofertas legislativas beneficiosas para el conjunto social, como la ley del 6 de enero, que proclamaba la reforma agraria, consistente en el fraccionamiento de los latifundios y el reparto tanto en pequeña propiedad como en ejidos (tierras para explotación comunal), o bien con decretos que garantizaban salarios mínimos y jornadas máximas de trabajo, protección a los accidentados y prohibición del trabajo infantil. En los aspectos laborales, tanto los integrantes de la Casa del Obrero Mundial como los de los sindicatos católicos se disputaban la vanguardia. Al mismo tiempo, desde la lucha contra Huerta, los constitucionalistas se habían destacado por su anticlericalismo y luchaban por "desfanatizar" a la población cometiendo todo tipo de excesos. La Casa del Obrero Mundial ofreció su apoyo a los carrancistas y formaron los batallones rojos, que se sumaron a la lucha contra los villistas. Dentro de éstos había algunos que simpatizaban con las propuestas del catolicismo social.

Durante el mes de abril se desarrollaron las batallas de Celaya y Trinidad, que fueron los combates con más contendientes del periodo de la lucha armada. Con su triunfo, que le costó la pérdida del brazo derecho, el general Obregón derrotó a Villa. El carrancismo se apoderó de los principales puertos, como Progreso en Yucatán, Salina Cruz en Oaxaca, Puerto México o Coatzacoalcos en Veracruz, así como de las aduanas norteñas. Esto le daba fuerza y control territorial. Pero eso no trajo consigo la paz, ya que persistían muchos movimientos a lo largo y ancho del país, algunos de signo revolucionario, otros contrarrevolucionarios y algunos más simplemente bandoleros. Villistas y zapatistas seguían en pie de lucha; en la región del Golfo, Félix Díaz había vuelto a las armas, a la vez que en la Huasteca Manuel Peláez protegía los campos petroleros para evitar que la producción bajara, pues el petróleo lo requerían las potencias enfrascadas en la entonces llamada Gran Guerra europea; Oaxaca era escenario de un movimiento soberanista que desconocía al gobierno federal; en Chiapas había contingentes rebeldes; en suma, no había unidad nacional. Los grupos de bandoleros, sin mediar ningún tipo de oferta ideológica, asolaban y destruían poblaciones. Mientras eso ocurría, entre 1915 y 1917 el país sufrió hambrunas debido a la escasez de alimentos, y se vivía un caos provocado por el hecho de que cada uno de los bandos revolucionarios emitía moneda, que no todos los comerciantes aceptaban.

Aunque de manera precaria, las principales ciudades fueron escenario de una pacificación paulatina (por ejemplo, no dejaba de haber funciones de cine y teatro), pero el campo seguía en lucha. Los ferrocarriles eran asaltados constantemente y voladas las vías férreas, lo que impedía la circulación de mercancías. Los esfuerzos principales del gobierno constitucionalista se dirigían a conseguir la pacificación, tarea difícil, ya que había territorios sobre los que no tenía ningún dominio, como el estado de Morelos, por ejemplo.

El zapatismo se hizo cargo de la defensa de lo que quedaba de la convención. Los delegados formaron en Cuernavaca un Programa de Reformas Político-Sociales de la Revolución. En él se compendian las principales aspiraciones revolucionarias, que van desde el establecimiento de un régimen parlamentario hasta la destrucción de los latifundios, la creación de escuelas agrarias, la independencia de los municipios, la educación laica, en fin, muchos puntos que recuerdan lo expresado en 1906 por el Plan y Programa del Partido Liberal, de Flores Magón. Los dos bandos escindidos tenían este último documento como punto de partida.

Mientras se entablaban los combates ideológicos y los armados, la población sufría hambre y vivía con zozobra. La inseguridad del campo hacía que las ciudades recibieran más población de la que sus servicios podían atender, y ello propició insalubridad, por lo que cundían las epidemias. Para hacer más llevadero el estado de cosas, el teatro del llamado "género chico", esto es, sainetes cómicos y satíricos alusivos a la situación, y revistas musicales con cantantes conocidas como tiples, amainaban los pesares que acongojaban a la gente. La vida seguía su curso normal hasta donde eso era posible.

5. La Constitución de 1917

En 1916 se lanzó la convocatoria para celebrar un Congreso Constituyente al finalizar el año. Fueron elegidos 210 diputados que llevarían a cabo sus sesiones en la ciudad de Querétaro. El resultado fue una nueva Constitución Política de los Estados Unidos Mexicanos. Los diputados electos sólo provenían del grupo vencedor carrancista, pero no tardaron mucho en dividirse en dos bandos: los jacobinos, más radicales en las reformas que proponían, y los entonces conocidos como "senadores romanos", partidarios del proyecto de Venustiano Carranza. En las sesiones, que duraron dos meses, las discusiones fueron de tono muy áspero. Al final se impusieron las reformas radicales en lo concerniente a educación, que debió ser obligatoria, laica y gratuita (artículo 3°); en el aspecto agrario (artículo 27), en el que se establecía que la propiedad residía originariamente en la nación, la cual otorgaba la propiedad privada a los ciudadanos, pero se reservaba la del subsuelo, con minerales e hidrocarburos, y asumía la facultad de modificar la tenencia de la tierra con el fin de fraccionar los latifundios; en el terreno laboral (artículo 123), estableciendo salarios mínimos, jornadas máximas de trabajo y todo tipo de garantías a los trabajadores; en lo concerniente a la religión (artículo 130), marcaba no sólo la separación entre Iglesia y Estado, sino que otorgaba a éste la supremacía sobre aquélla e implantaba una serie de restricciones a los ministros religiosos y al culto. Otro rasgo distintivo de la Constitución era su carácter antimonopólico (artículo 28) y su opción por el presidencialismo como régimen político, al establecer el privilegio del titular del Poder Ejecutivo de ser jefe de Estado y de gobierno y de nombrar y remover libremente a sus colaboradores, y no como en los sistemas parlamentarios, en los que es el Congreso el encargado de hacerlo (artículos 80 a 84).

Con la Constitución se cerraba, al menos en el terreno legal, un capítulo de la Revolución, aunque la realidad social y militar expresaran lo contrario. Al ambiente candente que privaba desde los años anteriores a 1917 se sumarían las protestas expresadas contra la Constitución. Entre el 5 de febrero, fecha en que se promulgó, y el 1º de mayo, día en que Venustiano Carranza era investido presidente constitucional, Estados Unidos declaró la guerra a Alemania y los llamados Imperios Centrales, con lo cual el conflicto originariamente europeo adquirió dimensión mundial. Esto colocaba a México, importante productor de petróleo, en el eje de los intereses tanto de Alemania como de Estados Unidos y sus aliados, en especial Inglaterra. Las presiones por ello no se hicieron esperar, en el sentido de que México debía optar por uno de los bandos en pugna, pero el presidente Carranza mantuvo una posición de neutralidad, que muchos interpretaron como inclinación favorable a Alemania. Entre tanto, el gobierno mexicano aprovechó las circunstancias para establecer reformas acordes con la nueva Constitución y obligar a las compañías petroleras a solicitar permisos de perforación. Asimismo, las gravó con nuevos impuestos. El Senado estadounidense ejerció presiones sobre el presidente Wilson para que invadiera México, pero dicha invasión no se llevó a cabo. Sin embargo, hubo maniobras para tratar de que ingresaran tropas a territorio mexicano, como de hecho ocurrió cuando Francisco Villa incursionó en Nuevo México y lo persiguió una expedición punitiva al mando de quien después comandaría las fuerzas estadounidenses en la primera Guerra Mundial, el general Pershing. Las tensiones entre los dos países se acentuaron, en especial en 1919, cuando ya Estados Unidos había ganado la guerra. Sin embargo, la diplomacia mexicana resistió la presión, mientras esperaba el cambio de gobierno en el país del norte.

La situación interior tampoco mejoraba, pues había actividad militar en casi todo el país. La ventaja para el gobierno radicaba en que los distintos grupos, con objetivos diferentes, no estaban unificados bajo un mando. El único enemigo que el gobierno pudo derrotar fue Emiliano Zapata, gracias a una emboscada que preparó Jesús Guajardo bajo las órdenes del general Pablo González. Esto ocurrió en la hacienda de Chinameca el 10 de abril de 1919. Con esto, el control territorial en los aledaños de la capital le dio mayor estabilidad al gobierno, de manera que pudo desarrollar una actividad política cada vez más regular, hasta que se aproximó el final del periodo presidencial.

6. Aparición del caudillismo

En 1919 el general Álvaro Obregón, que se había marginado del gobierno desde dos años antes, lanzó un manifiesto en el cual se autoproclamaba candidato a la presidencia de la República. Carranza había solicitado que los aspirantes a sucederlo esperaran hasta finalizar el año. Pero el hecho de que Obregón comenzara a mover sus piezas propició que Pablo González también lo hiciera. El Partido Liberal Constitucionalista apoyó a Obregón, y después lo harían el Cooperatista y el Nacional Agrario. Sin embargo, Obregón no buscaba sujetarse a un partido, sino que esas organizaciones lo apoyaran a él. Hacia el final del año inició una gira electoral desde el Pacífico norte hacia el centro, con paradas en las principales ciudades, en las que buscó el apoyo de sus partidarios. Al llegar a la capital continuó sus giras electorales inspirado en las que había realizado Madero, quien fue el primero en realizar estos recorridos. Desde el ámbito oficial el candidato resultó ser el embajador de México en Washington, ingeniero Ignacio Bonillas, quien era desconocido para la mayoría de la población. Bonillas comenzó su campaña electoral en marzo de 1920, cuando Obregón y en menor medida Pablo González habían ganado ya mucho terreno. En busca de apoyo, Obregón había establecido contactos con algunos de los grupos rebeldes contrarios al gobierno de Carranza. Uno de ellos fue el general Roberto Cejudo, quien estaba fuera de la ley, por lo que la gira de Obregón, en ese momento en Tampico, fue interrumpida para que se trasladara a la capital a rendir declaración ante un tribunal. Después de una comida con Pablo González y otros militares y políticos, Obregón, que era vigilado por agentes del gobierno, intercambió sombrero con el licenciado Miguel Alessio Robles durante un recorrido en un automóvil descubierto, y se arrojó a los tiestos de un parque público de la colonia Roma. Los vigilantes siguieron a Alessio, que llevaba el sombrero de Obregón, al tiempo que un ferrocarrilero recogía al general y lo ocultaba. Por la noche, disfrazado de garrotero, abandonaba la capital para internarse en territorio zapatista, donde se le brindó protección.

Mientras esto sucedía, en el estado de Sonora se intensificaba el conflicto con el gobierno federal a causa del dominio de las aguas del Río Sonora. Dicho conflicto orilló al gobernador Adolfo de la Huerta a no acatar las disposiciones del gobierno federal, y con el apoyo del general Plutarco Elías Calles proclamó el Plan de Agua Prieta, mediante el cual desconocía al presidente Carranza e invitaba a ser secundado.

Ante la gravedad de la situación, el 7 de marzo de 1920 el presidente Carranza decidió abandonar la capital para organizar la resistencia contra los rebeldes desde Veracruz, como lo había hecho en 1915. El ferrocarril que lo transportaba y que conducía a todo el gobierno, incluyendo el tesoro nacional, sufrió varios ataques a lo largo del trayecto hasta que la voladura de la vía impidió que siguiera adelante. Entonces una comitiva más pequeña, con el presidente a la cabeza, decidió continuar su marcha a caballo hacia la costa, más al norte de Veracruz. En la madrugada del 21 de mayo fue emboscado en el poblado de Tlaxcalantongo, en la sierra de Puebla. Con la muerte del presidente, Pablo González ocupó la plaza de la Ciudad de México, mientras los jefes de la rebelión de Agua Prieta se trasladaban a ella secundados por prácticamente todo el ejército nacional. El Congreso eligió como presidente interino a Adolfo de la Huerta, para completar el periodo presidencial del 1º de junio al 30 de noviembre. En ese lapso se debían celebrar las elecciones para la renovación de los poderes federales.

El desempeño de Adolfo de la Huerta como presidente interino puede calificarse de excepcional. Procuró dejar arreglado el mayor número de pendientes que implicaba la transición entre el gobierno de Carranza y el siguiente. El problema principal era la pacificación del país. De la Huerta aprovechó las alianzas con grupos anticarrancistas, como los zapatistas, establecidas por Obregón durante su campaña electoral. En menos de los seis meses que estuvo a cargo del Ejecutivo, logró que depusieran las armas los soberanistas oaxaqueños, Manuel Peláez, en la Huasteca, y Félix Díaz y Alberto Pineda, en Chiapas, y derrotó a Esteban Cantú en Baja California, por mencionar sólo a algunos de los principales. Su labor más destacada fue la negociación con el general Villa, quien aceptó deponer las armas a cambio de la cesión de una hacienda —Canutillo—, que funcionaría como colonia agrícola-militar, y el permiso de conservar una escolta integrada por sus "dorados".

Otra manera de atraer personalidades hacia su gobierno fue el nombramiento de José Vasconcelos —escritor que había colaborado con la convención— como rector de la Universidad Nacional de México. Desde ahí, Vasconcelos trabajaría en la organización de campañas de alfabetización para poner, como él dijo, "a la Universidad al servicio de la Revolución". El único fracaso de De la Huerta, o el más significativo, consistió en no obtener el reconocimiento diplomático de Estados Unidos, que se encontraba en proceso de cambio de gobierno. Ese pendiente se lo dejaría al nuevo gobierno, que iniciaría el 1º de diciembre bajo el mando del general Álvaro Obregón.

7. El México de Obregón

El Censo General de Población de 1921 no fue lo primero pero sí algo muy importante de lo hecho por el nuevo gobierno. Lo que más llamó la atención de las cifras recogidas por el censo fue que había cerca de un millón de habitantes menos que en 1910; para ser precisos, 825 589. La población total registrada fue de 14'334 780. Mucho se ha hablado de que la Revolución arrojó un saldo de un millón de muertos; en realidad, la cifra real se estima en alrededor de un cuarto de millón. El déficit de población se explica por el elevado número de víctimas que cobró la pandemia de la influenza española de 1918, con un número aproximado al medio millón. A esta devastadora enfermedad debieron sumarse otras epidemias, que prosperaban debido a las condiciones de insalubridad propiciadas por las guerras; otro porcentaje importante de población abandonó el país en busca de seguridad. Lo que sí hay que considerar es que la pérdida de población involucra tanto a quienes no alcanzaron entre 1911 y 1920 la edad suficiente para ser contados como a los menores fallecidos por epidemias y hechos de armas. Hay que tomar en cuenta que muchas personas en edad reproductiva murieron en el decenio, por lo que el potencial demográfico disminuyó. Tres millones y medio de la población del país se dedicaban a actividades ligadas a la tierra, lo que explica que la mitad de la población viviera en municipios de menos de 5000 habitantes. La ciudad más poblada apenas rebasaba los 100 000. Otras condiciones nos muestran que había más de cuatro millones de indígenas, de los cuales la mitad era monolingüe. La tercera parte de la población total era menor de edad, lo que significa que la fuerza de trabajo no era muy grande.

Algunas actividades económicas se vieron quebrantadas durante los años de la Revolución, como las mineras y muchas de las agrícolas, pero otras, como la petrolera, cobraron auge al colocar a México como tercer productor mundial del hidrocarburo. Las vías férreas fueron destruidas en gran parte; así que hubo que emprender la reparación de ellas, además de rehabilitar locomotoras y carros de ferrocarril, que constituían el transporte más importante. Pronto se daría marcha a la construcción de carreteras, como la México-Laredo y la México-Acapulco. En las ciudades el transporte de tiro se fue sustituyendo por el automotor, que ya se hacía notar desde los últimos años del Porfiriato.

En 1921 se celebró el centenario de la consumación de la Independencia, lo que fue aprovechado por la Secretaría de Relaciones Exteriores para dar una imagen positiva del país e invitar a los gobiernos extranjeros que no habían dado su reconocimiento diplomático a México a hacerlo. En el interior de la población los festejos del mes de septiembre sirvieron para que los habitantes del país se sintieran seguros y manifestaran un relajamiento que no habían tenido durante los años de la lucha armada. Pese a la buena imagen conseguida, los gobiernos de Estados Unidos y Gran Bretaña no procedieron a otorgar su reconocimiento al nuevo gobierno.

En el terreno educativo se dieron grandes avances al establecerse la Secretaría de Educación Pública a partir de la acción desarrollada por la Universidad Nacional. Con el alcance federal de la nueva secretaría se avanzaría en las campañas de alfabetización y de higiene, en la dotación de bibliotecas a los municipios y en el envío de misiones educativas a lugares apartados; en la edición de clásicos de la literatura universal a precios accesibles, la implementación de programas de educación física y artística, el apoyo a artistas para que realizaran obras pictóricas —con lo que florecieron movimientos como el muralismo, en el que destacaron José Clemente Orozco y Diego Rivera—, música —con Manuel M. Ponce y Julián Carrillo—, que incluyó la celebración de conciertos y recitales al aire libre; en fin, se reforzó la educación escolar, con buenas condiciones salariales para los maestros y acciones de educación extraescolar para beneficio de la población. Entre 1920 y 1924 se vivió un renacimiento cultural sin precedentes.

El gobierno del general Obregón entró en pláticas con representantes de su similar en Estados Unidos, encabezado por el presidente Warren G. Harding. Antes, Adolfo de la Huerta, en su calidad de secretario de Hacienda, había viajado a Estados Unidos para negociar con los banqueros la deuda exterior mexicana contraída con ese país. Ya en las pláticas, el gobierno hubo de ceder a muchas de las pretensiones estadounidenses, de manera que se frenarían avances en la aplicación de los artículos constitucionales en materia agraria y de subsuelo, legislación que no sería retroactiva y protegería los intereses extranjeros. Las negociaciones son conocidas como Conferencias de Bucareli, que dieron lugar a los convenios que permitieron el reconocimiento de Estados Unidos del gobierno mexicano a mediados de 1923. Esta situación fue criticada por muchos sectores, propiciando inestabilidad política, en vista de que se aproximaba la sucesión presidencial.

Desde la presidencia de Carranza se habían formado varios partidos políticos, como el ya mencionado Liberal Constitucionalista. La Confederación Regional de Obreros Mexicanos (CROM), nacida en 1918, integró el Partido Laborista; también estaban los llamados Cooperatista y Agrarista. Todos ellos contaban con representantes en las dos cámaras. Para 1923 el Liberal Constitucionalista había desaparecido, pero quedaban los tres partidos restantes. Las figuras más atractivas que se proyectaban para suceder a Obregón eran el anterior presidente interino, De la Huerta, así como el secretario de Gobernación, Plutarco Elías Calles, quien a la postre resultó el señalado por el propio Obregón. De la Huerta fue presionado tanto por sus partidarios como por los enemigos del presidente para que, con el apoyo de la mayoría del ejército, acaudillara una rebelión, que finalmente estalló al finalizar el año, para prolongarse durante los primeros meses de 1924.

Los sectores campesinos apoyaban al presidente y a su candidato en agradecimiento por los repartos de tierras llevados a cabo por el gobierno. Los obreros, seguidores del Partido Laborista, hacían lo mismo. Por De la Huerta se inclinaba un elevado número de militares desplazados por el obregonismo, así como muchos líderes políticos del ámbito civil. El propio presidente Obregón tomó el mando de fuerzas para combatir a los rebeldes, quienes no contaron con suficientes municiones ni armamento debido al control de la frontera ejercido por Obregón y por el apoyo que éste recibía de Estados Unidos. Asimismo, el gobierno realizó un notable trabajo de espionaje telegráfico, lo que le permitió mover a sus elementos de manera favorable. La rebelión fue derrotada en mayo de 1924, con la consiguiente muerte de sus principales jefes militares y la expatriación del propio De la Huerta y de sus colaboradores cercanos. Esto le despejó el camino al general Calles. Así, después de haber unificado a la mayoría de los distintos grupos, Obregón propició la consolidación del nuevo Estado surgido de la Revolución, lo que también llevó a cabo con los partidos. Finalmente, al dividirse las opiniones en dos grandes sectores, procedió a derrotar al disidente y a mantener la unidad.

8. El presidente Calles y la guerra cristera

La actividad de los católicos se desarrolló de manera independiente y paralela a la Revolución. Se había organizado una Confederación Nacional Católica del Trabajo, que llegó a agrupar a cerca de 25 000 integrantes. Los sectores de origen anarquista y después comunista crearon la Confederación General de Trabajadores (CGT), con un número semejante, y, sin una inspiración ideológica determinada, la ya mencionada CROM, que formaba parte del aparato estatal y ocupaba posiciones en el gobierno de Calles. La CROM agrupaba al mayor número de trabajadores, pero no era hegemónica. Durante el gobierno de Obregón no se aplicó el artículo 130, de modo que hubo una cierta tolerancia religiosa, que se rompió con un atentado en la Basílica de Guadalupe, primero, y después con la expulsión del nuncio apostólico, monseñor Filipi, por asistir a la ceremonia de colocación de la primera piedra del monumento a Cristo Rey en el Cerro del Cubilete, en Guanajuato. Por su parte, los integrantes del episcopado habían manifestado su desaprobación a la Constitución, pero mantenían una actitud de respeto frente al Estado. Esta situación se rompió en 1926, cuando el gobierno decidió poner en práctica una reglamentación drástica de la legislación en materia religiosa, consistente, sobre todo, en limitar el número de sacerdotes por habitante, la restricción a ministros extranjeros y la no tolerancia a forma alguna de culto externo. Hubo discusiones radiofónicas acerca del papel de la Iglesia y el Estado tanto en el pasado como en esa época. El radicalismo de ambos lados se exacerbó, y la crisis mayor se produjo cuando el episcopado decidió cerrar los templos. Mientras que en las principales ciudades se formó una Liga Defensora de la Libertad Religiosa, en el campo, principalmente en el Bajío y en el Centro-Occidente, se dio una insurgencia espontánea que levantó en armas a muchos voluntarios, conocidos como *cristeros*. La Liga decretó un boicot contra el consumo de muchos productos y los campesinos católicos desataron una guerra contra el ejército que habría de prolongarse por tres años.

Prácticamente todo el episcopado se ausentó del país, por lo que no hubo coordinación de parte suya en la acción de los católicos laicos y de los sacerdotes que se unieron a ellos en la lucha. El secretario de Guerra, Joaquín Amaro, coordinó las acciones para enfrentar a esos grupos y organizó una columna al mando del general Saturnino Cedillo. Los cristeros, por su parte, contrataron al general Enrique Goroztieta para que encabezara sus tropas, aunque ya demasiado tarde. Su pronto deceso encaminó a los cristeros a la derrota. El gobierno buscó interlocución con los obispos, y gracias a ellos en 1929 se concertaron los arreglos que pusieron fin a la guerra. El suceso de mayor importancia durante el gobierno del general Calles fue la guerra cristera, también conocida como Cristiada.

En términos de su administración, Plutarco Elías Calles prosiguió con las obras de infraestructura considerando dos aspectos fundamentales: la ampliación de la red carretera y la construcción de presas y distritos de riego para el fomento de la agricultura. Otro punto importante fue la fundación del Banco de México, que llenó un hueco muy importante, ya que no existía una banca central que regulara y monopolizara la emisión monetaria, si bien se había avanzado en ese sentido.

En el campo de las relaciones con Estados Unidos el presidente Calles tuvo dos experiencias muy contrastadas. Primero, el embajador Sheffield manifestó una actitud muy agresiva frente a las políticas relativas al petróleo, ya que el gobierno intentaba no acatar todo lo pactado en Bucareli. Las tensiones entre el presidente y el embajador fueron muy grandes, a tal grado que Calles dio orden al comandante militar de la región huasteca, general Lázaro Cárdenas, de incendiar los campos petroleros. El embajador fue retirado y sustituido por un diplomático de carrera, Dwight W. Morrow, quien utilizó la persuasión amistosa para lograr sus fines. Se hizo famoso por sus invitaciones a su residencia de Cuernavaca y a sus desayunos de negocios.

9. La reelección y sus problemas

El regreso del general Obregón a la presidencia de la República comenzó a plantearse desde 1926, cuando un grupo de diputados presentó la iniciativa de reforma constitucional que permitiera la reelección del presidente, no de manera inmediata, pero sí después de un periodo fuera de la titularidad del Poder Ejecutivo. El lema maderista "Sufragio efectivo, no reelección" se veía amenazado, y de hecho fue relegado cuando la reforma constitucional quedó aprobada.

De entre los que no quedaron convencidos de la reelección presidencial destacan dos antiguos colaboradores del general Obregón, los también generales Francisco R. Serrano y Arnulfo R. Gómez. Ambos se postularon como candidatos a la presidencia. De ellos, Serrano había sido muy cercano a Obregón, por lo que resultaba desconcertante su oposición a la reelección de su antiguo jefe. El disgusto de Obregón, del presidente Calles y del secretario de Guerra, Joaquín Amaro, se hizo evidente.

Se suponía que a principios de octubre de 1927 Serrano y sus partidarios capturarían al presidente, al candidato y al secretario de Guerra durante la celebración de unas maniobras en los campos de Balbuena, en la capital. Pero en la víspera el comandante de las maniobras fue sustituido intempestivamente y éstas se desarrollaron en paz. Mientras, el general Serrano y un grupo de seguidores fueron sorprendidos y apresados cuando festejaban el onomástico del candidato en Cuernavaca. Enseguida se les condujo rumbo a la Ciudad de México en automóvil, pero se detuvieron en Huitzilac, donde los asesinaron de manera brutal. Entregaron los cadáveres en el Castillo de Chapultepec para mostrar que la misión había sido cumplida.

Por su parte, el general Gómez, quien recibía el apoyo de un nuevo Partido Antirreeleccionista que encabezaba el ingeniero Vito Alessio Robles, se levantó en armas en el estado de Veracruz, donde fue derrotado y fusilado en el mes de noviembre. Así, se despejaba por la vía de la violencia el camino de Obregón a la presidencia.

A partir de entonces la campaña electoral transcurrió sin problemas, aunque no debe olvidarse que en buena parte del país se desarrollaba la guerra cristera. En la Ciudad de México Obregón fue víctima de un atentado dinamitero mientras viajaba en un automóvil descubierto en Chapultepec. Para dar la impresión de que no había pasado a mayores, por la tarde asistió a la corrida de toros. Sin embargo, sus días estaban contados. Ya electo presidente, el 17 de julio de 1928 se le ofreció un banquete en el restaurante La Bombilla, en San Ángel, adonde llegaba la avenida de Insurgentes, ampliada durante su periodo presidencial. Ahí, un dibujante que se le acercó para hacerle una caricatura le disparó con su revólver y lo mató. Su nombre era José de León Toral, quien fue apresado y sometido a juicio, en el que fue condenado a muerte. En la investigación se encontró que la abadesa de un convento, Concepción Acevedo de la Llata, conocida como la madre Conchita, era su cómplice y fue sentenciada a purgar una larga prisión. Se adujo que el propio presidente Calles y el secretario de Industria, Luis N. Morones, tenían que ver en el asesinato, pues salían beneficiados. Asimismo, circuló la versión de que Obregón había recibido más disparos que los cinco que había detonado el revólver de Toral.

El 1º de septiembre de 1928 el presidente Calles expresó en su informe anual que había concluido la era de los caudillos y comenzaba la de las instituciones. El diputado obregonista Aurelio Manrique le gritó "farsante". Morones fue retirado del gabinete. Calles debió concluir su periodo presidencial el 30 de noviembre, para lo cual el Congreso eligió como presidente interino al licenciado Emilio Portes Gil, ex gobernador de Tamaulipas, cuya misión era convocar a nuevas elecciones.

El año de 1929 fue memorable por varias razones. El general Calles y un grupo de políticos afines decidieron formar un partido político para dar cauce a su idea del arribo a la institucionalidad. Éste fue el Partido Nacional Revolucionario (PNR), que agruparía a los revolucionarios del país en torno a la unificación de voluntades. Pronto el nuevo partido hubo de escoger candidato a la presidencia, y el nominado fue el ingeniero Pascual Ortiz Rubio, que después de unos meses como secretario de Comunicaciones y Obras Públicas de Obregón, marchó a Brasil como embajador. Los hechos muestran que se trataba de un hombre de carácter débil. Se le enfrentaría, con el apoyo de la ciudadanía y del Partido Antirreeleccionista, el licenciado José Vasconcelos, que regresaba de un exilio autoimpuesto y que despertó el entusiasmo de muchos seguidores. La creación del PNR no fue saludada con simpatía por un grupo de generales que decidió entrar en rebelión bajo el mando del antiguo obregonista José Gonzalo Escobar. El general Joaquín Amaro, nuevamente con el apoyo del general Cedillo, se encargó de derrotar al grupo rebelde, en la que se conoció como "rebelión escobarista".

Con el fin de que las elecciones se llevaran a cabo en un ambiente de paz, el presidente Portes Gil entró en contacto con los obispos y arzobispos para concertar el acuerdo que ya se mencionó. Los cultos serían reanudados con las iglesias abiertas nuevamente y de parte de los católicos habría discreción en sus celebraciones y los sacerdotes se abstendrían de participar en política, conforme establecía el artículo 130 constitucional, que sería respetado a cambio de que el Estado no cometiera excesos en su aplicación. Los arreglos se llevaron a cabo frente a la inconformidad de numerosos sectores, como la Liga Defensora de la Libertad Religiosa, pero se impusieron, y la normalidad en las prácticas religiosas fue un hecho.

En protesta por unos exámenes impuestos por el director de la Escuela Nacional de Jurisprudencia, los estudiantes se fueron a la huelga, la cual fue respaldada por las otras escuelas y facultades de la Universidad Nacional de México. La huelga paralizó las actividades de la institución y convocó a manifestaciones callejeras en la capital. El gobierno entró en pláticas con los líderes estudiantiles y logró que las cosas volvieran a la normalidad cuando decretó la autonomía de la Universidad en el mes de julio. El gobierno de la República ya no tendría injerencia en el nombramiento de sus autoridades, para lo cual la naciente UNAM idearía los mejores medios para hacerlo.

El estudiantado quedó conforme con la nueva situación, pero gran parte de él estaba entusiasmado con la candidatura de José Vasconcelos a la presidencia, por lo cual siguió habiendo manifestaciones, pero ahora por otra causa. Algunas de dichas manifestaciones fueron reprimidas con violencia por la policía capitalina. En una de ellas, el estudiante Germán del Campo perdió la vida. A pesar de sus exitosas giras electorales y de contar con la simpatía espontánea de los sectores medios de la sociedad, en las elecciones ganó el ingeniero Ortiz Rubio, con lo cual se dio inicio al largo periodo de dominio del partido oficial, que desplegó una gran eficiencia en la movilización de sus sectores de apoyo: obreros, campesinos y militares. Se llegó a temer que los vasconcelistas se levantaran en armas, lo que no sucedió.

Sólo un grupo de ellos fue asesinado en Topilejo, en un acto que recordaba al de Huitzilac de dos años antes. Tras la intensidad de 1929, Pascual Ortiz Rubio tomó posesión de la presidencia el 5 de febrero de 1930, en ceremonia llevada a cabo en el Estadio Nacional, construido a iniciativa de Vasconcelos cuando se desempeñó como secretario de Educación.

10. El Maximato

Se conoce con este nombre al periodo de la historia mexicana del siglo XX en el cual el hombre fuerte del país fue el general Plutarco Elías Calles. Dio inicio en 1928, al ser nombrado presidente el licenciado Portes Gil, y debe su nombre a que un grupo de simpatizantes exclamó que, al morir Obregón, Calles era "el jefe máximo de la Revolución". A partir de ello fue evidente que había más actividad política en el despacho del general Calles que en las oficinas del presidente en Palacio Nacional. La situación fue más notoria con Ortiz Rubio, ya que Portes Gil tuvo más capacidad de maniobra y era conveniente que Calles guardara discreción. La debilidad de Ortiz Rubio contrastó con la fuerza y capacidad de decisión de Calles, que no tardó en opacar al presidente, en cuyo bienio al frente del país no se registra nada digno de ser mencionado, salvo la gestión al frente de la Secretaría de Educación del licenciado Narciso Bassols, quien implantó un programa de educación sexual que fue rechazado por los sectores conservadores. Ortiz Rubio, como ingeniero que era, trató de imprimirle un sesgo técnico a la labor presidencial, lo cual habría resultado benéfico de no ser por el hecho de que el hombre fuerte —Calles— tomaba las decisiones y orientaba el rumbo de los acontecimientos. Así, tras pasar el informe presidencial de 1932, Ortiz Rubio presentó su renuncia ante el Congreso, el cual nuevamente se dio a la tarea de elegir presidente sustituto. De acuerdo con la Constitución, si la falta del presidente ocurre en los últimos años de su periodo, toca a un sustituto completar el tiempo restante. El nuevo presidente fue el general sonorense Abelardo L. Rodríguez, hombre hábil para los negocios, famoso por la construcción del casino de Tijuana, que se convirtió en atracción turística para los estadounidenses ávidos de librarse de la prohibición de consumo de alcohol en su país.

Desde la gestión de Ortiz Rubio se dio un proceso de polarización en la sociedad mexicana. Por una parte, se llegó a considerar que la principal reforma constitucional, el reparto agrario, que había sido una de las cartas fuertes de Obregón, Calles y Portes Gil, ya debía llegar a su fin. Asimismo, las constantes huelgas con que amenazaban los obreros sindicalizados no eran recibidas con simpatía por las autoridades. En el otro extremo, organizaciones campesinas y obreras pugnaban por una política social más radical. Por otro lado, en el vigésimo aniversario de la Revolución, el licenciado Luis Cabrera, precursor y actor principal de ella, lanzaba severas críticas a la política ajena a la Revolución puesta en práctica por los hombres del poder. El PNR se dio entonces a la tarea de establecer las políticas que debía llevar a cabo el gobierno emanado de él y formuló un plan sexenal que contemplaba políticas económicas y sociales de acuerdo con las necesidades nacionales. Sexenal, porque se llevó a cabo una nueva reforma constitucional consistente en aumentar dos años al periodo presidencial, de los gobernadores y de los senadores, y uno al de los diputados y presidentes municipales.

El plan sexenal fue la expresión de las aspiraciones con que los grupos en el poder trataron de reivindicar el carácter revolucionario de los gobiernos emanados del PNR. Su radicalismo fue tal, que se planteó y realizó otra reforma constitucional que establecía que la educación que impartiera el Estado fuera socialista para infundir en los educandos "un concepto racional y exacto del universo y la vida social". El ambiente político estuvo lleno de enfrentamientos ideológicos, el más notable de los cuales se dio entre el socialista Vicente Lombardo Toledano y el idealista Antonio Caso en torno a la orientación ideológica de la Universidad Nacional. Caso defendió la libertad de cátedra como esencia de la Universidad frente a los argumentos de Lombardo, que pretendían imponer una directriz ideológica excluyente. De manera paralela, el gobierno intentó debilitar a la Universidad al otorgarle una autonomía más amplia, consistente en hacer que ella se procurara sus ingresos. El rector Manuel Gómez Morin emprendió una campaña que puso a salvo a la Universidad.

Al concluir 1934, el balance de los años revolucionarios permite arrojar algunas conclusiones. En primer lugar, debe tomarse en cuenta que los revolucionarios se hicieron del poder y le imprimieron su huella al nuevo Estado mexicano que se configuró a partir de la Constitución de 1917 y cuyo contenido se fue elaborando a partir de las experiencias cotidianas vividas en ese lapso. Si la Revolución se inició con un llamado a la democracia, éste no cristalizó. Del lema maderista, el sufragio efectivo no se daba y la no reelección se vio amenazada con la vuelta de Obregón al poder, acto que no llegó a consumarse. El aspecto agrario, que fue el que movilizó a las mayorías campesinas, tuvo éxito en la medida en que hubo reparto de tierra de los latifundios expropiados y fraccionados. Sin embargo, mucho del reparto agrario fue hecho con sentido político, para que el Estado mantuviera el control del campesinado. Por otra parte, fue difícil aceptar la concepción regional del agrarismo, en algunas zonas de tipo comunitario y en otras de pequeña propiedad. La revolución laboral, acaso la que tuvo mayor contenido doctrinario, propició la institucionalización de los sindicatos, confederaciones y centrales de trabajadores que defendieron los derechos de los obreros en un momento histórico que debía tomar en cuenta el contexto internacional que se vivía. La educación y la cultura vivieron un gran momento, pero no se les dio la continuidad que requerían para consolidarlas en beneficio de la sociedad. El anticlericalismo, elemento ideológico propio de los grupos revolucionarios, llegó a la comisión de excesos que costaron muchas vidas, en lugar de buscar la tolerancia. El saldo mayor de los años revolucionarios fue el surgimiento de una nueva sociedad más integrada a la participación política. Al mediar los años treinta, esta sociedad se polarizaba en sus tendencias, como también lo hacían quienes detentaban el poder. De hecho, al concluir el periodo presidencial de Abelardo L. Rodríguez, México se encontraba en una encrucijada.

Bibliografía

Ávila Espinosa, Felipe Arturo, *Los orígenes del zapatismo*, El Colegio de México/UNAM, México, 2001, 332 pp.

Castro, Pedro, *A la sombra de un caudillo. Vida y muerte del general Francisco R. Serrano*, Plaza y Janés, México, 2005, 296 pp.

Córdova, Arnaldo, *La Revolución en crisis. La aventura del Maximato*, Cal y Arena, México, 1995, 552 pp.

Matute, Álvaro, *Historia de la Revolución mexicana, 1917-1924. Las dificultades del nuevo Estado*, El Colegio de México, México, 1995, 313 pp.

Meyer, Jean, *La Cristiada. 1. La guerra de los cristeros, 2. El conflicto entre la Iglesia y el Estado, 1926-1929, 3. Los cristeros*, 3 vols., Siglo XXI, México, 1973-1974.

Plasencia de la Parra, Enrique, *Personajes y escenarios de la rebelión delahuertista, 1923-1924*, UNAM-Instituto de Investigaciones Históricas/Miguel Ángel Porrúa, México, 1998, 317 pp.

Portilla, Santiago, *Una sociedad en armas. Insurrección antirreeleccionista en México, 1910-1911*, El Colegio de México, México, 1995, 652 pp.

Salmerón, Pedro, *La División del Norte. La tierra, los hombres y la historia de un ejército del pueblo*, Planeta, México, 2006, 529 pp.

XII. México entre 1934 y 1988

Jean Meyer

1. De la revolución armada a la pacífica: Lázaro Cárdenas (1934-1940)

Después de 24 años de violencia casi ininterrumpida, entre 1934 y 1940 ocurre el último capítulo de la etapa revolucionaria, con la revolución pacífica realizada por el presidente Lázaro Cárdenas, el primero en durar seis años en el poder. A lo largo de esos años difíciles y turbulentos nació un México diferente: un país que se lanzó a buscar nuevas maneras de organización y nuevas soluciones para lograr más justicia y estabilidad.

Lázaro Cárdenas, el candidato oficial a la presidencia de la República del PNR, apoyó los movimientos obrero y campesino. La postura radical de su gobierno molestó a Plutarco Elías Calles, así como a los empresarios, los propietarios de tierras y a sectores de la clase media urbana. Cárdenas resistió a Calles, lo detuvo y lo expulsó del país. Los callistas fueron forzados también a dejar sus puestos públicos. Al inicio de su sexenio, el presidente Cárdenas promovió una reforma constitucional que hizo obligatoria la educación "socialista" en México.

El problema de los campesinos sin tierra fue el que más preocupó a Cárdenas. Para resolverlo impulsó una reforma mediante la cual las tierras que pertenecían al Estado y a los grandes propietarios fueron entregadas a los campesinos en forma de ejidos. Las tierras ejidales pertenecían a una comunidad de campesinos y ésta las distribuía entre las familias, que podían trabajarlas para beneficiarse con ellas, pero no venderlas.

Este reparto agrario benefició a un millón de ejidatarios, proporcionándoles seguridad y medios de trabajo, así como un sentido de la organización. Además les inculcó el orgullo de ser campesinos.

México tiene en su subsuelo una riqueza petrolera de importancia mundial. Este recurso, esencial para la industria, los transportes y la producción de electricidad, porque sirve como fuente de energía y como materia prima para gran cantidad de productos, había sido explotado desde sus inicios por compañías extranjeras. Desde Madero hasta Calles, los gobiernos trataron de limitar el poder de estas compañías.

Una situación similar existía en Sudamérica, donde algunos países habían tomado medidas para combatir la explotación extranjera del petróleo; Argentina, por ejemplo, tenía una compañía petrolera que pertenecía al gobierno, y Bolivia había realizado la primera expropiación petrolera de la región en 1937.

En México, ante la negativa de las compañías petroleras a aceptar un fallo de los tribunales para aumentar el salario de sus trabajadores, el presidente Lázaro Cárdenas decidió la nacionalización del petróleo el 18 de marzo de 1938. Una vez lograda, las compañías expropiadas se fusionaron en una sola empresa propiedad del gobierno: Petróleos Mexicanos, mejor conocida como Pemex.

Durante este proceso de nacionalización, el presidente Cárdenas contó con la comprensión del gobierno estadunidense, que deseaba la amistad de México, pues en Europa se avecinaba la segunda Guerra Mundial. A pesar de este apoyo, México sufrió un boicot internacional. Varios países dejaron de comprarle plata y las compañías petroleras extranjeras exigieron una indemnización inmediata.

Durante el gobierno cardenista se abrieron bancos para prestar dinero a los campesinos y se apoyó la enseñanza técnica con la fundación del Instituto Politécnico Nacional, en 1936. Las experiencias revolucionarias se recogieron en obras de gran calidad, por ejemplo *La sombra del caudillo* de Martín Luis Guzmán, publicada en 1929, y el *Ulises criollo* de José Vasconcelos, en 1936.

El mayor cambio político de los años treinta fue la conversión del Partido Nacional Revolucionario (PNR) en Partido de la Revolución Mexicana (PRM) en 1938. Éste fue el primer partido político en que se incluyeron a distintos sectores de la sociedad: el obrero, el campesino, el popular y el militar, por lo que tuvo una fuerza social de la que el PNR había carecido.

No obstante, al concluir el mandato de Cárdenas, las elecciones de 1940 dividieron otra vez a la "familia revolucionaria". A esto se sumó el Partido de Acción Nacional (PAN), fundado en 1939, como una respuesta de los grupos opositores.

En dichas elecciones un general de prestigio, Juan Andreu Almazán, compitió contra el candidato oficial del PRM, Manuel Ávila Camacho. Las elecciones fueron muy disputadas y el triunfo de Ávila Camacho fue cuestionado por los almazanistas.

2. Manuel Ávila Camacho (1940-1946)

Este general, que gobernó el país de 1940 a 1946, fue el último militar que llegó a la presidencia. Fue un hombre profundamente conciliador, quien ya había mostrado voluntad para no hacer sufrir a la población durante la guerra civil de la Cristiada, entre 1926 y 1929. Desde la presidencia manifestó la misma humanidad; su propósito fue la unidad nacional, necesaria para curar las heridas dejadas por su triunfo en unas elecciones conflictivas, y necesaria también porque la segunda Guerra Mundial apareció en el horizonte, y México, país profundamente pacífico, tuvo que declarar la guerra a las potencias agresoras del llamado Eje: Alemania, Japón e Italia.

Entre los acontecimientos más relevantes de la segunda Guerra Mundial destacan los siguientes:

Septiembre de 1939. Alemania y la Unión Soviética invaden Polonia, que Francia e Inglaterra no logran salvar.

Junio de 1940. Francia sufre una tremenda derrota. El ejército alemán entra en París. Italia se alía con Alemania. Inglaterra, sitiada en su isla, resiste.

Junio de 1941. Alemania ataca a la Unión Soviética.

Diciembre de 1941. Japón ataca a Estados Unidos, Inglaterra y Francia. Como Japón es aliado de Alemania e Italia, Estados Unidos entra en la Guerra Mundial. México declara la guerra a Japón y Alemania, cuyos submarinos habían hundido barcos mexicanos.

Mayo de 1945. Alemania se rinde sin condiciones.

Agosto de 1945. Japón se rinde sin condiciones.

La segunda Guerra Mundial, la más cruenta de la historia humana, tuvo, sin embargo, varios efectos benéficos para México. En primer lugar, relegó a segundo plano los conflictos internos y creó el ambiente adecuado para la política de unidad nacional, que fue la bandera del gobierno. En segundo lugar, propició una época de cooperación y entendimiento con Estados Unidos como no se había tenido antes.

Esto redujo el foco principal de tensiones internacionales que

México había tenido desde el siglo anterior con diversos países y estimuló el crecimiento económico.

Como Estados Unidos destinó sus inmensos recursos a la guerra, necesitó los productos naturales que le podía vender México: minerales, petróleo, frutas, verduras, carne y cereales. También requirió la fuerza de trabajo de los mexicanos para ocupar el lugar que dejaban vacante los millones de estadunidenses que marchaban a la guerra.

Durante los seis años de la guerra México no pudo comerciar con Europa; tuvo que crear sus propias fábricas y talleres para producir lo que necesitaban los mexicanos. Cuando ésta terminó México estaba produciendo y exportando muchos más bienes que antes. La producción nacional abatió el precio de los productos, que antes eran muy caros por escasos.

Gracias a estas circunstancias favorables el país dejaba de ser un país de campesinos para convertirse en un país de ciudades y fábricas. La política económica seguida por Calles y Cárdenas había preparado ese cambio, y la presidencia de Ávila Camacho lo consolidó.

En el terreno social se realizó una exitosa campaña de alfabetización y se fundó en 1943 el Instituto Mexicano del Seguro Social (IMSS) para proteger la salud de la población.

3. Miguel Alemán y "los cachorros de la Revolución" (1946-1952)

Con Miguel Alemán los licenciados sustituyen a los militares, "la Revolución se apea del caballo y se sube al coche", como dijo Luis González. Asistimos así a un relevo generacional y al triunfo de los egresados de la UNAM.

México había emergido de la segunda Guerra Mundial en buena posición: las fábricas producían todo lo que podían, los campesinos dejaban de pasar hambre, los turistas estadunidenses y los braceros enriquecían al país con sus dólares. Los problemas del pasado, el latifundio, la discordia entre agraristas y campesinos, el militarismo, la cuestión religiosa habían dejado de atormentar a la nación.

En 1946 el antiguo PNR callista, reformado por Cárdenas en el PRM, se transformó una vez más, ahora en Partido Revolucionario Institucional (PRI), y el lema cardenista "Por una Democracia de los Trabajadores" cambió por el de "Democracia y Justicia Social".

Miguel Alemán estimuló el crecimiento de las industrias y de las ciudades; invitó a los extranjeros a invertir su dinero en México y favoreció el desarrollo de la agricultura moderna. Asimismo fomentó las comunicaciones al modernizar las carreteras y los aeropuertos y estimuló los grandes negocios. Hizo del turismo, por primera vez, una actividad económica importante; Acapulco dejó de ser un pequeño puerto tranquilo y se transformó en una playa mundialmente famosa.

Cuando Alemán dejó la presidencia, en 1952, el país había cambiado de manera radical. En 1940 las ciudades eran pequeñas, con muy pocos edificios altos; los coches eran muy escasos y aún se veían muchos caballos y mulas en las calles; la gente circulaba en tranvía y viajaba en ferrocarril; a la mayor parte de los pueblos no llegaba la luz y, por lo mismo, poca gente tenía radio; no había baterías ni transistores. Para 1952 las ciudades habían crecido y las carreteras y los automóviles se habían multiplicado; la migración a las ciudades aumentó y al campo comenzaron a llegar tractores y máquinas que ahorraban mano de obra.

Estos cambios, aunados al aumento de la población, fueron la verdadera revolución. Hasta entonces México había padecido la falta de población, que en relación con su extensión territorial había sido siempre escasa: seis millones en 1810, 15 millones en 1910. Pero a partir de la década de 1940 la población creció sin cesar como resultado de la mejoría en la atención a la salud del pueblo mexicano: 20 millones en 1940, 26 millones en 1950, 35 millones en 1960 y 48 millones en 1970. Grandes campañas sanitarias terminaron con las epidemias y el paludismo, y estos avances propiciaron una disminución de la mortandad infantil.

Sin embargo, en ese panorama de mejoría surgieron nuevos problemas. Fueron los años en que aparecieron los "nuevos ricos", en que aumentó la irritación ciudadana contra la corrupción y los años en que se inició el descuido del campo, mismo que habría de entrar en grave crisis años después. En las finanzas públicas y en los precios la mejora económica creó desequilibrios que tardarían años en solucionarse.

Al favorecer al sector privado a expensas del sector paraestatal, Alemán estimuló el crecimiento de la industria y del sector comercial de la agricultura; facilitó la entrada del capital extranjero y reformó la Constitución en sus conceptos agrarios para privilegiar la agricultura capitalista al ampliar el concepto de "pequeña propiedad". Los cultivos especulativos se beneficiaron de cláusulas especiales, lo que facilitó que muchas unidades productivas quedaran al margen de la reforma agraria.

4. Los dos Adolfos o el optimismo (1952-1964)

Miguel Alemán estuvo a punto de sucumbir al canto de las sirenas de la reelección; pero no se atrevió frente al fantasma de Obregón, razón por la cual intentó prolongarse en el poder tratando de imponer a un "pelele". Pero una rebelión en el seno de la "familia revolucionaria" se opuso y llevó al poder a Adolfo Ruiz Cortines, quien gobernó entre 1952 y 1958. Candidato de concertación, este hombre, ya mayor, supo afirmarse con astucia y dignidad. Fue el hombre apropiado para la situación, quien, sin poner en duda las grandes orientaciones, hizo olvidar algunos de los aspectos más reprobables del gobierno anterior. Con las arcas públicas vacías y una inflación desatada, no fue empresa fácil.

Ruiz Cortines supo restaurar la unidad de la "familia revolucionaria" al crear una tercera fuerza centrista entre la izquierda cardenista y la derecha alemanista. Le tocó tomar la decisión de devaluar el peso a buen tiempo. Si la economía se benefició de este remedio con 12.50 pesos por un dólar, el alza de los precios canceló en 18 meses todos los aumentos salariales anteriores.

El malestar social fue tal que durante 20 años —no más, por desgracia— ningún dirigente olvidó la lección: no hay estabilidad ni orden si no se logra evitar la inflación, y no hay progreso en el orden sin aumento del poder adquisitivo de los trabajadores. Ruiz Cortines se impuso sin recurrir a los métodos tradicionales, quizá porque no se encontraba en la posición de fuerza que tuvo Cárdenas, después de 1935, ni en la de Miguel Alemán. Por lo mismo, propició una relativa democratización en la vida interna del PRI, que muchos consideraron inútil y hasta peligrosa.

Ruiz Cortines escogió al joven Adolfo López Mateos como candidato a presidente y se fue a gozar de su retiro en Veracruz. López Mateos, quien gobernó de 1958 a 1964, fue un político sin ilusiones. Le tocó enfrentar una intensa agitación sindical, exaltada por la Revolución cubana. En un momento dado pareció que todo se limitaba a escoger entre Fidel Castro y "el imperialismo yanqui". López Mateos

contestó con mano dura y utilizó en 1959 el ejército contra los ferro-
carrileros en huelga; llamando a la unidad nacional, recordó que
México no tenía por qué recibir lecciones en materia de revolución,
dado que la Revolución mexicana había sido la primera del siglo xx.
Cuando Lázaro Cárdenas abandonó su cautela tradicional para manifestarse en favor de Castro, López Mateos lo llamó al orden, y su
llamado fue atendido.

En 1960 la nacionalización de la energía eléctrica permitió restaurar la unidad nacional amenazada por la polarización en dos bloques,
a favor y en contra de la Cuba de Castro. Al condenar todo intento de
subversión continental, López Mateos se cuidó mucho de no romper
con Cuba y se mantuvo firme frente a las presiones estadunidenses.
El gobierno cubano agradeció el apoyo mexicano. Esos años fueron
buenos para la economía y el pueblo se quedó con el recuerdo de un
presidente amable y sonriente.

5. Gustavo Díaz Ordaz (1964-1970)

López Mateos designó sin problema como candidato a la presidencia
de la República a su secretario de Gobernación, Gustavo Díaz Ordaz,
quien ya electo manifestó una energía extrema. Quizá por haber hecho una carrera exclusivamente burocrática y por tener una visión
muy alta del Estado, Díaz Ordaz fue desde un principio víctima de una
injusta impopularidad, debida en parte a su repudio a toda demagogia.

Sin embargo, no es fácil hablar objetivamente de quien asumió la
responsabilidad de la línea dura frente al movimiento estudiantil de
1968, en vísperas de los Juegos Olímpicos. La sangre corrió en Tlatelolco el 2 de octubre y esa sangre no se ha olvidado. Insensiblemente,
el país de la revolución institucional, el modelo de estabilidad y de
crecimiento envidiado por todo el mundo, entraba en crisis política y
en una violencia visible. La violencia no había estado nunca ausente,
pero era discreta. El año 1968 es el año oficial del primer desencuen-
tro entre una sociedad en profunda transformación y un sistema político que no experimentaba muchos cambios. La modernización
social y económica que había transformado un país rural en un país
urbano, en crecimiento acelerado en todas sus dimensiones, empe-
zando por la demográfica, no había tenido como contrapeso la modernización política. En este desequilibrio se dio el choque trágico entre

"los hijos de la modernización", los estudiantes universitarios de la capital, y el mayor símbolo de las inercias del sistema político, el presidente de la República, refugiado en los argumentos derivados del principio de autoridad.

Las clases medias y sus hijos, los estudiantes, pensaron que había llegado el momento para el cambio de la vida política. Se preguntaban: "Si México está llegando al desarrollo, ¿por qué su sistema político no se parece al de Inglaterra, Francia o Estados Unidos?" Carlos Fuentes retrató esa nueva sociedad en sus novelas *La región más transparente* y *La muerte de Artemio Cruz*.

En 1968 México organizó los Juegos Olímpicos. Eso significaba que el país era reconocido en el mundo entero como un igual entre los países desarrollados. Ya existía el antecedente de una huelga de médicos surgida tres años antes que había sacudido al país. Pero en 1968 la agitación estudiantil, iniciada en las universidades de Estados Unidos, que recorría el mundo entero, y en especial Francia, llegó a México.

En el verano de 1968 la agitación estudiantil en la ciudad de México se topó con el nerviosismo de un gobierno preocupado por la buena marcha de los Juegos Olímpicos. Unos días antes de su inauguración, un mitin estudiantil que se llevaba a cabo en la Plaza de las Tres Culturas, en Tlatelolco, fue acordonado por el ejército. Hubo disparos sobre los soldados, y éstos, a su vez, abrieron fuego. Hasta la fecha no se sabe cuántos murieron: ¿50, 100, más?

De repente, el país de la estabilidad, la envidia de las naciones latinoamericanas víctimas de sus dictaduras militares, había caído en la violencia. Varios años fueron necesarios para poner fin a la crisis política y al miedo. A la larga, estos acontecimientos dolorosos convencieron al gobierno de la necesidad de reformar el sistema político.

El 2 de octubre de 1968 abrió entre la sociedad y el gobierno una grave fisura política y moral. Desde entonces, el reclamo ciudadano ha crecido y contribuido a una larga "transición democrática" que de manera progresiva propició el desmontaje del monopolio político del PRI, como se verá en el último capítulo de este libro.

Durante la presidencia de Díaz Ordaz continuó el crecimiento económico. La prosperidad, a la que se llamó "desarrollo estabilizador", favoreció la economía nacional, especialmente a las clases medias urbanas: médicos, ingenieros, abogados, empleados, profesores, comerciantes, que vivían bien de su salario sin llegar a ser muy ricos.

6. El frágil crecimiento (1970-1982)

Para la década siguiente la nación debía satisfacer las necesidades de una población que se había duplicado en 25 años. La mitad de la población tenía menos de 15 años. El crecimiento económico se mantuvo muy alto entre 1970 y 1980, pero el país había empezado a endeudarse: primero pidió dinero prestado a los bancos nacionales y luego a los extranjeros. Después tuvo que pagar los intereses y devolver los capitales recibidos. Eso salió muy caro y debilitó la economía del país.

El valor del peso disminuyó tanto que en 1976 sufrió una devaluación muy fuerte. Entre 1954 y 1976 se había mantenido en 12.50 pesos y en 1976 pasó a 29 pesos por dólar. La inestabilidad del peso se mantuvo durante los siguientes años. Como se detallará más adelante, en 1982 hubo fuertes devaluaciones y a finales del año el cambio llegó a 125 pesos por dólar.

El siguiente presidente, Luis Echeverría, quien había sido secretario de Gobernación durante la presidencia de Gustavo Díaz Ordaz, y que gobernó entre 1970 y 1976, tuvo grandes ambiciones. Quiso borrar el recuerdo de Tlatelolco pero no pudo impedir la aparición de movimientos guerrilleros en varios puntos del país, principalmente en el estado de Guerrero. También le costó trabajo luchar contra el terrorismo en las grandes ciudades, consecuencia del 2 de octubre de 1968 y del 10 de junio de 1971 en la capital, otro día trágico de represión a los estudiantes.

Echeverría, además, quiso imitar a Lázaro Cárdenas. Repartió tierras, casas, departamentos, crédito, dinero y promesas. A eso se llamó "populismo". De esa manera logró calmar el juego político y las expectativas sociales de distintos sectores necesitados. Pero el costo de esas acciones fue que el gobierno se endeudó más y al final hubo que pagar esa enorme deuda. El remedio agravó la enfermedad.

Cuando José López Portillo llegó a la presidencia en 1976, despertó inmediatamente las esperanzas de todos. Su simpatía lo hizo muy popular durante cinco años. Había empezado con buena suerte: la economía mexicana gozaba en ese instante de una bonanza petrolera increíble; el mundo entero necesitaba petróleo y estaba dispuesto a pagar altos precios por él. El descubrimiento y el bombeo de nuevos pozos de riqueza extraordinaria hicieron que sobre el país cayera un diluvio de dólares que continuó hasta 1981. Con sus campos petrolíferos en Campeche y Tabasco, México se convirtió en el cuarto productor mundial. Gracias a tanto dinero, la economía volvió a crecer muy rápido, pero como muchos nuevos ricos, o como quien gana la lotería, el gobierno no supo administrar bien ese dinero y el endeudamiento continuó. Así cada tres años la deuda con el extranjero se duplicaba y a esa prosperidad aparente se aunaba la corrupción.

7. La crisis a partir de 1982

Para 1982 México era ya una sociedad moderna y urbana para la mayoría de la población; en ese año se puso en marcha la primera red de estaciones transmisoras para enviar la señal de televisión a todo el país.

En 1978 el presidente López Portillo aprovechó la bonanza para lanzar una reforma política que permitió a los partidos de oposición participar en la vida política. Era un intento de poner fin al monopolio absoluto del PRI sin por eso afectar la estabilidad política del país, uno de sus bienes más preciosos. La meta era convencer a aquellos tentados por la lucha armada de que las elecciones eran el camino.

Sin embargo, todo cambió en 1981 cuando el precio mundial del petróleo empezó a bajar. En febrero de 1982 el gobierno, acorralado, tuvo que devaluar el peso. La inflación se volvió incontrolable.

En agosto de 1982 la crisis se acentuó. Las arcas del Estado quedaron vacías y el presidente López Portillo decidió nacionalizar la banca el 1° de septiembre de 1982. El peso cayó a un cambio de 70 pesos por dólar y continuó devaluándose. Al término de su presidencia López Portillo era terriblemente impopular.

En ese mal momento México estaba eligiendo como nuevo presidente a Miguel de la Madrid, quien gobernó de 1982 a 1988. El país había entrado en una crisis global y larga. Global, porque golpeaba a muchos países de América Latina y también de la Europa comunista; larga, porque duró hasta 1990. Según los expertos, era parte de una crisis económica mundial, lo que no es una excusa para justificar los graves errores económicos cometidos por el gobierno. Austeridad y empobrecimiento caracterizaron a esos años terribles. Sobraron las pruebas amargas y, sin embargo, el país no se hundió. La población manifestó una disciplina y un heroísmo por momentos asombroso.

El 19 de septiembre de 1985, a las 7:19 horas de la mañana, el temblor más terrible que haya sufrido México en el siglo XX sacudió los estados de Michoacán, Jalisco, Guerrero y la ciudad de México. Al día siguiente otra sacudida, igualmente fuerte, redobló la tragedia. Más de 6 000 personas murieron en la ciudad de México bajo los escombros de 1 081 edificios derrumbados. Otros 13 000 edificios quedaron muy dañados; 100 000 familias perdieron su hogar. Sin perder tiempo, la población se movilizó y manifestó una gran solidaridad. La ayuda internacional fue recibida con gratitud.

Antes y después del terremoto las principales inquietudes eran: ¿cómo cargar con una deuda agobiante, cómo sacar al país de la crisis, cómo poner fin a la caída de las actividades económicas y del nivel de vida? Había que reconstruir la capital, reconstruir la economía sobre bases más sanas, liberarse del peso mortal de la deuda y dar trabajo a una nación que en 50 años había pasado de 20 a 75 millones de habitantes.

Además, seguía en pie el problema político: ¿cómo hacer del sistema una verdadera democracia? En una democracia los diversos partidos pueden ganar, perder y volver a ganar las elecciones. Suben al poder, lo ejercen cinco, 10, 15 años, a veces más; luego pierden las elecciones, se van, tardan cinco, 10, 15 años, a veces más, en volver al poder.

En 1986 se hizo una nueva reforma electoral que abrió un poco más el juego político y propició la participación de diversos partidos en las elecciones presidenciales de 1988.

Bibliografía

Anna, Timothy, *et al.*, *Historia de México*, Crítica, Barcelona, 2001.

González, Luis, *Pueblo en vilo*, FCE, México, 1984.

Krauze, Enrique, *La presidencia imperial*, Tusquets, México, 1997.

Medina, Luis, *Hacia el nuevo Estado. México 1920-1994*, FCE, México, 1994.

Meyer, Jean, *La Revolución mexicana*, Tusquets, México, 2007.

Paz, Octavio, *Postdata*, Siglo XXI, México, 1970.

XIII. México contemporáneo (1988-2008)

Enrique Krauze

1. La transición a la democracia

En 1989 ocurrieron dos milagros globales: la caída del Muro de Berlín y la adopción generalizada de la democracia en América Latina. El primer fenómeno provocó en unos años la increíble desaparición del régimen comunista y la consecuente democratización de los países de Europa del Este que la Unión Soviética tenía bajo su férrea tutela. Relacionado estrechamente con ese proceso de apertura, China aceleraba su adopción de la economía liberal capitalista. Es cierto que desde fines de los años ochenta y emulando los avances de los "Tigres asiáticos" (Japón, Corea del Sur, Singapur, entre otros) aquel inmenso país había tomado paulatinamente ese rumbo. Pero en 1989 legitimó el proceso. Por su parte, el continente iberoamericano (cuna histórica de tiranos y escenario de anarquías y revoluciones) no se quedó atrás; se subió en la ola liberal y pareció asumir de manera definitiva los valores democráticos y republicanos que habían signado su acta de nacimiento a principios del siglo XIX.

Aunque México no fue la excepción, la transición política tuvo un ritmo lento. La política liberalizadora que el presidente Salinas de Gortari adoptó en términos económicos no tuvo su equivalente en la arena política. El PAN, es verdad, obtuvo en 1989 la primera gubernatura de su historia y tres años después triunfó también en Chihuahua (cerrando así un agravio insatisfecho desde las elecciones fraudulentas de 1986). Pero los partidos de izquierda, en particular el recién nacido PRD, no recibían el mismo trato. El gobierno estaba dispuesto a abrirse a la alternancia a su derecha pero no a su izquierda. La razón tácita era la elección —desaseada, turbia— de 1988.

Según versiones serias, en ese año habría triunfado el candidato presidencial de la izquierda, Cuauhtémoc Cárdenas, pero el aparato político del gobierno priísta, impreparado para esa sorpresa, no reconoció el triunfo de la oposición y puso en juego toda su capacidad de maniobra para dar la victoria al candidato oficial, Carlos Salinas de Gortari. La situación en ese momento era a tal grado tensa que, de no haber mediado la sensatez y el patriotismo de Cárdenas, el país se hubiera precipitado en la violencia política. Por fortuna no fue así. En esa dura circunstancia, Cárdenas y sus seguidores tomaron la trascendental decisión de formar un partido político cuya vocación era integrar de manera permanente a las diversas fuerzas de izquierda. Así nació el Partido de la Revolución Democrática (PRD).

La falta de una auténtica reforma política fue el error más costoso del periodo de Carlos Salinas de Gortari (1988-1994). Su gestión, marcada por su fuerte liderazgo, fue un claroscuro. Si bien rompió viejos tabúes que impedían el desarrollo y la competitividad en áreas como el campo y el comercio exterior, e introdujo reformas necesarias en la anacrónica legislación que hasta entonces existía con respecto a la Iglesia, Salinas administró con cuentagotas los cambios políticos. Se requería modificar la legislación electoral y sus instituciones de manera radical, deslindando su organización y práctica del partido de Estado. Significaba, en suma, poner fin a la "presidencia imperial" que había gobernado a México desde 1929, para abrir paso a una vida política moderna: división de poderes, autonomía de estados y municipios, libertad de expresión plena (era limitada entonces) pero, sobre todo, elecciones transparentes supervisadas por un órgano por entero independiente.

Cuando el panorama parecía despejado para el gobierno, ante el estupor general de México y el mundo, el 1º de enero de 1994 estalló la rebelión neozapatista acaudillada por el subcomandante Marcos, a la que me referiré con detalle más adelante. Todavía bajo los efectos de ese movimiento, que habría de marcar durante una década la vida nacional, sobrevino otro episodio traumático: el asesinato (el 23 de marzo de 1994) del candidato priísta a la presidencia, el generoso e idealista Luis Donaldo Colosio. Ambas señales, aunque de distinta naturaleza y significado, apuntaban a la necesidad de modificar de una vez por todas el llamado "sistema político mexicano". Propiciar ese cambio fue el aporte fundamental del siguiente mandatario, Ernesto Zedillo (1994-2000).

Si bien arrancó su gestión con una crisis económica de enormes proporciones (y de cuya responsabilidad hay versiones encontradas), Zedillo no tuvo empacho en afianzar y dar independencia total al naciente Instituto Federal Electoral (IFE), lo cual condujo, en las elecciones intermedias de 1997, a dos hechos que comenzaron a cambiar, en los resultados, el mapa político de México: por primera vez en su larga historia el PRI perdió la mayoría en la Cámara de Diputados y, por primera vez también, el gobierno del Distrito Federal pasó a manos de la oposición, en este caso la representada por Cuauhtémoc Cárdenas. Era la señal inequívoca de que el país estaba enfilándose hacia una exitosa, pacífica y ordenada transición democrática. Zedillo completó la reforma con una reintegración completa del Poder Judicial. El espíritu político de México comenzaba a parecerse a la letra de la Constitución, y a ser, en efecto, una república representativa, democrática y federal, no una simulación de todos esos atributos.

En ese marco, las elecciones de 2000 despertaron el entusiasmo nacional. Contendieron el líder moral y político del PRD, Cuauhtémoc Cárdenas, el experimentado político Francisco Labastida por el PRI y un empresario guanajuatense de gran carisma y valor personal, aunque sin experiencia política, Vicente Fox. La efervescencia electoral no tuvo paralelo. El proceso transcurrió con alta participación y pulcritud. Ganó Fox, el PAN llegó al poder, la alternancia se convirtió en una realidad; pero sobre todo ganó el país: contra todos los pronósticos y los malos agüeros, México —ese país tan ajeno a la "democracia sin adjetivos"— transitó a la democracia de manera aún más tersa y ordenada que en los países del Este.

Vicente Fox resultó mucho mejor candidato que presidente. A despecho de su gran popularidad inicial, pronto mostró su inexperiencia política y una frivolidad desconcertante. México comenzaba a ensayar la pluralidad política, pero las reformas del país requerían un liderazgo responsable, inteligente, visionario, flexible, cualidades que el presidente Fox nunca mostró. El país perdió años irrecuperables. Cuando Fox despertó a la necesidad de aplicarse políticamente a su mandato, ya era tarde. La carrera presidencial para 2006 había comenzado antes de tiempo. Él mismo, en cierta forma, la había adelantado en 2003, con declaraciones que delataban su desconcierto e incomodidad con el puesto. Con todo, en abono de Vicente Fox (además de su enorme mérito como catalizador de la alternancia democrática) hay que reconocer su manejo reponsable de las finanzas públicas, su respeto del orden democrático y la introducción de algunas reformas de la vida pública llamadas a perdurar, como la Ley de Transparencia. Gracias a ella, las esferas altas y medias del poder no encuentran ya la vía abierta para la corrupción que era tan típica en tiempos pasados.

Un candidato sobrepasaba a todos en la carrera de 2006. Era el jefe de Gobierno del Distrito Federal, Andrés Manuel López Obrador. Muy querido en la ciudad por sus programas de atención social a los más necesitados, *el Peje*, como se le conocía desde entonces, comenzó a proyectar su imagen en todo el país. El gobierno de Fox pretendió atajar su ascenso mediante su desafuero (por ciertos motivos que tenían sustento legal pero eran absurdos políticamente) y lo único que logró fue afianzar aún más su arraigo y prestigio ante sus dos principales competidores: Roberto Madrazo, del PRI, y Felipe Calderón, del PAN.

En los meses anteriores a la elección del 6 de julio de 2006 el país se polarizó entre los partidarios del *Peje* y sus críticos. El propio político tabasqueño, creyendo que su ventaja era definitiva, cometió varios errores tácticos que a la postre, para sorpresa general, determinaron su derrota ante Calderón por estrechísimo margen. Durante el último semestre de 2006 (el periodo entre la elección y la toma de posesión) el país vivió momentos de peligrosa tensión, pero la civilidad privó sobre la provocación y las amenazas de violencia. El 1º de diciembre de 2006 Felipe Calderón tomó posesión y dio inicio al segundo periodo presidencial del PAN.

De un estilo discreto, serio y ejecutivo que contrasta vivamente con el de su antecesor, Calderón se propuso asumir y enfrentar una guerra que México había postergado por demasiado tiempo: la lucha frontal contra el crimen organizado. Los resultados han sido tangibles pero el problema es de una dimensión que rebasa nuestras fronteras. En el ámbito de la modernización económica, el régimen ha entablado una relación funcional con el Congreso que le ha permitido sacar avante leyes importantes como la de pensiones o la reforma energética. Es mucho lo que falta por hacer para modernizar cabalmente al país no sólo en esos mismos ámbitos (la reforma energética fue muy acotada), sino en otros no menos decisivos como la reforma laboral. Pero el país se ha beneficiado de la colaboración respetuosa y abierta del Ejecutivo y el Legislativo, al tiempo que el Judicial (cada vez más respetado) dirime los conflictos entre ambos y las diversas querellas de constitucionalidad que se le presentan.

Para completar el panorama de avance político (callado pero sostenido), el federalismo es una realidad tangible, como no lo fue casi a todo lo largo de nuestra historia.

Si bien nuestro país ha hecho progresos sustantivos en el campo político, en 2008 nos sorprendió la inesperada noticia de un tsunami, no marino sino económico, un tsunami de proporciones globales cuya fuerza letal aún no podemos vislumbrar. A principios de 2009 (en el momento de redactar estas líneas) hay versiones encontradas sobre su gravedad: unos la consideran tan extrema que rebasará la crisis de 1929 y se transformará en una depresión global con consecuencias inimaginables para el planeta. Otros (los menos pesimistas) piensan que comenzará a paliarse en 2010 y el mundo volverá a crecer sobre bases más firmes y sensatas.

¿Y México? Aunque la dependencia económica respecto de Estados Unidos nos hace muy vulnerables, en los últimos años (y en este periodo en particular) las finanzas públicas se han saneado y hay reservas financieras para enfrentar el peligro. Pero las mayores y mejores reservas no son económicas sino espirituales: están en el alma milenaria del pueblo mexicano que sabe encarar la adversidad con creatividad y estoicismo, pero que esta vez reclamará de sus gobernantes (y de las élites rectoras, en general) un compromiso político y un sentido de responsabilidad moral sin los cuales 2010 podría no ser un año de festejo y alegría sino de inestabilidad y dolor.

2. Las ventajas de ser socios

En 1990 el presidente Carlos Salinas de Gortari afirmó que era "inaceptable un Estado tan propietario, frente a un pueblo con tantas necesidades y carencias [...] El Estado vende sus bienes para resolver males sociales y canaliza sus energías para abrir espacios a los particulares, para que aumenten el empleo, la inversión y toda la patria florezca". De acuerdo con este discurso y a lo largo de ese sexenio, el Estado mexicano privatizó o liquidó buena parte de las 1 155 empresas paraestatales que existían en ese momento. Muchas de ellas estaban en quiebra debido a la pésima administración. Las más rentables —los bancos, Teléfonos de México— estuvieron entre las primeras en ser vendidas, lo que le permitió al Estado disponer de recursos para atender carencias sociales y reducir el déficit público. También se insertaba esta acción en la tendencia internacional de atraer capitales foráneos y transformar la intermediación bancaria.

Se cuestionó mucho este proceso de privatización debido a los mecanismos poco transparentes con que las empresas se asignaron a los grupos de inversionistas, muchos de los cuales demostraron ser tan poco efectivos para administrarlas como lo había sido el gobierno y las llevaron a la quiebra. En otros casos, en particular el de Telmex, la privatización fue benéfica, en cuanto que fortaleció aún más a la empresa y se proveyó de mejores y más baratos servicios a los consumidores, aunque se mantuvo el monopolio que apenas en estos últimos años ha comenzado a romperse.

El ingreso de México en 1986 al Acuerdo General sobre Aranceles y Comercio (GATT) significó el inicio de un proceso de apertura económica, al principio no muy agresiva. Sin embargo, para México era importante encontrar un acceso preferencial recíproco a su más importante mercado, Estados Unidos, algo que no se tenía por la simple apertura en el GATT y que llevó al inicio de las negociaciones del Tratado de Libre Comercio (TLC) en junio de 1991. Canadá se sumó poco después a este acuerdo, que entró en vigor en 1994. De esta manera, la serie de acuerdos sectoriales (textil, agroindustrial, etc.) se englobó en un instrumento mucho más amplio de comercio con Estados Unidos para formar un mercado con más de 370 millones de consumidores.

Este tipo de instrumentos de libre comercio, de los que México ha firmado ya más de 40, son un importante factor que complementa la estrategia del gobierno mexicano de inducir el crecimiento económico y la estabilidad. Las principales críticas hoy provienen de quienes pensaban que estos tratados ofrecían una solución inmediata a los problemas económicos del país. Lo cierto es que los tratados de libre comercio incrementan las exportaciones, mejoran la disponibilidad de insumos y materias primas, atraen inversión y generan más y mejores oportunidades de empleo. Por ejemplo, el número de compañías exportadoras en México pasó, como efecto del TLC, de 21 447 en 1991 a 38 175 en 1999. La composición de las exportaciones cambió de un 79% de petróleo, 15% de manufacturas y 6% de productos agrícolas en 1982, a 8% de petróleo, 88% de manufacturas y 4% de productos agrícolas en 1999.

3. La necesaria reforma del ejido

En enero de 1992 se promulgaron las reformas constitucionales al artículo 27, que concluyeron con la reforma agraria en México y significaron la entrega de las tierras ejidales en propiedad individual a los campesinos. Ya a fines de la década de los sesenta del siglo xx el sistema ejidal creado por Lázaro Cárdenas había hecho agua; México era, desde la década de los ochenta, importador de granos. Ello llevó a una profunda reforma que iba desde las políticas agropecuarias adoptadas por el gobierno (como parte de la apertura de la mayor parte de los sectores de la economía) hasta el marco legal vigente, para hacer más dinámico el sector rural, de manera que permitiera la asociación de minifundistas, el arrendamiento de tierras e incluso su venta. Así, el sector podría recibir más recursos de la iniciativa privada enfocados a proyectos productivos.

Los resultados de estas transformaciones han sido diversos. Por una parte, la agricultura de subsistencia y el monocultivo del maíz se han visto afectados a causa tanto de la apertura comercial que ha traído la importación de maíz a menor precio, como de la resistencia de los campesinos, sobre todo en comunidades tradicionales, a abandonar los cultivos no redituables por otros que les permitan tener mayores ingresos. Pero, por otra parte, ha estimulado la conformación de agronegocios que se han beneficiado de la apertura de fronteras y producen frutas y verduras para el mercado de Estados Unidos, particularmente en los estados de Sonora, Sinaloa, Guanajuato, Jalisco y Michoacán. En 2008 se llegó a un récord de exportaciones agrícolas por valor de 17 000 millones de dólares. El crecimiento del comercio agrícola bilateral ha sido muy equilibrado: de 1994 a 2006 las exportaciones agrícolas de Estados Unidos a México aumentaron en 7 600 millones de dólares, y las de México a los Estados Unidos, en 7 400 millones de dólares.

En resumen, el TLC ha contribuido a un aumento importante de las importaciones de cereales y de exportaciones de productos hortícolas. Se ha reducido en México la producción de trigo, arroz y maíz, que han sido sustituidos por cultivos más rentables en algunas áreas. El consumo de alimentos per cápita ha crecido también y su composición es más variada.

4. La rebelión zapatista

El 1º de enero de 1994, el día señalado para que entrara en vigor el Tratado de Libre Comercio, el país amaneció convulsionado: un grupo insurgente, desde las profundidades —históricas, geográficas— del sureste mexicano, declaraba la guerra al Estado mexicano.

Con el paso de los días, la bruma de la sorpresa se fue desvaneciendo: no eran miles sino cientos los rebeldes, no los definía tanto su ideología como la personalidad expansiva de su líder (el subcomandante Marcos), pero sobre todo llamó la atención de México y el mundo el carácter justo de sus demandas, centradas en una reivindicación —cultural, económica— de los indígenas mexicanos, relegados al último de los sótanos del país.

A los pocos días de desiguales combates entre el ejército regular y los insurgentes, el gobierno del entonces presidente Carlos Salinas de Gortari decretó un cese al fuego unilateral y el inicio de conversaciones formales tendientes a solucionar de raíz la problemática indígena. Sin embargo, 1994 fue un año atípico, marcado no sólo por la irrupción zapatista sino por los asesinatos de importantes figuras políticas (el candidato del PRI a la presidencia y el secretario general de ese mismo instituto político), que ensombrecieron el panorama y pospusieron la solución al problema chiapaneco. Con el cambio de gobierno poco o nada se avanzó. El gobierno de Ernesto Zedillo reveló la identidad de Marcos (un catedrático de la carrera de diseño de la Universidad Autónoma Metropolitana-Xochimilco) y acotó a municipios muy restringidos la protesta zapatista, al mismo tiempo que ponía en marcha apoyos concretos para las zonas en conflicto. Debe decirse que mientras menos espacio físico real ocupaba en México, mayor era el número de adeptos al zapatismo más allá de nuestras fronteras, hasta convertirse en un referente contestatario en este mundo globalizado.

Al llegar Vicente Fox al poder, en 2000, entre sus primeras medidas se contaron la de enviar la iniciativa zapatista para su discusión al Congreso y la de invitar a Marcos a marchar de Chiapas al Distrito Federal para exponer y defender la iniciativa indígena. En medio de grandes expectativas, los zapatistas marcharon a la capital y se presentaron en el Congreso, pero fue en vano: la clase política no apoyó la iniciativa en los términos que los zapatistas pedían, los indígenas regresaron a la selva y Marcos, desde entonces, se ha ido diluyendo como líder político, sobre todo durante 2006, año en el que se negó a avalar la campaña y las propuestas del popular candidato de la izquierda López Obrador.

Las justas demandas zapatistas han quedado en el olvido. Una encuesta publicada en 2008 señalaba que el racismo en la sociedad mexicana —especialmente contra los indígenas— no sólo no había disminuido, sino que había aumentado. En tanto, Marcos continúa organizando cumbres contra el capitalismo universal.

5. La migración, el otro México

De acuerdo con el censo del año 2000, más de 20.6 millones de personas de origen mexicano vivían en Estados Unidos, de las cuales más de nueve millones nacieron en México (lo que representa 9.5% de la población mexicana en ese entonces y 3.3% de la población de Estados Unidos). La migración se concentró en la última década del siglo xx. Entre 1990 y 2000 el número de mexicanos que se fueron a vivir a Estados Unidos alcanzó casi los cinco millones.

Aun cuando son muchas las razones de esta emigración (los mejores salarios, la demanda constante de mano de obra agrícola en los Estados Unidos, cierta tradición migratoria), ésta muestra de manera alarmante la incapacidad de México para crear puestos de trabajo suficientes y bien remunerados para sus habitantes de acuerdo con el ritmo de su crecimiento demográfico.

Hasta hace pocos años el migrante a Estados Unidos era percibido en buena medida como un excluido social, sin empleo, o con un empleo mal remunerado, alguien que no podía satisfacer en México una serie de necesidades básicas. Ahora, el envío de dinero al país de origen —las famosas remesas— ha convertido al migrante en el discurso oficial en un promotor estratégico del desarrollo, e incluso se le ha mencionado con el apelativo de "héroe". Hace 20 años el concepto de remesas y su aportación a la obtención de divisas ni siquiera aparecía en las cifras del gobierno. Hoy ese rubro compite con el turismo como segunda fuente de divisas y se acerca al monto de los recursos obtenidos por venta del petróleo.

En el aspecto social, la transformación de la forma de designar a los migrantes es síntoma de un cambio de percepción: ya no se habla de braceros ni de "espaldas mojadas", como en los años setenta y anteriores, sino de "paisanos" o simplemente "migrantes". Esto se debe también al cambio del perfil migratorio: actualmente hay una presencia más relevante de migrantes procedentes de áreas urbanas, y la mayor parte de ellos no se dedican a la agricultura ni en su lugar de origen ni en el de destino.

El gobierno de Vicente Fox fue el que mayor énfasis dio a la postura de "cortejo" a los migrantes. El incremento sustantivo de las remesas, año con año, llegó a ser presentado incluso como logro de la administración federal. En ese sexenio se creó la Oficina Presidencial para la Atención de Migrantes en el Extranjero, que dos años más tarde se disolvió para dar paso al surgimiento de varias instancias gubernamentales como el Consejo Nacional para los Mexicanos en el Exterior.

El crecimiento demográfico de los mexicanos en Estados Unidos también ha incidido en una mayor presencia de la cultura mexicana en el vecino país del norte, que empieza incluso a mostrar distancia de la tradicional cultura chicana. Estados Unidos ocupa ya el cuarto lugar mundial entre los países de habla española y la cultura mexicana está presente en todas partes, desde la comida hasta la música. Sin embargo, se le percibe todavía como una cultura marginal.

6. Octavio Paz, un premio a la libertad y otros reconocimientos a la cultura mexicana

Octavio Paz fue un hombre de su siglo. Nacido en 1914, vivió con fascinación el ascenso de la Revolución (soviética, mexicana) y su estrepitosa caída. Nieto e hijo de periodistas, persiguió encarnizadamente el presente a través de poemas y ensayos luminosos. Desde muy joven manifestó su pasión editorial, que lo llevaría a fundar diversas revistas, tales como *Barandal*, *Taller*, *Plural* y *Vuelta*. Si su juventud lo llevó a sentir simpatía por la Unión Soviética y su revolución, su temprana madurez lo obligó a alejarse de esos rumbos luego de la firma del pacto germano-soviético.

Espíritu cosmopolita, Octavio Paz fue también un gran amante y estudioso de México, amor que manifestó en penetrantes ensayos sobre su literatura, sus artes plásticas, su quehacer cultural y sus querellas políticas. Perteneció, como Efraín Huerta y José Revueltas, a una generación marcada a fuego con el hierro ideológico de la Revolución. Su espíritu independiente, sin embargo, lo mantuvo aparte de los delirios de sus contemporáneos. A principios de los años cincuenta, en la revista argentina *Sur*, publicó un artículo en el que denunciaba los excesos cometidos en los campos de concentración soviéticos, lo que le ganaría el franco repudio de sus antiguos camaradas. De talante liberal, Paz fue de los primeros en señalar que México debía transitar hacia la modernidad sobre vías liberales, abrirse a la democracia y practicar la alternancia. Tanto en *Plural* como en *Vuelta* haría la defensa de esas posturas, que ahora parecen obvias y que en aquellos años solían parecer escandalosas.

Como artista, Paz fue sobre todo un poeta. Fue amigo cercano de los miembros del grupo Contemporáneos, y más tarde viajaría a París, donde entraría en contacto con André Breton y el surrealismo tardío; en los años sesenta se interesó en el formalismo y denunció sus limitaciones (en *Lévi-Strauss o el nuevo festín de Esopo*). En *Los hijos del limo* fue uno de los primeros en reflexionar críticamente sobre el posmodernismo.

En 1991, en la misma ceremonia en que se premió a Mijaíl Gorbachov, Paz recibió el Premio Nobel de Literatura. Se premiaba, en ambos casos, su defensa de la libertad.

El reconocimiento de los valores históricos, artísticos y tradicionales de calidad excepcional por parte de la Organización de las Naciones Unidas para la Educación, la Ciencia y la Cultura (UNESCO) ha sido uno de los mayores empeños de instituciones culturales mexicanas como el Instituto Nacional de Antropología e Historia (INAH), el Instituto Nacional de Bellas Artes (INBA) y la UNAM en las últimas dos décadas. Como resultado, México es el país con el mayor número de sitios inscritos en la lista del patrimonio mundial de todo el continente americano, con 25 de carácter cultural (como Teotihuacan, el Centro Histórico de la ciudad de México, Chichén Itzá, Campeche o las pinturas rupestres de la sierra de San Francisco), cuatro de patrimonio natural (Sian Ka'an, el santuario ballenero de El Vizcaíno o las islas del Golfo de California) y uno de patrimonio oral (las festividades indígenas del día de muertos). Las dos nuevas inscripciones mexicanas, efectuadas en 2008, fueron San Miguel de Allende y la reserva de la mariposa monarca. También se han destacado en los últimos años las inscripciones a la lista de bienes contemporáneos, como el campus central de la UNAM (en 2007) y la casa-estudio de Luis Barragán (en 2004).

Estos reconocimientos han permitido el flujo de asistencia internacional, el fortalecimiento de la conciencia conservacionista y el incremento de la atracción turística hacia esos bienes, lo cual implica una fuente adicional de recursos para el desarrollo local y para la propia conservación del patrimonio, favorece la capacidad de negociación para obtener subvenciones y créditos e incrementa la autoestima de la identidad de la comunidad.

7. Mario Molina, un mexicano universal

El mayor logro de la ciencia mexicana en los últimos 20 años fue la concesión del Premio Nobel de Química a Mario Molina, en 1995, por sus investigaciones sobre la química de la atmósfera, especialmente la formación y descomposición del ozono, en las que alertó sobre los efectos de las sustancias químicas producidas por la actividad humana en la ampliación del agujero en la capa de ozono que se extiende sobre la Antártida.

Más allá de esto, son muchas las dudas sobre el verdadero estado de la ciencia en México. Por ejemplo, en lo que se refiere a la fuga de cerebros, Mario Molina realizó sus trabajos en el extranjero, y los científicos mexicanos más destacados encuentran mejores condiciones de trabajo en otros países. Molina, de hecho, adoptó la ciudadanía estadunidense en 1989 y sólo recuperó la mexicana (fue el primer mexicano con doble nacionalidad) gracias a las enmiendas constitucionales de 1998.

En 2004 se creó el Centro Mario Molina para Estudios Estratégicos sobre Energía y Medio Ambiente, A. C., una organización independiente sin fines de lucro que pretende dar continuidad y consolidar en México las actividades llevadas a cabo por Molina, no sólo con el fin de estudiar los problemas del medio ambiente y la energía sino de "generar los consensos que permitan la instrumentación de las medidas que los resuelvan". El 21 de noviembre de 2008 Molina fue invitado por el flamante presidente de Estados Unidos, Barack Obama, a participar en su equipo de transición, particularmente en el grupo encargado de desarrollar los planes para políticas en ciencia y tecnología.

8. Una sociedad activa

Simultáneamente a la apertura democrática, se abrió camino el concepto de participación ciudadana no limitada a la simple intervención electoral. Al principio, buena parte de esta participación fue fruto de las protestas por las elecciones de 1988. Más tarde, el Programa Nacional de Solidaridad propició la aparición de comités locales que, sin embargo, lejos de tener una postura independiente, sirvieron como instrumentos de cooptación política. Más fiel a la verdadera participación ciudadana fue la planeación participativa derivada de la creación de diversos consejos para el manejo de áreas protegidas y gestión de los recursos naturales, el control del otorgamiento de los subsidios directos a los productores (Procampo) y el manejo de los distritos de desarrollo rural y distritos de riego. A partir de 1997, como parte de la democratización del gobierno del Distrito Federal, se utilizó también la planeación participativa para crear programas parciales de desarrollo urbano. Pese a ello, la elección de los comités vecinales a partir de la Ley de Participación Ciudadana de 1998 mostró, por un lado, la indiferencia de la ciudadanía y, por otro, la falta de poderes reales de dichos comités.

Frente a estas instancias de participación auspiciadas por los gobiernos, surgieron organizaciones no gubernamentales (ONG) enfocadas a los derechos humanos, la ecología, los derechos de las mujeres y de las minorías, la educación y la salud, defensa de los derechos de los niños y de los jóvenes, las cuales se consideraban representantes de la "sociedad civil" y, más que servir de mediación entre el gobierno y los gobernados para el diseño de políticas públicas, mantenían una constante oposición.

A partir de 2000 el gobierno federal creó múltiples consejos consultivos en las diversas áreas de la política pública e incluso abrió una oficina especializada en la atención a la sociedad civil. Los resultados fueron pobres debido al poco poder político real de las ONG formales, el carácter subordinado de las escasas organizaciones populares existentes y el peso de una cultura política clientelar e inmediatista. Casi todas las secretarías federales formaron consejos consultivos, en los que participan figuras públicas reconocidas, pero con poderes de intervención limitados; sus actividades no son públicas y no existen mecanismos para evaluar su trabajo.

9. Narcotráfico, una guerra necesaria

El sexenio de Carlos Salinas de Gortari tuvo el dudoso honor de ser el periodo en el que los cárteles mexicanos vendieron la mayor cantidad de drogas al extranjero en los últimos 40 años. Las ventas alcanzaron un promedio de siete mil millones de dólares anuales, equivalentes a 1.91% del producto interno bruto del país. El gobierno de Ernesto Zedillo impulsó el Proyecto Nacional para el Control de Drogas 1995-2000, que coordinaba la acción persecutoria de las secretarías de Estado e implementaba estrategias institucionales, pero no consiguió detener el creciente poder de los cárteles. Durante su sexenio fue capturado el general Jesús Gutiérrez Rebollo, comisionado del Instituto Nacional para el Combate a las Drogas, por su vinculación al cártel de Juárez y por haber dado protección al narcotraficante Amado Carrillo, con lo que quedó en evidencia el grado de infiltración del crimen organizado en las instancias encargadas de combatirlo.

El gobierno de Vicente Fox, que inició con el escape del *Chapo* Guzmán del penal de Puente Grande, en Jalisco, en enero de 2001, se anotó algunas victorias con la detención de varios capos. Sin embargo, hacia el final de su sexenio comenzaron los enfrentamientos territoriales entre cárteles, con uso de granadas y armas largas, y la extensa serie de decapitados y narcoejecuciones (que sumaron casi 9 000 entre 2000 y 2006), que llega hasta este día. Esta situación de violencia llevó a mediados de 2005, cuando murieron 110 personas en dos meses, al cierre del consulado de Estados Unidos en Nuevo Laredo.

Los cárteles de la droga en México han formado verdaderos ejércitos. El cártel del Golfo integró a sus filas al grupo de los Zetas, 40 militares del Grupo Aeromóvil de Fuerzas Especiales y del Grupo Anfibio de Fuerzas Especiales, entrenados por la Central Intelligence Agency (CIA), que desertaron en la segunda mitad de los años noventa, así como a soldados de las fuerzas especiales guatemaltecas (kaibiles). Las bandas rivales también se han reforzado con sicarios de origen colombiano.

La guerra del Estado mexicano contra el narcotráfico se inició el 12 de diciembre de 2006, cuando por órdenes del presidente Felipe Calderón fueron enviados a Michoacán 6 500 soldados. Este operativo se extendió posteriormente a Baja California, Chihuahua, Durango, Sinaloa, Nuevo León y Tamaulipas. En este conflicto, que además de una guerra contra el crimen organizado es una guerra entre cárteles, han muerto, entre el 2 de diciembre de 2006 y el 2 de diciembre de 2008, 7 882 personas, 68 de ellas militares y 800 policías. A pesar de estas bajas, los resultados son los mejores de la historia del combate al narcotráfico. Entre los éxitos se halla la captura de dos funcionarios de inteligencia y tres agentes federales que suministraban información al cártel de Sinaloa desde 2004.

Pese a que el narcotráfico es un problema que afecta también a Estados Unidos, su cooperación se ha recibido a cuentagotas. Apenas en el segundo semestre de 2009 se espera que lleguen los primeros equipos aéreos y de inspección no invasiva que enviará Estados Unidos en el marco del Plan Mérida, por un valor de 99 millones de dólares.

10. Medio ambiente, una tragedia anunciada

El grave deterioro del medio ambiente de nuestro país sólo comenzó a enfrentarse realmente en la década de los ochenta del siglo XX, y ello fue debido más a los compromisos internacionales que a los internos. En 1988 se publicó la Ley General del Equilibrio Ecológico y la Protección al Ambiente. Era una ley moderna que agrupaba en una única norma los elementos de conservación de especies y ecosistemas, el ordenamiento del uso del suelo, la gestión de los recursos naturales y el fomento de la participación social. Más tarde, en 1992, se crearon la Secretaría de Desarrollo Social (Sedesol), sucesora de la Secretaría de Desarrollo Urbano y Ecología (Sedue), y dos organismos desconcentrados que perfilan la política ambiental hasta nuestros días: el Instituto Nacional de Ecología (INE) y la Procuraduría Federal de Protección al Ambiente (Profepa). Se creó la Secretaría de Medio Ambiente, Recursos Naturales y Pesca (Semarnap) en 1994, y finalmente en 1996, en la reforma al texto de la Ley General del Equilibrio Ecológico y la Protección al Ambiente, se incorporaron los conceptos de *desarrollo sostenible* y *sostenibilidad.*

A esta estructura institucional y legal se sumaron las políticas ambientales de las administraciones locales. El caso más significativo es, por sus niveles de contaminación, el de la ciudad de México. En 1988, en el área metropolitana de esta ciudad sólo hubo 40 días dentro de la norma de salud con respecto a la calidad del aire, y en 1991 fueron únicamente nueve los días con buenas condiciones ambientales. La política local para enfrentar la situación consistió en restringir el uso del automóvil —causante de 70% de la contaminación atmosférica— a través del programa "Hoy no circula" y el sistema de verificación de automóviles. Fueron decisiones polémicas, pues desplazaban la responsabilidad hacia los particulares, sin proponer una mejora significativa del pésimo transporte público, culpable en último grado del uso generalizado del automóvil. En 1997 se hizo partícipes de la responsabilidad a los fabricantes, cuando se estableció la exención del "Hoy no circula" para los vehículos que cumplieran con cierto nivel de emisiones.

Con estas y otras medidas más recientes, locales y federales (los programas de sustitución de vehículos de transporte público, la producción de gasolinas menos contaminantes, como la Magna, introducida en 1990, y la Premium de ultra bajo azufre, a partir de 2004), 2008 fue el año más limpio de los últimos 20, con 166 días por debajo de la norma. Esto significa que en dos décadas la ciudad pasó de ser la más contaminada del mundo a una de las que más ha logrado reducir la contaminación atmosférica. Sin embargo, no hay que echar las campanas al vuelo: más de tres millones y medio de automotores y las industrias instaladas en el Valle de México emiten diariamente a la atmósfera cerca de 14 000 toneladas de gases tóxicos, lo cual provoca 35 000 muertes anuales, según estudios del Instituto Politécnico Nacional (IPN). Además, la contaminación se extiende a otros ámbitos: la mitad de las 19 850 toneladas de desechos —e, y 80% de más de 3 000 toneladas de residuos tóxicos se arroja a la red de drenaje y se abandona a cielo abierto.

La situación en todo el territorio mexicano no es mejor. Según la Comisión Nacional del Agua, Hidalgo es la entidad con más contaminación de sus aguas en el mundo, y la que menos las sanea en todo México. La zona de Coatzacoalcos, en la que se producen productos petroleros y petroquímicos, es la más contaminada del país y de las más contaminadas en el mundo por hidrocarburos. Pero aun en lugares como éste ha habido avances: en 2003 se suprimieron las descargas de aguas residuales en Coatzacoalcos, que hoy se canalizan a dos grandes plantas de tratamiento.

Bibliografía

Krauze, Enrique, *La presidencia imperial*, Tusquets, México, 1997.

———, *Mexicanos eminentes*, Tusquets, México, 1999.

Lozano Ascencio, Fernando, "Discurso oficial, remesas y desarrollo en México", *Migración y Desarrollo*, núm. 1, México, octubre de 2003.

Resa Nestares, Carlos, *El valor de las exportaciones mexicanas de drogas ilegales, 1961-2000*, Universidad Autónoma de Madrid, Madrid, 2003. (Versión electrónica.)

Serra Puche, Jaime, "La apertura comercial de México", conferencia presentada en la celebración del LXX Aniversario de La Casa de España, México, 2008.

Zaid, Gabriel, *Adiós al PRI*, Océano, México, 1995.

———, *La economía presidencial*, Vuelta, México, 1987.

———, *La nueva economía presidencial*, Grijalbo, México, 1994.

Acerca de los autores

MANUEL CEBALLOS RAMÍREZ. Investigador de El Colegio de la Frontera Norte y profesor de la Universidad Autónoma de Tamaulipas. Se especializa en historia de la Iglesia católica en México y de la frontera noreste. Entre sus publicaciones destacan: *Cuatro estados y una frontera* y *Encuentro en la frontera: mexicanos y norteamericanos en un espacio común*.

JAVIER GARCIADIEGO. Profesor e investigador de El Colegio de México. Su especialidad es la historia de la Revolución mexicana, sobre todo en sus aspectos político y cultural. *Algunas de sus publicaciones: Así fue la Revolución mexicana, Rudos contra científicos. La Universidad Nacional durante la Revolución mexicana* y *Alfonso Reyes*.

VIRGINIA GUEDEA. Investigadora y profesora de la Universidad Nacional Autónoma de México. Su área de investigación ha sido el proceso político de independencia de México. Sus obras: *José María Morelos y Pavón. Cronología, En busca de un gobierno alterno: los Guadalupes de México y Textos insurgentes (1808-1821)*.

ENRIQUE KRAUZE. Miembro de El Colegio Nacional. Especialista en la historia de la Revolución mexicana y del México del siglo XX, con especial inclinación hacia la biografía. Entre sus publicaciones destacan: *La cristiada, Caudillos culturales en la Revolución mexicana, Biografía del poder, Siglo de caudillos, La presidencia imperial, La historia cuenta* y *Mexicanos eminentes*.

MIGUEL LEÓN-PORTILLA. Investigador emérito y profesor de la Universidad Nacional Autónoma de México. Sus principales líneas de investigación son las culturas prehispánicas del centro de México y lengua y literatura náhuatl. Entre sus obras destacan: *Visión de los vencidos, Los antiguos mexicanos a través de sus crónicas y cantares, México-Tenochtitlan, su espacio y tiempos sagrados. Tonatzin Guadalupe. Pensamiento náhuatl y mensaje cristiano y Bernardino de Sahagún, pionero de la antropología.*

ANDRÉS LIRA. Profesor e investigador de El Colegio de México. Ha trabajado las ideas e instituciones jurídicas y políticas mexicanas, mediante un enfoque en la historia social. Destacan tres de sus obras: *El amparo colonial y el juicio de amparo mexicano, La creación del Distrito Federal* y *Comunidades indígenas frente a la ciudad de México. Tenochtitlan y Tlatelolco, sus pueblos y barrios, 1812-1919.*

JORGE ALBERTO MANRIQUE. Investigador y profesor de la Universidad Nacional Autónoma de México. Dedicado a la historia de las ideas, de las instituciones y, principalmente, del arte. Entre sus obras se cuentan: *Los dominicos en Azcapotzalco, Arte y artistas de México en el siglo XX y Una visión del arte y la historia.*

ÁLVARO MATUTE. Investigador emérito y profesor de la Universidad Nacional Autónoma de México. Se ha dedicado a la historia de las ideas y la historiografía mexicana. Entre sus obras destacan: *Pensamiento historiográfico mexicano del siglo XX. La desintegración del positivismo (1911-1935), La Revolución Mexicana. Actores, escenarios y acciones, Vida cultural y política (1901-1929)* y *Aproximaciones a la historiografía de la revolución mexicana.*

JEAN MEYER. Catedrático e investigador del Centro de Investigación y Docencia Económica. Especialista en historia de la religión e historia de Rusia. Algunas de sus obras: *La Cristiada, El conflicto entre la iglesia y el Estado, El campesino en la historia rusa y soviética* y *Rusia y sus imperios.*

JOSÉ MARÍA MURIÁ. Investigador y profesor de El Colegio de Jalisco. Especialista en la historia de Jalisco, historiografía novohispana y del tequila. Sus obras: *Nueve ensayos de historiografía regional, Breve historia de Jalisco, Tequila* y *Una mirada a Guadalajara.*

ERNESTO DE LA TORRE VILLAR. Fue investigador emérito y profesor de la Universidad Nacional Autónoma de México. Se interesó por el campo de la bibliografía, la historia colonial, con especial hincapié en la cultura y la religión. Algunas de sus obras son: *Metodología de la investigación bibliográfica, En torno al guadalupanismo, Historia de México* y *La inteligencia libertadora.*

Josefina Zoraida Vázquez. Profesora e investigadora emérita de El Colegio de México. Sus investigaciones se han centrado en historia de la educación e historia política y diplomática de México en el siglo XIX. Entre sus publicaciones destacan: *Nacionalismo y educación en México, Historia de la historiografía, México frente a Estados Unidos. La fundación del Estado Mexicano, Una Historia de México, México y el mundo y Juárez el republicano*.

Gisela von Wobeser. Investigadora y profesora de la Universidad Nacional Autónoma de México. Especialista en historia social, económica y del pensamiento religioso de Nueva España. Entre sus publicaciones destacan: *La formación de la hacienda en la época colonial, Dominación colonial. La consolidación de vales reales en Nueva España, Vida eterna y preocupaciones terrenales y Cielo, infierno y purgatorio*.

Nota: Todos los autores son miembros de la Academia Mexicana de la Historia, correspondiente de la Real de Madrid.

Índice de nombres

Historia de México se terminó de imprimir en enero de 2010 en Impresora y Encuadernadora Progreso, S. A. de C. V. (IEPSA), Calzada San Lorenzo, 244; 09830 México, D. F. La edición consta de 250 000 ejemplares.